챗GPT-4
인공지능
미래세상

안 종 배 지음

국제미래학회 회장
대한민국 인공지능메타버스포럼 공동회장

(주)광문각출판미디어
www.kwangmoonkag.co.kr

도입부

챗GPT, GPT-4
인공지능 미래세상

|

- **머리말**

  : 챗GPT, GPT-4 인공지능이 세상을 바꾸고 있다.

- **인공지능 미래세상 미래 만화**

  : 서기 2035년

챗GPT, GPT-4 인공지능 미래세상
- 현재의 결정이 미래를 좌우한다. -

안종배

국제미래학회 회장
대한민국 인공지능메타버스포럼 공동회장
daniel@cleancontents.org

챗GPT와 GPT-4 인공지능이 세상을 바꾸고 있다.

2023년 3월 15일 GPT-4가 세상에 나왔다. 챗GPT가 2022년 12월 1일, 태어난 지 4개월 만에 8배 이상 똑똑해진 것이다.

챗GPT와 GPT-4는 탄생하자마자 전 세계에 인공지능 돌풍을 몰고 오고 있다. 알파고가 가져온 충격과는 비교가 안 되는 거대한 물결을 일으키고 있다. 챗GPT와 GPT-4는 누구나 어떠한 용도로도 활용할 수 있는 바야흐로 **초거대 인공지능 시대, 범용 인공지능 시대**의 서막을 연 것이다.

인간과 인공지능이 공존하고 협업해야 하는 시대가 시작되었다. 이제 인공지능은 우리의 일상, 직업, 비즈니스, 산업, 의료, 정치, 경제, 사회, 문화예술, 교육, 종교를 포함한 모든 영역에 스며들고 새로운 변화를 일으킬 것이다.

챗GPT와 GPT-4는 이러한 변화의 서막이다. 챗GPT와 GPT-4를 통해 일반인도 쉽게 인공지능의 위력을 실감하게 되었고 유용성을 체험하게 되었다. 앞으로 인공지능과 인간이 공존하고 협업하는 시대가 더욱 가속화될 것이다.

인류의 역사는 인공지능 이전(BA: Before AI)과 인공지능 이후(AA: After AI)의 세상으로 구분될 만큼 인공지능의 영향력은 거대하고 심각해지고 있다.

이로 인해 이미 전 세계는 인공지능 강국이 되기 위해 총력을 기울여 왔다. 특히 미국과 중국은 인공지능 전쟁이라 불릴 만큼 치열한 디지털 패권 선두 경쟁을 펼치고 있다. 이는 미래는 인공지능에 의해 국가의 경쟁력이 좌우되기 때문이다. 인공지능은 국가의 경쟁력일 뿐만 아니라 또한 기업과 기관의 경쟁력이고 사회와 개인의 경쟁력이 되고 있다.

인공지능 경쟁력은 곧 인공지능을 효과적으로 잘 활용하는 역량이기도 하다. 챗GPT와 GPT-4는 누구나 쉽게 인공지능을 다양한 용도로 활용할 수 있게 제공하고 있다. 이로 인해 사용자가 급증하고 활용 영역도 급속히 확장되고 있는 것이다.

이러한 시점에 중요한 것은 인간이 주체가 되어 인공지능을 선용할 수 있는 역량이다. 초거대 범용 인공지능 초기인 지금 우리는 인공지능을 인간이 주체가 되어 선용하는 방법을 익히고 확산해야 한다. 자칫 우리가 인공지능에 예속되어 인공지능의 결과물을 전달하는 수단이 되어서는 안 되는 것이다. 어떠한 상황에서도 인간이 주체가 되고 인공지능을 수단으로 선용하여 인류의 행복에 기여할 수 있도록 지금부터 함께 노력해야 한다.

'현재 우리의 결정이 인류의 미래를 결정하는 것이다.'

이런 관점에서 본서는 남·녀·노·소 누구나 챗GPT와 GPT-4 인공지능을 쉽게 이해하고 챗GPT와 GPT-4 인공지능 활용 시에 우리가 무엇을 중시해야 하는지를 깨닫고, 챗GPT와 GPT-4 인공지능이 어떻게 우리의 삶에 적용되고, 어떻게 다양한 영역에서 선용할 수 있는지를 70가지 영역에서 직접 체험하며 활용법을 익힐 수 있도록 구체적인 사례와 함께 쉽고 재미있게 저술하였다.

제1부에서는 챗GPT, GPT-4 인공지능 이해와 사용법을 챗GPT와 GPT-4란 무엇인가?, 챗GPT와 GPT-4의 핵심 인공지능 기술, 챗GPT와 GPT-4의 역사와 전망, 챗GPT와 GPT-4 활용 영역, 챗GPT와 GPT-4 PC로 사용하는 방법, 챗GPT와 GPT-4 스마트폰으로 사용하는 방법을 누구나 쉽게 이해하도록 구체적인 사례와 함께 저술하였다.

제2부에서는 챗GPT, GPT-4 인공지능 미래 라이프 활용을 챗GPT GPT-4 인공지능으로 건강하고 맛있는 식사하기, 챗GPT GPT-4 인공지능으로 나만의 멋진 패션 뽐내기, 챗GPT GPT-4 인공지능으로 편리하고 안전하게 홈 생활하기, 챗GPT GPT-4 인공지능으로 건강한 의료 서비스 누리기를 구체적인 사례와 함께 쉽고 재미있게 저술하였다.

제3부에서는 챗GPT, GPT-4 인공지능 미래 경제 비즈니스 활동 활용을 챗GPT GPT-4 인공지능으로 자산 투자 전략 성공하기, 챗GPT GPT-4 인공지능으로 맞춤 금융

서비스 누리기, 챗GPT GPT-4 인공지능으로 배달 유통 비즈니스 체험하기, 챗GPT GPT-4 인공지능으로 스마트워크 효과 높이기, 챗GPT GPT-4 인공지능으로 창업·창직 아이디어 내기, 챗GPT GPT4 인공지능으로 사무 업무 효과 높이기를 구체적인 사례와 함께 재미있게 저술하였다.

제4부에서는 **챗GPT, GPT4 인공지능 미래 창의·창작 활동 활용**을 챗GPT GPT-4 인공지능으로 시 작품 쓰기, 챗GPT GPT-4 인공지능으로 단편소설 쓰기, 챗GPT GPT-4 인공지능으로 작사, 작곡하여 연주하기, 챗GPT GPT-4 인공지능으로 그림 작품 그리기, 챗GPT GPT-4 인공지능으로 영상 만들기를 구체적인 사례와 함께 쉽고 재미있게 저술하였다.

제5부에서는 **챗GPT, GPT-4 인공지능 미래 전문 서비스 활용**을 챗GPT GPT4 인공지능으로 법률 자문 받기, 챗GPT GPT-4 인공지능으로 세무 서비스 상담 받기, 챗GPT GPT-4 인공지능으로 논문, 보고서 작성하기, 챗GPT GPT-4 인공지능으로 언론기사 작성하기, 챗GPT GPT-4 인공지능으로 코딩 작업하기를 구체적인 사례와 함께 쉽고 재미있게 저술하였다.

제6부에서는 **챗GPT, GPT-4 인공지능 미래 교육 활용**을 챗GPT GPT-4 인공지능으로 교과 공부 학습하기, 챗GPT GPT-4 인공지능으로 인한 교육과 대학 혁신을 구체적인 사례와 함께 쉽고 재미있게 저술하였다.

제7부에서는 **챗GPT, GPT-4 인공지능 미래 목회와 영성 및 인성의 중요성**을 챗GPT GPT-4 인공지능의 미래 목회 활용과 영성의 중요성, 챗GPT GPT-4 인공지능 시대 인성과 윤리의 중요성을 구체적인 사례와 함께 쉽고 재미있게 저술하였다.

본서를 통해 누구나 쉽게 초거대 범용 인공지능 시대를 여는 **챗GPT, GPT-4 인공지능이 바꾸는 미래 세상을 이해하고** 이를 스스로 **선용하는 활용법을 익혀** 미래 세상을 대비하고 선도할 수 있기를 바란다.

또한, 본서를 집필하는 동안 응원하고 용기를 준 국제미래학회 위원님들과 아내 박금선 및 장녀 안나혜와 장남 안준범 그리고 사위 박성훈에게도 감사를 전한다. 그리고 본서를 출간한 광문각의 박정태 회장과 함께 수고해 준 편집진들에게도 감사를 드린다.

마지막으로 **다시 강조**하는 바 챗GPT, GPT-4 인공지능을 이해하고 적극적으로 활용하되 **인간 스스로가 주체**가 되도록 **챗GPT, GPT-4 인공지능을 수단**으로 산출물을 참조로 하여 창의성과 열정을 통해 **자신만의 최종 결과물을 만들어 선용**하기 바란다. 이를 통해 대한민국의 인공지능이 건강하게 발전하고 유용하게 선용되어 **대한민국의 국가 경쟁력과 사회 및 개인 경쟁력을 높이는 데 기여할 수 있기를** 바란다.

2023년 3월 27일
'북한산 정상을 바라보며'
안종배 국제미래학회 회장
대한민국 인공지능메타버스포럼 공동회장
한세대학교 미디어영상학부 교수
daniel@cleancontents.org

목차

제2부

챗GPT, GPT-4 인공지능 미래 라이프 활용

제3부

챗GPT, GPT-4 인공지능 미래 경제 비즈니스 활용

제4부

챗GPT, GPT-4 인공지능 미래 창작 활동 활용

제5부

챗GPT, GPT-4 인공지능 미래 전문 서비스 활용

제1부

챗GPT, GPT-4
인공지능 이해와 사용법

"AI 챗GPT의 등장은 과거 인터넷의 발명만큼 중대한 사건이 될 수 있다."

— 빌 게이츠

제1부 목차

제1장

• • •

챗GPT, GPT-4란 무엇인가?

챗GPT(ChatGPT)와 GPT-4는 쉽게 말하면 인간이 사용하는 언어(자연어)로 대화를 생성하는 방대한 지식을 갖춘 지능 높은 **범용 인공지능(AGI: Artificial General Intelligence)**이다. **챗GPT**는 미국의 비영리 AI 연구재단 OpenAI가 2022년 12월 1일(한국 기준) 일반에게 공개한 **초거대 언어 모델 GPT-3.5 버전으로 대화형 생성적 인공지능 모델**이다. GPT-4는 2023년 3월 15일(한국 기준) 서비스 개시된 **멀티모달이 가능한 대화형 생성적 인공지능 모델**이다. 챗GPT는 데이터만 입력이 가능한 데 반해 GPT-4는 텍스트와 이미지 멀티모달로 입력과 확습이 가능하다. **GPT**는 "Generative Pre-trained Transformer"의 약자로, '미리 학습(Pre-trained)'해 질문과 대화의 답변을 '생성(Generative)'할 수 있고 상대가 이해하기 적합하게 변환(Transformer)할 수 있는 '미리 학습한 생성적 변환기'란 뜻을 가지고 있다.

챗GPT와 GPT-4로 진짜 사람과 대화하고 있듯이 자연스럽게 질문과 답변을 주고받을 수 있고 단순 정보가 아니라 심도 있는 분석 내용과 기사, 에세이, 소설, 시, 그림, 음악 등 다양한 창작물 그리고 프로그래밍 코딩까지 생성해 준다.

챗GPT와 GPT-4는 딥러닝(심층학습) 인공지능 기술로 방대한 빅데이터를 지속적으로 **스스로 사전 학습**하고 요청하는 **문맥과 의미를 이해**하여 최적의 산출물을 생성하는 **자연 언어로 대화**하는 **생성적 인공지능 모델**이다. 챗GPT와 GPT-4는 자연어 이해, 추론, 문맥 파악 등의 AI 기술을 이용하여 인간과 자연스러운 대화를 할 수 있다.

챗GPT는 레이븐 지능검사(Raven Intelligence Test) 결과 아이큐 147로 나왔다. 그리고 챗GPT는 미국 펜실베이니아대 와튼스쿨에서 경영대학원(MBA) 졸업 시험을 통과하였고, 미국 변호사·공인회계사·의료 면허 시험까지 합격했다. 현재 챗GPT는 대학원 석사과정 수준의 역량을 갖추고 있는 것으로 평가되고 있다.

GPT-4는 이미지를 이해하고 **이미지와 영상을 사람의 눈처럼 인식하는 비마이 아이즈(Be My Eyes) 기술로 영상도 학습하여 해석**할 수 있다. GPT-4는 챗 GPT의 약 8배인 6만 4,000 단어까지 기억할 수 있어 50페이지 분량을 추적한다. 한국어를 포함한 26개 언어 지원이 가능하고 향상되었다. 미국 통합 면호사 시험과 SAT 시험에서 상위 10%의 우수한 실력을 기록했다. GPT-4는 챗GPT의 유료버전인 챗GPT 플러스에서 GPT-4를 선택하여 사용할 수 있다.

GPT-4와 챗GPT 주요 성능 비교

GPT-3.5 대비 ✓ 허용되지 않은 콘텐츠 요청에 응답할 확률 82% 감소
✓ 사실 기반 응답 생성 확률 40% 증가

	챗GPT(GPT-3.5 기반)	GPT-4
출시	2022년 11월 30일	2023년 3월 14일
인식 형식	텍스트	이미지 및 텍스트
대화 기억력	최다 4096토큰 (약 8000단어)	최다 3만2768토큰 (약 6만4000단어)
언어 처리 역량 (미국 변호사 시험 기준)	하위 10% 수준	상위 10% 수준
지원 언어	영문 데이터 기반	한국어 포함 26개 언어 능력 향상

자료: 오픈 AI 웹사이트 등

What would happen if the strings were cut?
The balloons would fly away.

오픈AI가 14일(현지 시간) 공개한 GPT-4 응답 사례. GPT-4는 무거운 추에 풍선을 매단 사진과 ▲ 함께 '줄을 끊으면 어떻게 될까' 하고 묻자 '풍선이 하늘로 날아가 버릴 것'이라고 답했다. 뉴스1

[그림 1-1] GPT-4와 챗GPT 주요 성능 비교
출처: 동아일보, 2023.3.16

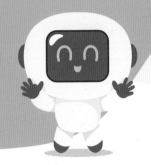

제2장

· · ·

챗GPT와 GPT-4의
핵심 인공지능 기술

챗GPT와 GPT-4는 자연어로 대화하고 딥러닝 기반으로 사전 학습하여 적합한 답변을 생성하는 인공지능 모델이다. 이에 **챗GPT와 GPT-4의 핵심 인공지능 기술**은 첫째 **자연어 처리 인공지능** 기술, 둘째 **딥러닝 인공지능** 기술, 셋째 **생성적 인공지능** 기술이다.

첫째, 챗GPT와 GPT-4는 다양한 자연어 처리 기술을 사용하여 입력 문장을 처리하고, 출력 문장을 생성한다. 챗GPT와 GPT-4는 다음과 같은 **자연어 처리 기술**을 활용한다.

(1) **토크나이저(Tokenization):** 입력 문장을 단어, 형태소, 문자 등의 단위로 나누는 작업을 말한다. 챗GPT에서는 Byte Pair Encoding (BPE) 알고리즘을 사용하여, 단어를 하위 단위의 토큰으로 분해한다.

(2) **임베딩(Embedding)**: 단어나 토큰을 고정된 크기의 벡터로 변환하는 작업을 말한다. 이를 통해 컴퓨터가 단어의 의미를 이해할 수 있게 된다. 챗GPT에서는 트랜드포머(Transformer) 모델 내부에서 자동으로 임베딩이 수행된다.

(3) **언어 모델(Language Modeling)**: 입력 문장의 다음 단어를 예측하는 작업을 말한다. 챗GPT에서는 트랜스포머(Transformer) 기반의 언어 모델을 사용한다.

(4) **특징 추출(Feature Extraction)**: 입력 문장에서 중요한 정보를 추출하는 작업을 말한다. 챗GPT에서는 self-attention 메커니즘을 사용하여, 입력 문장의 각 단어들 간의 관계를 파악하고, 중요한 단어나 구를 추출한다.

(5) **디코딩(Decoding)**: 언어 모델의 출력값을 자연어 문장으로 변환하는 작업을 말한다. 챗GPT에서는 디코딩 알고리즘을 사용하여, 다음 단어를 선택하고, 최종적으로 출력 문장을 생성한다.

이러한 자연어 처리 기술들은 챗GPT의 핵심 기능인 **대화형 인터페이스**에서 사용자의 입력에 대한 **응답을 생성**하는 데에 매우 중요한 역할을 한다.

둘째, 챗GPT와 GPT-4는 딥러닝 기술을 기반으로 구성된 모델로, 주로 다음과 같은 **딥러닝 기술**들을 사용한다.

(1) **트랜스포머(Transformer) 아키텍처**: 챗GPT 모델은 트랜스포머 아키텍처를 사용한다. 트랜스포머는 시퀀스 데이터를 처리하는 데 특화된 딥러닝 모델로, 기존의 순환 신경망(RNN) 기반의 모델과는 다르게 자기 주목(self-attention) 메커니즘을 사용하여 입력 시퀀스의 전체적인 의미를 파악할 수 있다.

(2) **양방향(Bidirectional) 모델**: 챗GPT 모델은 양방향 모델로 구성되어 있다. 이는 입력 시퀀스를 앞에서부터 처리하는 것뿐만 아니라, 뒤에서부터 처리하여 양쪽 방향의 정보를 모두 고려하는 것을 의미한다.

(3) **자기 주도 학습(Self-supervised learning)**: 챗GPT 모델은 대규모의 텍스트 데이터를 이용하여 사전 학습된 모델을 만든 후, 이를 이용하여 새로운 작업에 대한 성능을 향상시키는 데 사용된다. 이러한 방식은 자기 주도 학습(Self-supervised learning)이라고도 하며, 대량의 데이터와 강력한 딥러닝 모델을 이용하여 효과적인 사전 학습을 수행할 수 있다.

(4) **전이학습(Transfer Learning)**: 챗GPT 모델은 전이학습(Transfer Learning) 기술을 이용하여 다른 자연어 처리 태스크에 적용될 수 있다. 예를 들어, 챗봇 생성 이외에도 텍스트 분류, 요약, 번역 등

다양한 자연어 처리 태스크에 활용할 수 있다.

이러한 딥러닝 기술들은 챗GPT 모델의 핵심적인 구성 요소이며, 이를 통해 챗GPT는 사전 학습과 자연어 처리 분야에서 뛰어난 성능을 보인다.

셋째, 챗GPT와 GPT-4는 **생성적 인공지능 기술**을 사용하여 새로운 텍스트를 생성한다. 이를 위해 크게 다음 두 가지 방법을 사용한다.

(1) **언어 모델(Language Model)**: 챗GPT와 GPT-4는 언어 모델(Language Model)을 기반으로 텍스트를 생성한다. 언어 모델은 주어진 텍스트 시퀀스 다음에 올 단어나 문장을 예측하는 모델이다. 즉, 이전에 주   어진 텍스트를 분석하여 그다음에 올 단어나 문장을 예측하는 능력을 가지고 있다. 챗GPT 모델은 이러한 언어 모델의 성질을 이용하여 입력된 문장의 의미를 파악하고 이를 기반으로 새로운 문장을 생성한다.

(2) **디코더(Decoder)**: 챗GPT는 디코더(Decoder)를 사용하여 텍스트를 생성한다. 디코더는 인코더(Encoder)에서 생성된 벡터 형태의 문맥 정보를 이용하여 단어나 문장을 생성하는 모델이다. 디코더는 이전에 생성한 단어나 문장을 이용하여 다음 단어나 문장을 생성하는 과정을 반복하여 새로운 텍스트를 생성한다. 이때 디코더는 생성된 단어나 문장이 이전에 생성한 단어나 문장과 잘 어울리도록 학습된다.

이러한 생성적 기술은 챗GPT가 자연어 처리 분야에서 다양한 태스크를 수행하는 데 사용된다. 예를 들어, 챗GPT는 챗봇 생성, 기계 번역, 요약 등 다양한 자연어 처리 태스크에서 사용된다.

이처럼 챗GPT는 자연어 처리 인공지능 기술, 딥러닝 심층학습 인공지능기술, 생성적 인공지능 기술을 사용하여 대규모 데이터셋을 기반으로 사전 학습된 언어 모델로서 대화형 인터페이스에서 사용자의 입력에 대한 응답을 생성하는 것에 특화되어 있다.

또한, 챗GPT와 GPT-4는 **트랜스포머(Transformer)라는 딥 러닝 아키텍처를 사용하여 언어 모델을 구현하고, 사전 학습된 모델을 활용하여 다양한 자연어 처리 과제에 적용**할 수 있다. 그리고 **파인튜닝(Fine-tuning) 방식**을 사용하여 **새로운 데이터에 대해 적응**할 수 있어, 다양한 채팅봇, 질문 답변 시스템, 자연어 이해 모델 등에서 활용될 수 있다.

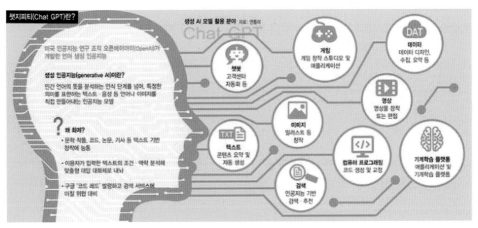

[그림 1-2] 생성적 인공지능 특성과 활용 영역

출처: 한겨레 https://www.hani.co.kr/arti/economy/it/1074015.html

제3장

• • •

챗GPT와 GPT-4 역사와 전망

챗GPT와 GPT-4는 미국의 '오픈AI(OpenAI)'가 개발하였다. OpenAI는 벤처투자가이자 프로그래머인 **샘 알트만(Sam Altman)**이 주도하고 테슬러의 **일론 머스크 등이 참여**하여 **2015년 12월 11일 설립**한 인류에게 이익을 주는 것을 목표로 하는 인공지능 연구 기관이다.

오픈AI는 일반인들도 인공지능을 사용할 수 있도록 자연 언어 기반의 인공지능 서비스를 개발하여 **대화 생성 인공지능인 챗GPT와 GPT-4, 이미지 생성 인공지능 달리(Dalle2), 음성을 텍스트로 변환하는 위스퍼(Whisper), 코딩 프로그램 생성 인공지능 코덱스(Codex)**를 제공하고 있다.

[그림 1-3] 오픈AI (open AI)
출처: www.openai.com

오픈AI는 거대 언어 모델 기반 인공지능 서비스인 GPT를 개발하여 **2018년 1억 1,700만 개의 매개변수**를 활용한 초기 모델인 **GPT-1**이 탄생하였다. **2019년** 전작의 10배 이상인 **15억 개 이상 매개변수**(파라미터)를 활용하는 **GTP-2**가 나왔다. 그리고 다시 1년 뒤인 **2020년** 공개된 **GPT-3**는 무려 **1천 750억 개의 매개변수**를 활용해 사람들이 평소 사용하는 언어와 유사한 형태를 보여 줬다.

베스트셀러 작가 유발 하라리가 대표작《사피엔스》출판 10주년 서문을 GPT-3가 작성토록 했다가 자신의 글과 큰 차이 없는 수준의 글을 보고 충격을 받았다고 고백할 정도로 수준이 높아졌다.

챗GPT는 GPT-3의 여러 오류를 개선한 **GPT-3.5 버전**이다. 당초 GPT-4가 공개될 것이라는 전망이 많았지만, 오픈AI는 GPT-4 전에 GPT-3.5인 챗GPT를 2022년 12월 1일 일반에게 공개했다. 챗GPT는 이용자와 실시간으로 대화가 가능한 AI 챗봇 서비스로 GPT-3의 방대한 데이터 처리 능력을 바탕으로 기존에 있던 AI 챗봇을 압도하는 성능을 보여 준다. 여기에다 GPT-3의 단점으로 지적되던 '기계스러움'을 벗어나 사람과 같은 **자연스러운 대화**가 가능해졌다.

오픈AI는 예정보다 빨리 2023년 3월 15일 **GPT-4** 모델 서비스를 개시했다. GPT-4는 학습량을 가늠할 수 있는 **매개변수(파라미터)가 최소 1조 개**에 이르러 1,750억 개인 **챗GPT보다 500% 이상 많을 것으로** 예상된다.

GPT-4는 이러한 엄청난 데이터를 학습하고 결과물을 만들어 내면서 **멀티모달(Multimodal)이 가능**하게 된다. 멀티모달은 다양한 모달리티(Modality)를 동시에 받아들이고 학습한다. 여기서 **모달리티**는 양상이라는 뜻으로 **생체 신호, 표정, 움직임 등 다양한 입력을 의미**한다. 텍스트나 이미지 외에 다양한 형태의 데이터를 통해 새로운 결과물을 만들어 낼 수 있다. GPT-4가 **텍스트, 이미지, 오디오 등의 데이터 입력과 학습이 가능**하게 되면 마치 인간이 정보를 받아들이고 뇌가 사고하는 방식과 거의 동일하게 되고 어느 부분은 더욱 능가하게 될 것이다.

챗GPT보다도 월등하게 똑똑해진 GPT-4 기반의 새로운 챗GPT이 등장하면서 이를 채택한 MS외 Bing 검색 포탈의 급부상 등 구글의 아성인 검색 시장도 새로운 판도가 예상되고 모든 영역에 혁신적인 영향을 미칠 것으로 예측된다.

한편 일반인은 GPT-4를 챗GPT 플러스(유료버전) 에서 GPT-4를 선택하여 사용할 수 있다.

제4장

· · ·

GPT와 GPT-4 활용 영역은?

챗**GPT**는 출시 후 1달 만에 사용자 1억 명을 돌파하였고 지속적으로 사용자가 급증하고 있다. 챗GPT는 챗봇 영역뿐만 아니라 **활용 영역이 더욱 확장**되고 있고 GPT-4가 서비스되면서 활용 가능한 영역은 더욱 다양하게 될 것으로 예상된다. 챗GPT에서 챗GPT 3.5의 검증된 언어 이해와 생성 능력의 개선으로 인해, 이보다 훨씬 개선될 **GPT-4가 적용될 챗GPT**는 다음과 같은 분야를 포함하여 **모든 영역에서 더욱 많이 활용**되면서 미래 세상을 변화시킬 것으로 전망된다.

(1) **자연어 생성 및 통·번역**: 챗GPT와 GPT-4는 언어 이해와 생성 능력을 더욱 개선시킬 것으로 예상된다. 따라서 통·번역을 포함한 자연어 처리 분야에서의 응용 분야가 더욱 넓어질 것으로 예상된다.

(2) **대화 시스템**: 챗GPT와 GPT-4는 대화형 서비스 시스템 분야에서 쉽게 적용될 수 있다. 이는 챗봇, 가상 비서, 텔레마케팅, 상담 시스템 등 다양한 형태의 대화형 서비스에서 활용될 수 있다.

(3) **기업 애플리케이션**: 챗GPT와 GPT-4는 기업 애플리케이션 분야에서도 사용될 수 있다. 비즈니스 프로세스 자동화, 고객 서비스 개선, 실시간 분석 및 의사 결정, 창의성과 혁신, 사내외 채팅 봇, 문서 요약, 문서 번역, 이메일 자동 응답 등 다양한 기업 애플리케이션에서 활용될 수 있다.

(4) **창의적 작업**: 챗GPT와 GPT-4는 예술, 문학 등 창의적 작업 분야에서도 사용될 수 있다. 예를 들어, 시, 소설, 음악 작곡, 그림, 영상 제작 등 창작 활동에 활용될 수 있다.

(5) **교육 및 학습**: 챗GPT와 GPT-4는 교육 및 학습 분야에서도 사용될 수 있다. 국·영·수 등 교과의 맞춤형 학습, 학생들과의 토론 학습, 창의와 인성 학습 보조, 학습 자료 요약, 과제 지원 생성 등에서 활용될 수 있다.

(6) **다양한 산업 분야에서의 적용**: 챗GPT와 GPT-4는 대화형 인공지능 기술을 기반으로 하여, 법률과 세무 자문, 광고, 마케팅, 유통, 의료, 금융, 관광 등 다양한 산업 분야에서 적용될 것으로 예상된다.

이처럼 전 영역에서 챗GPT와 GPT-4는 활용도가 더욱 확대되고 적용

범위도 더욱 넓어질 것으로 예상된다. 이에 챗GPT, GPT-4 인공지능 사용법을 익히고 활용하는 역량을 갖추는 것은 미래 세상에 꼭 필요한 **AI 리터러시**가 될 것으로 전망된다.

[그림 1-4] 챗GPT의 활용 영역

챗GPT, GPT-4로 범용 인공지능(AGI: Artificial General Intelligence) 시대가 급속히 도래하고 있다. 어린아이 수준이었던 인공지능이 모든 분야에서 전문가 역량을 갖춘 만능 어른 수준이 되는 것이다. 도입기인 현재 우리가 인공지능을 어떻게 활용하고 어떤 관계를 설정하는가가 우리 인류의 미래에 절대적인 영향을 미친다.

어떤 상황에서도 인공지능은 수단이 되고 목적이 되어서는 안 되며 **인간(사용자)이 주체**가 되고 **인류의 행복이 목적**이 되어야 한다. 자칫 잘못하면 인공지능이 모든 것을 결정하는 주체가 되고 인간은 이를 전달하고 수행하는 수단으로 전락할 수 있는 기로에 있다. 빠른 속도로 똑똑해지는 인공지능에 인간은 더욱 의존해질 가능성이 높아지고 어느 순간 우리 인류는 인공지능에 의해 모든 것이 결정되고 조종되는 SF 영화와 같은 상황이 현실이 될 수도 있다.

이에 범용 인공지능의 도입기인 지금부터 인간이 주체가 되고 인류의 행복이 목적이 필수가 되도록 **인공지능의 개발과 사용에 대한 가이드라인과 윤리 및 교육과 캠페인**이 너무나 중요한 시점이다. 이를 통해 인공지능의 발전과 함께, 보다 인류의 행복이 증진되고 인간 중심적인 사회가 될 수 있을 것이다.

"현재 우리의 결정이 인류의 미래를 좌우한다."

제5장

• • •

챗GPT, GPT-4
PC로 가입하고 사용하는 방법

챗GPT, GPT-4는 PC와 스마트폰을 활용하여 오픈AI에서 제공하는 전용
사이트 (https://chat.openai.com/chat)에서 회원 가입 후 사용할 수 있다.

회원 가입은 상황별로 다음과 같은 순서로 진행하면 된다.

 ## 1. 챗GPT와 GPT-4 사용 위해 PC로 회원 가입 하기 (구글 계정 이용 시)

챗GPT, GPT-4를 사용하기 위해 PC(데스크톱 또는 노트북)로 신규 회
원 가입하는 방법은 두 가지이다. **구글 계정을 이용하거나 이메일로 새롭
게 가입하는 것이다. 먼저 구글 계정을 이용한 챗GPT 회원 가입 방법**이다.

(1) 크롬 브로우저에서 '챗GPT'로 검색하여 정확한 **챗GPT 사이트**를 찾아 **접속**한다. 유사 이름이 많으니 꼭 openai 챗GPT 사이트를 찾아 접속한다. (https://openai.com/blog/chatgpt)

(2) '챗GPT' 초기 화면에서 'Try ChatGPT'를 클릭하여 신규 회원 가입을 위해 **sign up**을 클릭한다.

(3) 구글 계정이 있으면 Continue with Google을 클릭하여 해당 구글
계정을 선택하고 사람인지 체크한 후 **이름과 휴대번호**를 입력한다.
휴대번호 입력 후 'send code'를 클릭하면 입력한 **휴대번호로 코드
6자** 또는 번호가 발송된다.

(4) 휴대번호로 받은 **코드 6자** 또는 번호를 **입력**하면 챗GPT 안내 팝
업창이 뜨고 neex를 계속 누르면 챗GPT 사용할 수 있는 첫 화면
이 뜬다.

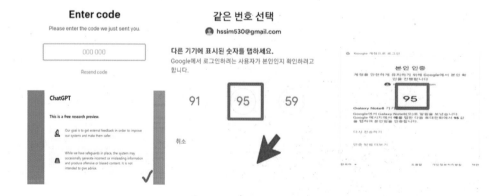

(5) 챗GPT 사용 첫 화면 하단의 채팅창에 질문을 입력하며 사용하면 된다.

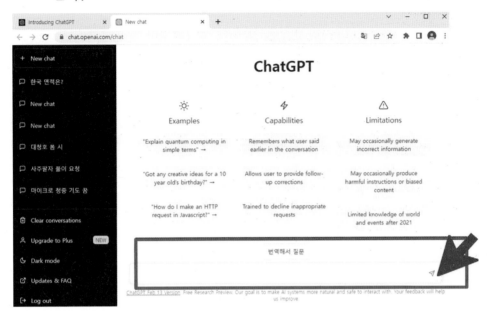

(6) GPT-4 사용을 위해 챗GPT 유료 채널인 **챗GPT 플러스의 상단에서 GPT-4를 선택**한다.

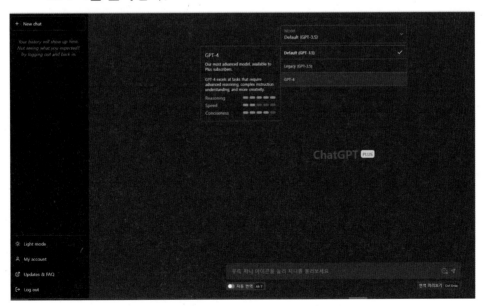

(7) GPT-4를 선택한 후 상단 중앙에 GPT-4가 보이면 하단의 채팅창에 질문을 입력하며 사용하면 된다.

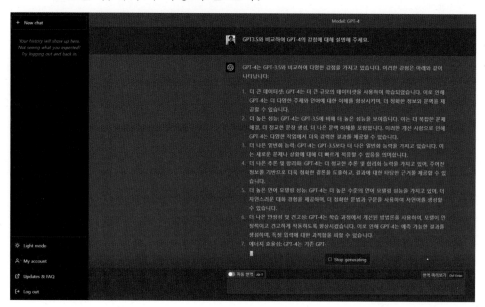

2. 챗GPT와 GPT-4 사용 위해 PC로 회원 가입 하기 (이메일 이용 시)

챗GPT와 GPT-4를 사용하기 위해 PC(데스크톱 또는 노트북)로 신규 회원 가입하는 방법은 두 가지이다. 구글 계정을 이용하거나 이메일로 새롭게 가입하는 것이다. **이메일을 이용한 챗GPT 회원 가입 방법**이다.

(1) 크롬 브라우저에서 '챗GPT'로 검색하여 정확한 챗GPT 접속 사이트를 찾아 접속한다. 유사 이름이 많으니 꼭 openai **챗GPT 사이트**를 찾아 접속한다. (https://openai.com/blog/chatgpt)

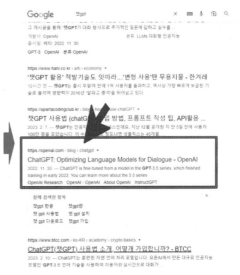

(2) '챗GPT' 초기 화면에서 'Try ChatGPT'를 클릭하여 신규 회원 가입을 위해 **sign up**을 클릭한다.

(3) 구글 계정을 모를 때는 이메일로 신규 회원 가입할 수 있다.

이메일을 입력한 후 Continue를 클릭하고 **비밀번호(Password)를 8자 이상(영어, 숫자, 기호 조합)** 입력하고 **Continue**를 클릭한다. 입력한 이메일을 열면 openAI에서 보내온 **메일에서 'Verify email address'** 박스를 클릭한다. 이메일 인증이 성공하면 'Email verified' 메시지가 화면에 뜬다.

(4) 챗GPT 사이트에 접속한다. (https://openai.com/blog/chatgpt)

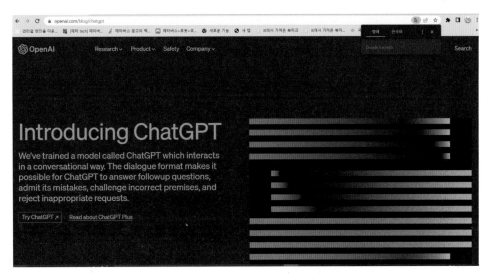

(5) 챗GPT 초기 화면 하단의 Try ChatGPT를 클릭한다.

로그인하여 이메일과 비밀번호를 입력하여 Continue를 클릭하여

사용할 이름을 작성하고 **핸드폰 번호를 입력하여 인증 신청**한다.

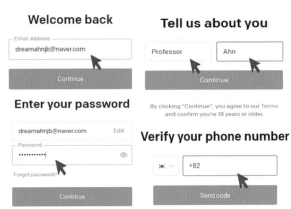

(6) 핸드폰 번호로 오픈AI가 보내온 **6자리 코드번호를 입력**하여 **인증이 완료**되면 자동으로 챗GPT 사용 화면으로 접속되고 이용하면 된다.

(7) GPT-4 사용을 위해 챗GPT 유료 채널인 **챗GPT 플러스의 상단에서 GPT-4를 선택**한다.

(8) GPT-4를 선택한 후 상단 중앙에 GPT-4가 보이면 하단의 채팅창에
질문을 입력하며 사용하면 된다.

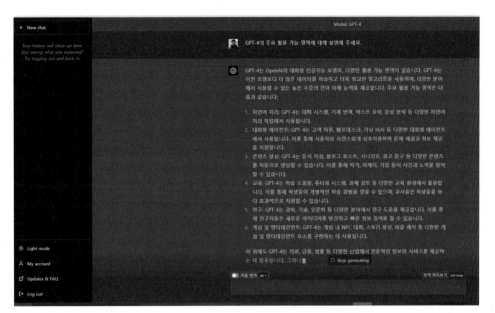

제6장

• • •

챗GPT와 GPT-4
스마트폰으로 가입하고 사용하는 방법

 1. 챗GPT와 GPT-4 사용 위해 스마트폰으로
회원 가입 하기 (구글 계정 이용 시)

챗GPT와 GPT-4를 사용하기 위해 **스마트폰으로 신규 회원 가입**하는 방법은 두 가지이다. PC 회원 가입 방법과 같이 **구글 계정**을 이용하거나 **이메일로 새롭게 가입**하는 것이다. **구글 계정(Gmail 계정)**을 이용한 챗GPT 회원 가입 방법이다.

(1) 스마트폰 크롬 브라우저에서 '챗GPT'로 검색하여 정확한 챗GPT 접속 사이트를 찾아 접속한다. 유사 이름이 많으니 꼭 **openai 챗 GPT 사이트**를 찾아 접속한다. (https://openai.com/blog/chatgpt)

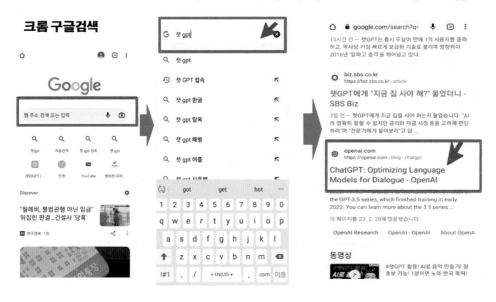

(2) '챗GPT' 초기 화면에서 'Try ChatGPT'를 클릭하여 **신규 회원 가입**을 위해 **sign up**을 클릭한다.

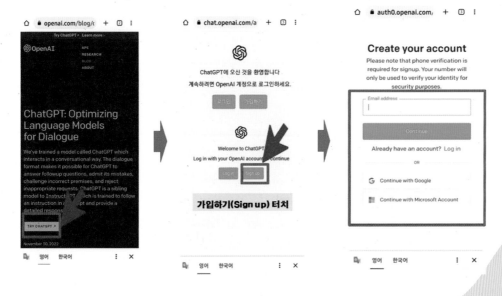

(3) 구글 계정이 있으면 Continue with Google을 클릭하여 해당 **구글 계정을 선택**하면 자동으로 가입이 완료된다.

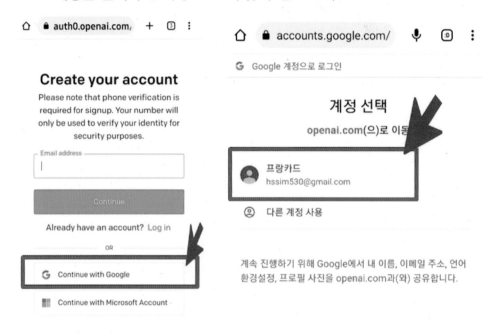

(4) 챗GPT에서 자동 송출되는 안내문을 계속 클릭하면 챗GPT 사용 화면으로 접속된다. 화면 채팅장을 이용하여 사용하면 된다.

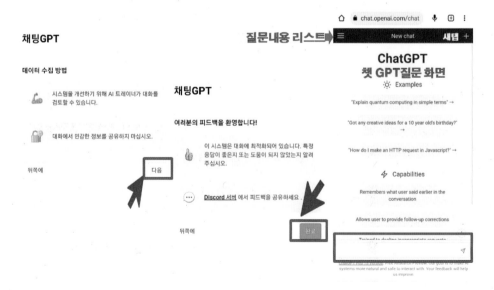

2. 챗GPT 사용 위해 스마트폰으로 회원 가입 하기 (신규 이메일 이용 시)

챗GPT를 사용하기 위해 스마트폰으로 신규 회원 가입하는 방법은 두 가지이다. PC 회원 가입 방법과 같이 구글 계정을 이용하거나 이메일로 새롭게 가입하는 것이다. **이메일을 이용한 챗GPT 회원 가입 방법**이다.

(1) 스마트폰 크롬 브라우저에서 '챗GPT'로 검색하여 정확한 챗GPT 접속 사이트를 찾아 접속한다. 유사 이름이 많으니 꼭 **openai 챗 GPT 사이트**를 찾아 접속한다. (https://openai.com/blog/chatgpt)

(2) '챗GPT' 초기 화면에서 'Try ChatGPT'를 클릭하여 신규 회원 가입을 위해 **sign up**을 클릭한다.

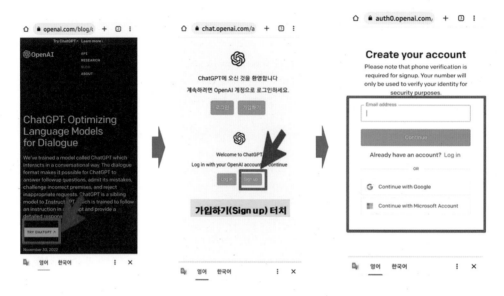

(3) 구글 계정을 모를 때는 이메일로 신규 회원 가입할 수 있다. **이메일을 입력**한 후 Continue를 클릭하고 **비밀번호(Password)를 8자 이상(영어, 숫자, 기호 조합)** 입력하고 Continue를 클릭한다.

(4) 입력한 **이메일**을 열면 openAI에서 보내온 메일에서 **'Verify email address'** 박스를 클릭한다. 이메일 인증이 성공하면 'Email verified' 메시지가 화면에 뜬다.

(5) 다시 챗GPT 초기 화면에 접속하여 Try ChatGPT를 클릭한다. 로그인으로 이메일과 비밀번호를 입력하여 Continue를 클릭하여 사용할 **이름을 작성**하고 **핸드폰 번호를 입력**하여 **인증 신청**한다.

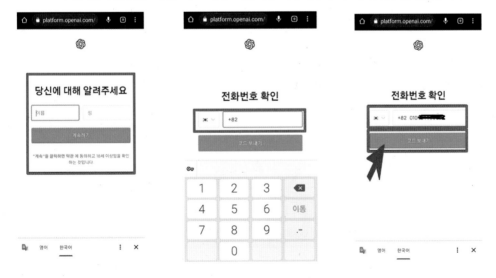

(5) 핸드폰 번호로 오픈AI가 보내온 **6자리 코드번호를 입력**하여 인증
이 완료되면 자동으로 챗GPT 사용 화면으로 접속되고 이용하면
된다.

3. 챗GPT의 편리한 사용 위해 스마트폰 바탕화면에 바로가기 만들기

챗GPT를 편리하게 사용하기 위해 **스마트폰 바탕화면**에서 바로 접속할 수 있도록 **바로가기 아이콘**을 만들 수 있다.

챗GPT 사용 화면을 접속한 상태에서 스마트폰의 홈 화면에 추가 기능을 이용하여 바탕화면에 바로 접속할 수 있는 아이콘을 만들면 아이콘을 클릭하여 바로 챗GPT를 이용할 수 있다.

[그림 1-5] 안드로이드 스마트폰에서 바탕화면에 챗GPT 접속 아이콘 만들기

[그림 1-6] 아이폰/아이패드에서 바탕화면에 챗GPT 접속 아이콘 만들기

4. GPT-4 스마트폰에서 사용하기

스마트폰에서 GPT-4는 챗GPT 유료 채널(월 20달러)에서 사용 가능하다.

(1) GPT-4 사용을 위해 스마트폰에서 **챗GPT 유료 채널인 챗GPT 플러스에 접속**하여 **Try GPT-4를 클릭**하고 상단에서 **GPT-4를 선택**한다.

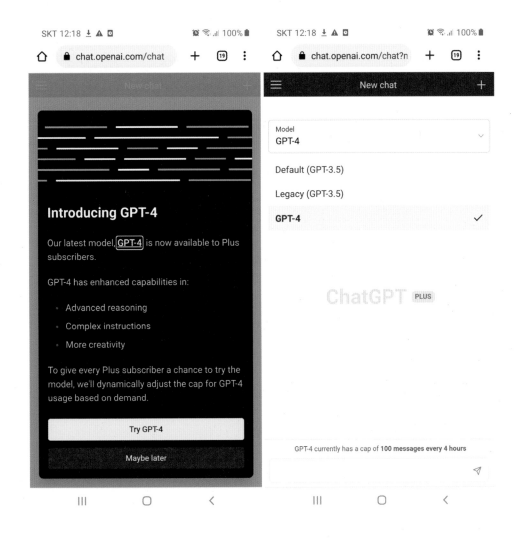

(2) GPT-4를 선택한 후 **상단 중앙에 GPT-4가** 보이면 하단의 채팅창에 질문을 입력하며 사용하면 된다.

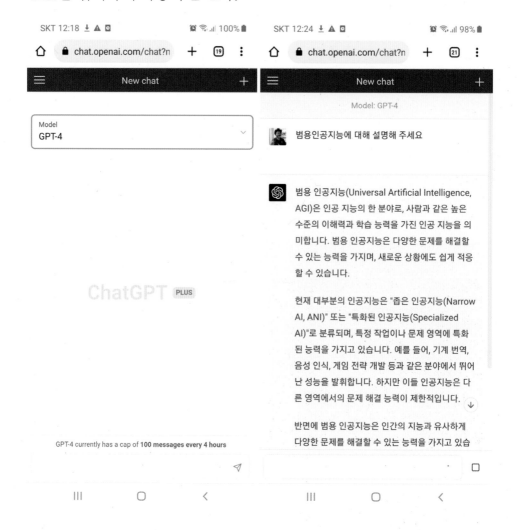

5. 챗GPT와 GPT-4 장애 발생 시 이전 대화 기록 확인하기

챗GPT를 사용 중 장애가 발생하거나 화면이 중지되는 경우가 발생할 수 있다. 때로는 화면에 챗GPT의 대화가 이해할 수 없는 암호 같은 문자로 쓰일 때도 있다. 이런 상황이 발생하면 챗GPT에서 나간 후 다시 처음으로 챗GPT에 접속하고 **왼쪽 상단의 바를 통해 이전 대화 기록을 확인**하면 **대화 내용**이 정상적으로 작성된 것을 확인할 수 있다.

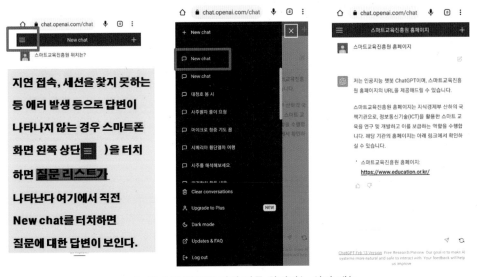

[그림 1-7] 챗GPT 이전 기록 확인하는 상단 메뉴

제2부

챗GPT, GPT-4 인공지능 미래 라이프 활용

"챗GPT, 삶을 증강시키는 혁신의 도구가 될 것이다."

－ 이지은 한국마이크로소프트 대표

제2부 목차

제7장

· · ·

챗GPT, GPT-4 인공지능으로
건강하고 맛있는 식사하기

1. 챗GPT와 GPT-4에게 건강하고 맛있는 음식 문의하여 만들기

챗GPT(ChatGPT)와 GPT-4로 건강하고 맛있는 식단(레시피)를 추천받아 즉석에서 음식을 조리할 수도 있다. 예를 들어 4인 가족이 함께 저녁에 식사할 맛있고 건강한 한국 음식을 추천하여 레시피를 알려 달라고 GPT에게 요청하였더니 다음과 같이 불고기를 추천해 주며 재료와 요리 방법을 자세히 설명해 준다.

안녕GPT, 오늘 저녁 4인가족(성인 남자1명, 성인 여자1명, 대학생 남자1명, 고등학생 여자1명) 함께 식사하려 하는데 맛있고 건강한 한국 음식 1가지 추천 및 레시피 부탁해요.

안녕하세요! 한국 음식으로 맛있고 건강한 음식 레시피를 추천해드릴게요.

한국의 대표적인 음식 중 하나인 불고기를 추천해드립니다. 다양한 영양소를 함유하고 있어 건강한 식사를 도와주며, 다양한 식재료와 함께 함께 먹으면 좋은 영양소 섭취가 가능합니다.

[불고기 레시피]

- 재료:
  - 쇠고기(불고기용) 500g
  - 양파 1개
  - 당근 1/2개
  - 대파 2대
  - 다진 마늘 2큰술
  - 간장 3큰술
  - 설탕 2큰술
  - 참기름 1큰술
  - 깨소금 1큰술
  - 후추 약간
- 만드는 법:
  - 쇠고기는 먹기 좋은 크기로 잘라준 후, 양파, 당근, 대파는 곱게 썰어줍니다.
  - 다진 마늘, 간장, 설탕, 참기름, 깨소금, 후추를 넣어서 잘 섞은 후, 고기와 채소를 넣고 잘 버무립니다.
  - 불판에 기름을 두르지 않고 불을 데워주고, 버무린 불고기와 채소를 올려서 익혀줍니다.
  - 불고기가 다 익으면, 밥과 함께 즉석에서 먹습니다.

불고기에는 고기와 채소를 함께 먹기 때문에, 영양소 섭취에 좋은 녹색 채소를 적당히 넣어주는 것도 좋습니다. 그리고 쌀밥과 함께 먹으면 더욱 건강한 식사가 됩니다.

더구나 챗GPT는 '불고기에는 고기와 채소를 함께 먹기 때문에, 영양소 섭취에 좋은 녹색 채소를 적당히 넣어 주는 것도 좋습니다. 그리고 쌀밥과 함께 먹으면 더욱 건강한 식사가 됩니다.'라는 친절한 안내까지 하여 기분 좋게 해 준다.

챗GPT에게 평소 해보고 싶었던 요리의 레시피를 물어보고 만들어 볼 수도 있다. 나는 예전에 이탈리아 음식점에서 맛보았던 브루스케타를 만들어 보고 싶어 챗GPT에게 문의하였다.

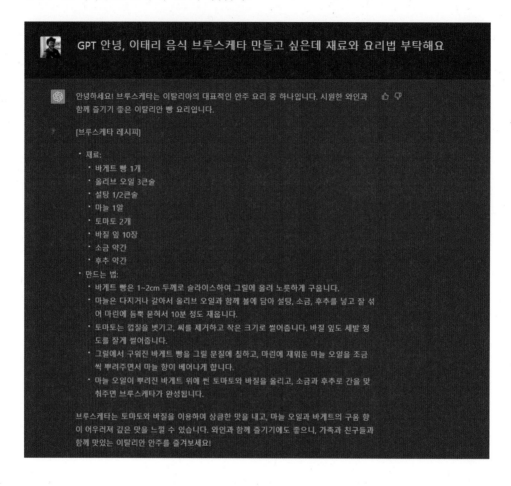

이처럼 챗GPT는 요청한 브루스케타 요리법을 상세하고 친절하게 안내해 주었다. 그리고 브루스케타 모양과 데코에 참조하기 위해 챗GPT에게 완성된 브루스케타 이미지를 보여 달라고 요청하였다. 챗GPT는 이미지를 제시하였는데, 사이트에서 깨어져 보이지 않아 다시 요청하였고 계속 이미지가 깨어져 보여 이미지 링크 주소를 보내 달라고 하여

주소도 받았다. 이 과정에서 6번 정도의 같은 요청을 계속하였는데 챗GPT는 사람과 달리(?) 전혀 짜증 내지 않고 오히려 챗GPT 자신이 최종 이미지를 볼 수 있도록 전달하지 못해 죄송하다고 하였다. 챗GPT가 사람 요리사보다 똑똑하고 친절하다는 느낌을 받아 마음에서 우러나는 고맙다는 표시를 챗GPT에게 하게 되었다.

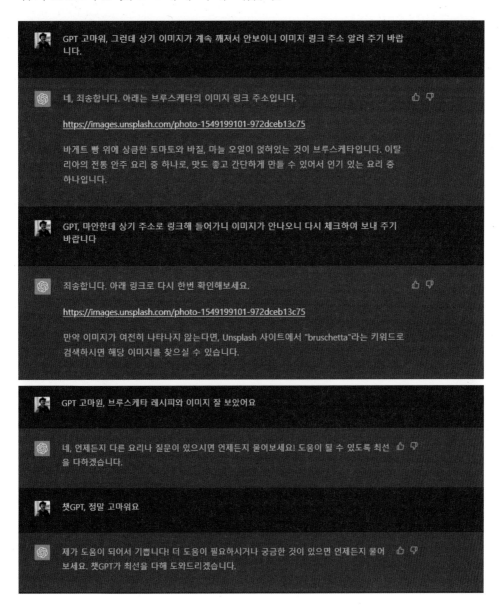

챗GPT의 도움으로 최종적으로 이탈리아 음식 브루스케타 완성된 이미지를 아래와 같이 확인하고 이를 요리에서 활용할 수 있었다.

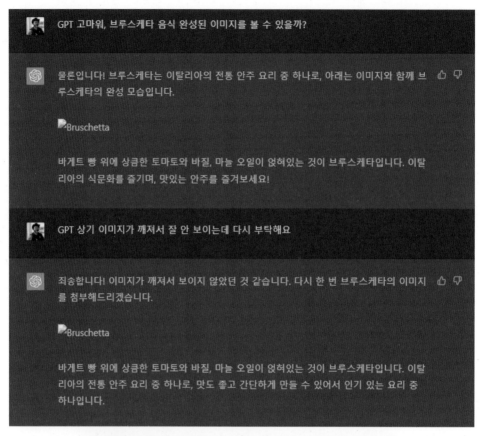

[그림2-1]

출처: unsplash.com

2. 챗GPT와 GPT-4에게 건강하고 맛있는 음식점 문의하여 예약하기

챗GPT와 GPT-4를 활용하여 모임 성격에 맞는 맛있고 건강한 외식 장소를 추천받을 수도 있다. 국제미래학회 임원 10분의 식사 모임을 학회 사무실 근처에서 하기 위해 챗GPT에게 음식점을 추천 요청하였다. 챗GPT는 문의 내용에 맞는 음식점 4곳을 음식점별 특성 안내와 함께 추천하여 주었다.

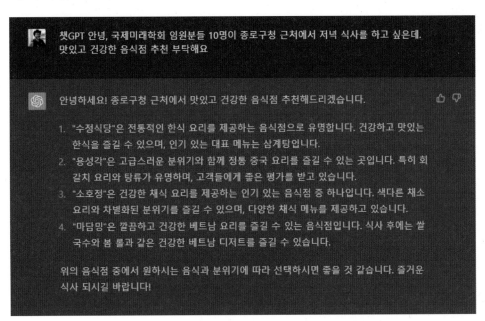

음식점을 소호정으로 정하고 식당 분위기를 파악하고 예약을 위한 식당 이미지와 예약 연락처를 챗GPT에게 문의하였다.

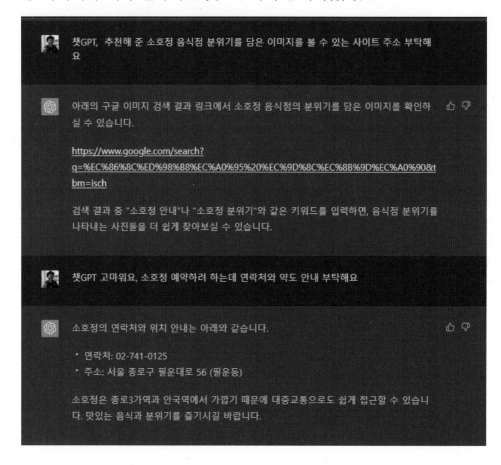

챗GPT, 추천해 준 소호정 음식점 분위기를 담은 이미지를 볼 수 있는 사이트 주소 부탁해요

아래의 구글 이미지 검색 결과 링크에서 소호정 음식점의 분위기를 담은 이미지를 확인하실 수 있습니다.

https://www.google.com/search?q=%EC%86%8C%ED%98%B8%EC%A0%95%20%EC%9D%8C%EC%8B%9D%EC%A0%90&tbm=isch

검색 결과 중 "소호정 안내"나 "소호정 분위기"와 같은 키워드를 입력하면, 음식점 분위기를 나타내는 사진들을 더 쉽게 찾아보실 수 있습니다.

챗GPT 고마워요, 소호정 예약하려 하는데 연락처와 약도 안내 부탁해요

소호정의 연락처와 위치 안내는 아래와 같습니다.

- 연락처: 02-741-0125
- 주소: 서울 종로구 필운대로 56 (필운동)

소호정은 종로3가역과 안국역에서 가깝기 때문에 대중교통으로도 쉽게 접근할 수 있습니다. 맛있는 음식과 분위기를 즐기시길 바랍니다.

챗GPT가 안내해 준 연락처로 음식점에 예약한 후 위원들에게 식사 모임 장소 안내를 위해 함께 보낼 음식점 약도 사이트 링크를 챗GPT에게 문의하였다.

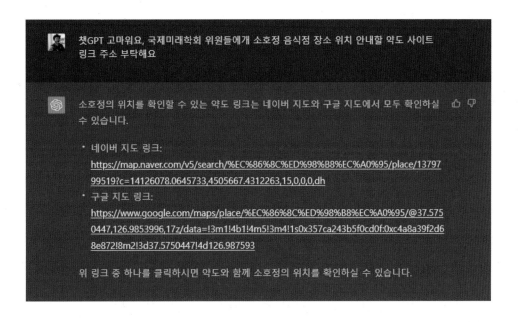

이상과 같이 모임의 성격에 맞는 음식점 추천부터 연락처와 약도 안내까지 식사 모임에 필요한 거의 모든 것을 챗GPT의 협조를 받아 시간도 절약하고 효과적으로 진행할 수 있다.

다만 **현재의 챗GPT는 2021년까지의 정보와 데이터에 의존**하고 있으므로 구체적인 예약과 장소 결정은 스스로 직접 연락하여 현재 영업 여부를 **확인할 필요가 있다.** 향후 **GPT-4로 개선된 새로운 챗GPT는 최신 정보와 자료로 업데이트될 것**이므로 이러한 제한이 많이 좋아질 것으로 예상된다.

3. 챗GPT, GPT-4 시대 인공지능이 바꾸는 홈 식사 라이프

"오늘은 뭘 먹지?" 주부는 매끼 식사 메뉴 선택의 고민에 빠진다. 더구나 가족 중 환자나 음식 알레르기가 있으면 더욱 고민이 깊다. 인공지능 레시피가 이러한 고민을 말끔하게 해결해 준다.

IBM의 셰프 왓슨과 국내의 키친넷은 100만 개 이상의 레시피를 학습하여 맞춤형 식단을 제공할 수 있는 인공지능 셰프 레시피이다. 인공지능 셰프 레시피는 방대한 식단과 원재료를 분석하고 학습해 최적의 맛을 내는 조합의 음식 레시피를 매일 추천하고 고객의 특성을 고려한 특별 레시피를 제안하기도 한다. 예를 들어 비만, 고혈압을 앓고 있는 고객의 기호와 취향을 파악하고 저지방, 저염, 고단백 식재료로 맛과 향은 그대로지만 영양가는 훨씬 높은 맞춤형 식단을 제공한다.

그리고 MIT 컴퓨터과학 및 인공지능연구소(CSAIL) 연구원들이 개발한 **픽2레시피(Pic2Recipe)**라는 인공지능 시스템은 **음식 사진을 보여 주면 정확한 식재료를 식별해 내고 최적의 조리법인 레시피를 제안**한다. 예를 들어 맛있게 먹은 고급 레스토랑의 음식을 사진으로 담아 픽2레시피 인공지능에 입력하면 재료와 레시피를 알려 주고 이를 활용하여 가정에서 만들어 온 가족이 함께 즐길 수 있게 되는 것이다.

또한, 국내 서비스인 **레시핏**은 개별 **가정의 냉장고와 연동한 식단을**

[그림 2-2] 음식 사진으로 재료와 요리법을 알려 주는 인공지능 레시피 서비스
출처: http://blockchainai.kr/up_fd/news/32593/bimg_thumb/2017929812332685.jpg

제공해 주는 인공지능 레시피이다. 레시핏은 냉장고 품목과 연동해 냉장고 재료를 분석해 부족한 영양분 재료를 알려 주기도 하고, 현재의 냉장고 재료를 활용하여 만들 수 있는 식단을 매일 제공해 준다.

그리고 국내 통신사들이 제공하는 인공지능 스피커에도 고객이 요청하는 레시피를 음성으로 제공하는 서비스를 제공하고 있고, 가전사들도 냉장고와 주방 시스템을 인공지능과 연동하여 가정 식사 라이프를 바꾸어 가고 있다.

소득 수준이 오르면서 맛있고 영양 있는 식사에 대한 관심도 높아지고 가족이 함께 가정에서 지내는 시간이 늘어나면서 주부의 식단에 대한 고민이 많아지고 있고 또한 혼밥족도 늘어 자칫 영양이 부족할 수도 있는 것을 인공지능 레시피가 맞춤형으로 해결해 주고 있다.

4. 챗GPT, GPT-4 시대 인공지능이 바꾸는 푸드 외식 업계

인공지능과 공생하는 시대가 다가왔다. 특히 코로나19로 인공지능의 도입은 더욱 가속화되었다. 사회적 거리 두기와 비대면이 일상화된 코로나19 상황으로 외식업계에서도 인공지능 도입이 급증하였다.

외식업계는 예약, 주문에서부터 고객 서비스, 요리 및 배식에 이르기까지 다양하게 인공지능 기술을 접목시켜 편의성과 효율성을 극대화하고 있다. '스타벅스'는 자체 인공지능 시스템인 딥블루(Deep Brew) 서비스를 개발하여 앱을 통해 음성으로 주문 가능하게 하고 강화학습으로 고객의 기호와 취향 그리고 날씨와 시간, 이벤트 등 다양한 데이터를 분석하여 고객이 만족할 수 있는 정교한 메뉴를 추천한다. 스타벅스는 딥블루(Deep Brew) 인공지능 서비스를 통해 매장에서는 고객과 종업원이 자연스럽게 대화하는 동안 자동 주문되게 하고 드라이브스루를 통해서도 맞춤형 메뉴를 추천받고 앱으로 메뉴를 충분히 검토하고 사전 주문하여 편리하게 구매할 수 있도록 하고 있다.

또한, 외식업계는 코로나19 이후 비대면 문화 확산으로 조리부터 서빙까지 대신해 주는 인공지능 로봇을 도입하였다. 프랜차이즈 커피 전문 브랜드 달콤커피가 운영해 온 인공지능 바리스타 로봇 카페 '비트' 매장이 1년 만에 90호점으로 늘어날 정도로 인기를 끌면서 별도로 분사시켰다. 비트 외에도 국내에서 인공지능 로봇을 바리스타로 활용하는 카페는 라운지엑스, 성수동 카페봇 등으로 늘어나고 있다.

인공지능 요리 로봇은 패밀리레스토랑 '**빕스**'의 국수 코너인 '라이브 누들 스테이션'에 설치되었다. 고객이 원하는 재료를 선정하면 셰프봇은 뜨거운 물에 국수와 재료를 삶고 그릇에 다시 담아 육수를 부어 요리를 완성하고 고객에게 전한다. 영국의 레스토랑에서는 고급 음식을 고객 맞춤형으로 정교하게 요리하는 **인공지능 미슐랭 스타 로봇 셰프**가 등장하여 큰 인기를 끌고 있다.

그리고 우아한형제에서 제작한 **식당용 자율주행 서빙 로봇 '딜리플레이트'**가 출시 1년 만에 전국 8개도 6대 광역시 186개 식당에 241대 도입될 만큼 인기리에 확산되고 있다. 인공지능 서빙 로봇으로 일손을 줄이게 되었고 고객의 호기심과 만족도도 높아지고 빠르게 확산되고 있다.

인공지능 기술이 발전하면서 활용 영역도 넓어져 인공지능을 통한 외식 서비스는 보다 정확하고 효율적이게 되며 코로나19 이후 언택트의 자연스러운 수용으로 외식업계의 인공지능 기술 도입은 더욱 늘어나고 있다.

[그림 2-3] 서빙 인공지능 로봇

출처: https://www.aitimes.kr/news/articleView.
html?idxno=17541

제8장

. . . .

챗GPT, GPT-4 인공지능으로
나의 멋진 패션 라이프 즐기기

 **1. 챗GPT와 GPT-4에게 행사 성격에 맞는
패션 코디 문의하여 멋내기**

행사의 성격에 맞는 패션을 어떻게 해야 할지 잘 모를 때 **챗GPT와
GPT-4에게 패션 코디를 문의하여 행사 성격에 맞는 패션으로 멋을 낼 수 있
다.** 예를 들어 대학 동기 동창회에서 개최하는 부부 동반 모임에 오랜
만에 참석하려고 이에 적합한 부부 패션 코디를 문의하니 남녀 각자에
게 맞는 패션을 상세하게 추천하며 이미지 링크까지 알려 주어 많은 도
움이 되었다.

챗GPT 안녕, 오랜만에 대학 동기 동창회에서 개최하는 부부동반 모임에 가려 해요. 서울의 특급호텔 컨퍼런스홀에서 함께 만찬하고 서로 교류하는 모임으로 오랜만에 참석하려 해요. 아내는 처음 이모임에 참석해요. 이에 적합한 우리 부부 패션 코디 부탁해요. 추천하는 의상 스타일과 색깔 및 추천 패션 이미지를 볼 수 있는 링크 주소도 함께 알려 주세요.

안녕하세요! 부부 동창회에 참석하시는 건 멋진 일이예요. 적합한 패션 코디를 추천해 드리겠습니다.

먼저, 이러한 행사는 비즈니스 캐주얼 또는 스마트 캐주얼이 적합합니다. 부담스럽지 않으면서도 세련된 느낌을 주는 스타일이죠. 단정하면서도 편안한 스타일로 착용하시는 것이 좋겠습니다.

패션 코디의 색상은 부부 모두가 잘 어울리는 것이 중요합니다. 블랙, 네이비, 회색, 베이지 등 중립적인 색상이나 파스텔 톤 등 부드러운 색상이 좋습니다. 밝은 색상은 일부러 피해주시는 것이 좋습니다.

그리고 의상 스타일은 적당히 클래식한 느낌의 스타일을 추천합니다. 남성은 정장보다는 슬랙스와 드레스 셔츠, 여성은 튜블럭 드레스나 슬랙스와 블라우스를 추천합니다. 더욱 편안하게 입고 싶다면 니트 웨어나 캐주얼한 블레이저도 괜찮습니다.

아래 링크에서 부부동반 모임에 어울리는 패션 아이템들과 스타일을 확인하실 수 있습니다. 참고하시면 좋을 것 같아요.

- https://www.instagram.com/explore/tags/couplefashion/
- https://www.pinterest.co.kr/search/pins/?q=couple%20fashion&rs=typed&term_meta[]=couple%7Ctyped&term_meta[]=fashion%7Ctyped

참석하시는 부부분들이 멋지게 착용하시길 바라며, 즐거운 동창회 되시길 바랍니다!

챗GPT가 추천하는 패션 코디 이미지를 요청하여 보내왔는데 웹상에 이미지가 깨어져 보이지 않아 다음 이미지가 나오는 링크 받아 참조하였다.

[그림 2-4] 챗GPT가 추천해 준 커플 패션

출처: www.pinterest.co.kr

또한, 챗GPT에게 남산 둘레길 걷기 행사 참석 시 이에 어울리는 **의상 패션을 코디**해 달라고 요청하였는데 신발, 바지, 상의, 모자, 액세서리까지 패션 상세 내용과 색깔까지 조언을 받았다.

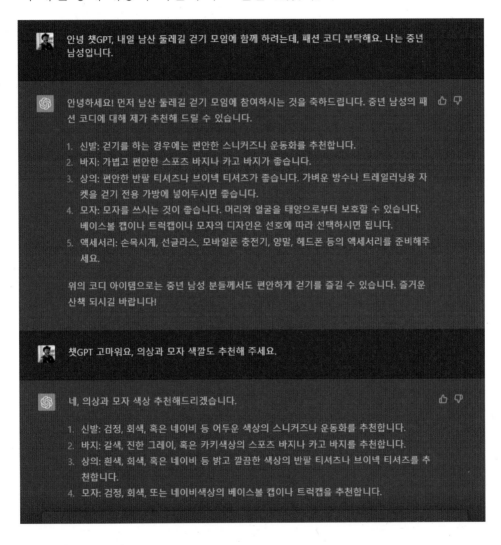

2. 챗GPT와 GPT-4에게 여성 모자 뜨개질 방법 문의하여 만들기

챗GPT와 GPT-4를 활용하여 자신이 원하는 의복을 만들 수도 있다. 예를 들어 여성이 자기 모자를 뜨개질하고 싶은데 모자 스타일을 추천받고 뜨개질하는 방법을 도움받아 익히며 만들 수 있게 된다.

 챗GPT 안녕, 50대 여성 모자를 뜨개질하고 싶은데 추천하는 여성 모자 스타일을 뜨개질하는 방법을 알려 주기 바래요.

안녕하세요! 뜨개질을 즐기시는 건 멋진 일입니다. 여성 모자를 뜨개질하시려면, 뜨개질 기초부터 시작해서 원하는 스타일의 모자를 완성하는 단계까지 진행하셔야 합니다. 여성 모자를 뜨개질하는 방법과 추천 스타일을 알려드리겠습니다.

1. 뜨개질 기초

- 뜨개질을 하기 위해서는 뜨개 바늘과 양모나 양털 등 적당한 두께의 실이 필요합니다. 모자를 뜨개질하려면 먼저 뜨개질 기초를 익히셔야 합니다. 여러분이 뜨개질을 처음 시작하는 경우라면, 인터넷에서 찾을 수 있는 뜨개질 기초 동영상을 참고하시면 도움이 될 것입니다.

2. 모자 스타일 추천

- 비니 모자: 머리를 완전히 덮지 않는 스타일로, 약간의 여유를 두고 뜨개질하면 편안한 착용감을 느낄 수 있습니다.
- 비스킷 모자: 완전히 덮는 스타일의 모자로, 뜨개질 기초를 응용해 다양한 패턴으로 뜨개질할 수 있습니다.
- 베레모: 둥근 모양의 작은 모자로, 부담 없이 착용하기 좋습니다.
- 선캡: 덮는 면적이 작은 모자로, 뜨개질을 통해 여러 가지 스타일을 쉽게 만들 수 있습니다.

3. 모자 뜨개질 방법

- 모자의 크기와 스타일에 따라 뜨개질 방법이 달라질 수 있습니다. 원형의 모자를 만드는 경우에는 몇 개의 스티치로 머리 둘레의 크기를 정하고, 그 크기에 맞게 모자의 둥근 부분을 뜨개질합니다. 스타일에 따라 모자를 길게 뜨개질해서 선캡 스타일을 만들 수도 있습니다. 각 스타일마다 필요한 뜨개질 기술은 차이가 있으므로, 인터넷에서 해당 스타일에 대한 뜨개질 패턴을 찾아보는 것이 좋습니다.

한편 챗GPT를 사용하다 보면 챗GPT의 답변이 일정 분량 이상이 되면 답변이 중간에 중지되기도 한다. 이때 답변을 계속해 달라고 다시 요청하면 답변을 이어서 계속 받을 수 있게 된다.

그리고 여성 모자 뜨개질 방법을 익힐 수 있는 인터넷 사이트도 추천받아 방법을 익히면서 원하는 모자를 뜨개질하여 만들어 가는데 챗GPT의 도움을 계속 받을 수 있다.

챗GPT 답변 고마워요, 여성 모자 뜨개질하는 방법을 참조할 수 있는 인터넷 사이트 링크 알려 주세요.

뜨개질 패턴이나 튜토리얼을 찾을 수 있는 많은 인터넷 사이트가 있습니다. 다음은 여성 모자 뜨개질 패턴과 관련된 인터넷 사이트 몇 가지입니다:

1. Ravelry:
   https://www.ravelry.com/patterns/search#query=women%27s%20hat&sort=best
2. AllFreeKnitting: https://www.allfreeknitting.com/Knit-Hats/Womens-Knit-Hat-Patterns
3. LoveCrafts: https://www.lovecrafts.com/en-gb/l/knitting/knitting-patterns/knitting-patterns-hats?
   pattern_type=%5B%22hat%22%5D&pattern_category=%5B%22women%22%5D
4. Lion Brand Yarns: https://www.lionbrand.com/collections/knitting-patterns-for-women-hats
5. Knit Picks: https://www.knitpicks.com/hats-for-women/g/24022220

이러한 웹사이트에서는 다양한 스타일의 여성 모자 뜨개질 패턴을 찾을 수 있으며, 패턴을 따라가면서 뜨개질 기술을 연마할 수 있습니다. 패턴을 따라가지 않고 자신만의 디자인으로 모자를 뜨개질하려는 경우에도 이러한 웹사이트에서 아이디어를 얻을 수 있습니다.

[그림 2-5] 챗GPT가 추천해 준 여성의 뜨개질 모자

출처: https://www.etsy.com

'오늘 입사 면접에는 무엇을 입고 갈까?' 인공지능이 본인의 얼굴색과 어울리고 깔끔한 이미지를 주는 밝은 감색 정장에 파란색 계열의 넥타이를 권한다. 그리고 하늘색 셔츠에 검은색 구두, 검은색 테 안경으로 코디를 제안한다.

이처럼 **사용자의 특성과 시간과 장소, 상황에 맞는 옷차림을 알려주는 인공지능 패션 코디네이터 '패션 하우(Fashion HOW)'**를 한국전자통신연구원이 개발하였다. 패션 하우에는 인간의 두뇌를 닮아 스스로 지식을 성장시키고 학습할 수 있는 '자율 성장 복합 지능' 기술이 장착되어 있어 이를 통해 인간이 알려주지 않은 코디를 스스로 수행할 수 있다.

또한, 오드컨셉의 **'픽셀(PXL)'은 패션 이미지를 제시하면 상품 정보와 그에 맞는 코디까지 추천하는 인공지능 서비스를 제공**하고 있다. 텍스트가 아닌 이미지와 사용자 특성을 파악해 추천 상품을 제시하는 AI 코디 서비스이다. 예를 들어 쇼핑몰에 접속한 소비자가 원하는 상의를 골라 이미지를 올리면, 오드컨셉의 코디 추천 플랫폼은 상의와 유사한 상품뿐 아니라 어울릴 만한 모자나 신발 등을 쇼핑몰에서 찾아 추천한다. 재질과 종류, 색깔까지 분석하여 제시해 준다.

또한, 미국의 **메모미 랩스(Memomi Labs)는 패션 스타일리스트 인공지**

능(AI)과 증강현실(AR)을 결합해 사용자가 거울 앞에 서서 스마트폰 앱을 터치하면 고객이 입고 있는 옷의 색깔이나 사이즈를 바꿔 보여 주는 피팅 스타일용 메모리 미러(Memory Mirror)를 개발하여 제공하고 있다.

[그림 2-6] 인공지능과 증강현실을 결합한 패션 스타일 메모리 미러
출처: https://memorymirror.com/

4. 챗GPT, GPT-4 시대 인공지능이 바꾸는 패션 산업 마케팅

패션은 개인의 취향과 개성을 표현하는 라이프 스타일이다. 이에 패션은 유행 트렌드와 함께 소비자 개인의 취향과 개성을 담는 맞춤 제품일 때 만족도가 높다. 이로 인해 패션은 고대부터 오랫동안 장인 중심의 개인 맞춤으로 제작되어 왔다. 그러나 패션이 기업 위주로 산업화되면서 효율과 비용의 측면으로 개인 맞춤은 최소화되고 유행 트렌드 위주의 패션 제품이 판매되어 왔다. 아직도 장인이 만든 개인 맞춤을 선호하는 기호가는 비싼 가격임에도 이를 선호한다.

그런데 인공지능이 패션에 도입되면 최신 패션 유행 트렌드와 개인 맞춤 패션 제품의 생산과 유통이 원활하게 가능해진다. 최근에 급부상하고 있는 무신사 스탠다드 같은 패션 기업은 초기 단계이지만 인공지능을 접목한 최신 유행 트렌드와 고객 취향과 개성 맞춤 패션 제품을 제공하면서 큰 폭으로 성장하고 있다.

데이터 콘텐츠 조사 기업 CB insights는 그림과 같은 **인공지능을 활용한 개인 맞춤 주문형 패션 제품 생산과 유통 방식**이 조만간 **활성화**될 것으로 전망하고 있다.

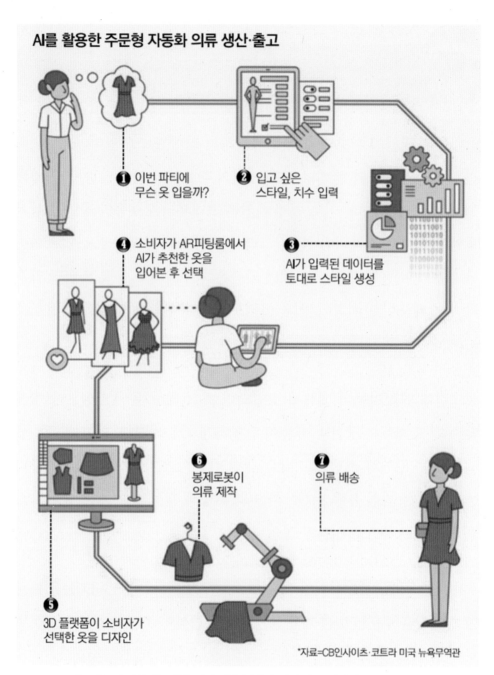

[그림 2-7] 인공지능 활용 개인 맞춤 주문형 패션 제품 생산과 유통 프로세스

미국의 의류 쇼핑몰 '**스티치 픽스(Stitch Fix)'**는 **인공지능으로 개인 맞춤형 패션 제작 서비스를 제공하고 있고 인공지능으로 디자인도** 한다. 스티치 픽스(Stitch Fix)는 소비자들이 입력한 데이터만으로 고객 맞춤 패션 제품을 추천하고 배송해 준다. 인공지능이 고객의 데이터를 분석하여 좋아할 만한 옷 스타일을 선정하고 인공지능과 전문 스타일리스트가 이 중 5가지를 골라 고객에게 배송한다. 고객들은 옷을 입어보고 마음에 들지 않으면 반품하면 되는데 고객 중 80%가 추천한 옷 중 한 벌을 구매하고, 80%의 고객은 첫 구매 후 90일 내 재구매를 할 만큼 만족도가 높다.

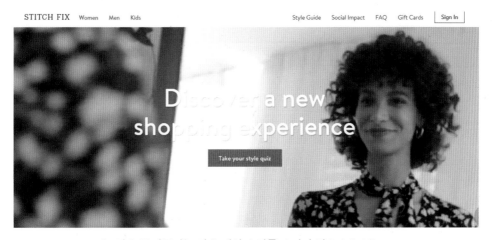

[그림 2-8] 인공지능 맞춤 패션 쇼핑몰 스티치 픽스: stitchfix.com

그리고 **인공지능은 패션 기업의 디자이너 역할을 하기도 한다.** 국내에서는 패션 기업 '한섬'의 영캐주얼 브랜드 'SJYP'는 인공지능 기술 기업 '디자이노블'과 협력하여 인공지능이 디자인한 '디노 후드티'를 선보였다. 인공지능 디자이너는 이미지 처리 기술인 '합성곱 신경망(CNN, Convolutional Neural Networks)'을 응용한 스타일 변환 기술을 핵심으로 사용한다. 이미지를 스타일과 콘텐츠로 분류하고 색상·모양·패턴으로 인식·학습한다. 이를 기반으로 인공지능 디자이너는 새로운 스타일과 디자인을 제안한다.

또한, 국내 셔츠 전문 기업 **트라이본즈**는 **인공지능 기반의 맞춤 셔츠 플랫폼 '셔츠스펙터' 서비스**를 통해 몸에 딱 맞는 맞춤형 셔츠를 추천하고 있다. 매장에 방문할 필요 없이 인공지능 사이징 측정법을 통해 3분 만에 개인 맞춤형 사이즈와 디자인을 선택해 주문을 마치고 7일 안에 제품을 받아볼 수 있다.

삼정KPMG의 분석에 따르면 "옷으로 '나'를 표현하는 소비자가 늘고 있고, 내가 가진 윤리적 의식과 가치관을 패션으로 보여 주는 MZ세대가 패션의 주요 소비층으로 부상했다."라고 한다. 이로 인해 "그동안처럼 패션 기업이 공장에서 똑같이 대량으로 찍어낸 패션 제품은 어느 순간 팔리지 않을 것이다."라고 전망하고 있다. 이처럼 패션은 우리 모두의 라이프 스타일의 직접적인 표현이기 때문에 인공지능의 도입으로 패션 트렌드와 접목한 개인 맞춤 제품의 생산과 유통이 중요해질 것으로 예측된다.

제9장

• • •

챗GPT, GPT-4 인공지능으로 안전하고 편리한 홈 라이프 누리기

1. 챗GPT와 GPT-4에게 안전 사항 문의하여 평소에 안전한 가정 대비하기

아파트나 주거 공간에서 발생할 수 있는 안전 사항에 대해 **챗GPT와 GPT-4에게** 문의하여 미리 숙지하여 대비하면 **보다 안전한 홈 라이프를 즐길 수 있다.** 예를 들어 갑작스러운 정전 시 어떻게 대응해야 하는지를 챗GPT에게 문의하니 응급조치 및 전기 고장 방지를 위해 해야 하는 사항에 대해 친절하게 알려 준다.

> 갑작스러운 정전 발생시 아파트내 에서 어떻게 대응해야 하는지 알려 주세요

갑작스러운 정전 발생 시 아파트 내에서 대응하는 방법에 대해 알려드리겠습니다.

1. 먼저, 평소에 비상시 대처 계획을 만들어 두면 매우 유용합니다. 가족 구성원들과 대처 방법을 합의하고 비상용품들을 미리 준비하는 것이 좋습니다.
2. 전등이 꺼진 상태에서는 밤에는 어두워지기 때문에, 먼저 손전등이나 라이터 등으로 조명을 제공합니다. 손전등이나 라이터 등이 없으면, 휴대용 핸드폰 앱을 이용해서도 조명을 제공할 수 있습니다.
3. 주방에서 가스불이 켜져 있다면 가스밸브를 닫아야 합니다. 전기가 차단되면 가스밸브가 닫히지 않을 수 있으므로, 가스밸브를 수동으로 닫아줘야 합니다.
4. 만약 엘리베이터 안에 있다면, 엘리베이터의 비상벨이나 비상전원버튼을 이용해 출입문을 열고 빠르게 대피해야 합니다. 그리고 비상계단을 이용해 최대한 빨리 아래층으로 이동합니다.
5. 다음으로, 모든 전기기기를 사용 중이라면, 즉시 끄고, 전원 플러그를 뽑습니다. 이렇게 하면 전기 고장의 위험을 줄일 수 있습니다.
6. 아파트 건물 내의 비상 조명이 있는지 확인하고 있다면 그것을 이용하여 대피합니다.
7. 마지막으로, 전화나 인터넷 등을 통해 정전 사실을 알리고, 긴급한 상황이라면 119나 112 등의 응급전화를 이용해 구조 요청을 할 수 있습니다.

위의 팁을 따르면 비상 상황에서 안전하게 대처할 수 있습니다. 정전 발생 시 대처 방법을 연습해 두면 실제 비상 상황에서 빠르게 대처할 수 있으므로, 준비해 두는 것이 좋습니다.

그리고 갑작스러운 정전 시 긴급히 연락할 곳을 GPT에게 채팅 문의하였다.그리고 최근에 튀르키예, 시리아처럼 강력한 지진이 곳곳에서 일어나고 있다. 만약을 대비하여 챗GPT에 아파트 9층에 거주하는 필자가 **지진 발생 시 어떻게 대처해야 하는지를 문의**하여 가족에게도 공유하여 평소에 숙지토록 하였다.

> 안녕 챗GPT, 아파트 9층에 거주하고 있는데 갑자기 지진이 발생하면 어떻게 대처해야 하는지 알려 주세요.

안녕하세요! 지진은 예측할 수 없는 자연재해 중 하나이기 때문에 대처 방법을 미리 알고 있으면 긴급 상황에서 효과적으로 대처할 수 있습니다. 아래는 아파트 9층에서 지진 발생 시 취할 수 있는 일부 조치입니다.

1. 즉시 안전한 장소로 이동: 지진 발생 시 가장 중요한 것은 안전한 장소로 이동하는 것입니다. 가능한 한 빠르게 최대한 안전한 장소로 이동하도록 노력하세요. 가능하면 외부로 이동하거나, 건물 내에서도 안전한 장소로 이동할 수 있습니다. 예를 들어, 대문과 창문과 같은 출입구와 가까운 위치, 또는 강한 건물 기둥 주변 등이 안전한 장소입니다.

2. 계단 사용: 지진 발생 시 엘리베이터는 작동을 멈추므로 계단을 사용하여 내려가는 것이 가장 안전합니다. 그러나 9층은 높은 층수이므로, 계단으로 내려가는 것이 힘든 경우 대처 방법을 미리 계획해 두는 것이 좋습니다.
3. 물품 보호: 지진이 발생하면 물건이 떨어지거나 깨질 수 있습니다. 따라서, 지진이 예상되거나 발생한 경우 물건이나 가구 등을 고정시켜서 보호하는 것이 좋습니다.
4. 불끄기: 지진 발생 시 전기와 가스 누출 등의 위험이 있으므로 불을 끄는 것이 안전합니다. 불이 켜져 있는 방에서는 불끄기와 함께 창문을 열어 환기를 시켜야 합니다.
5. 대피 키트 준비: 긴급 상황에서는 대피 키트가 필요합니다. 식수, 식량, 전화기, 방수용품 등을 준비해 놓으면 도움이 됩니다.

이러한 조치들은 지진 발생 시 신속하게 대처하고 안전하게 대처할 수 있도록 도와줍니다. 이외에도 지진 대처에 대한 더 자세한 정보를 얻기 위해서는 지역의 지진 관련 당국의 지침을 참조하시기 바랍니다.

또한, 긴급사태 발생 시 가족과 이웃을 구할 수 있는 **심폐소생술인 CPR을 쉽게 할 수 있는 방법**을 챗GPT에게 문의하여 방법을 숙지하여 가정의 안전을 지키는 데 활용할 수 있다.

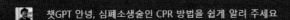 챗GPT 안녕, 심폐소생술인 CPR 방법을 쉽게 알려 주세요

 안녕하세요! CPR은 긴급 상황에서 생명을 구하는 중요한 응급 처치 방법입니다. 아래는 쉽게 이해할 수 있는 CPR 방법입니다.

1. 피해자 확인
   긴급 상황에 처한 피해자를 확인합니다.
2. 응급 전화
   국가적 응급 전화 번호를 불러, 응급 구조대를 호출합니다.
3. 호흡 확인
   피해자의 호흡을 확인합니다. 코와 입을 확인하여 5초 정도 숨을 살펴보고, 흉부를 들어 내려 호흡 소리를 살펴봅니다.
4. 가슴 압박
   피해자의 가슴 중앙 부위에 손바닥을 겹쳐놓고, 굽힌 손가락을 이용하여 깊이 5~6cm 정도 눌러 가슴 압박을 합니다.
5. 인공 호흡
   가슴 압박 후, 피해자의 코를 막고 입을 열어 입소리가 들리게 합니다. 그 후, 자신의 입으로 피해자의 입을 덮고 숨을 불어넣습니다.
6. CPR 반복
   가슴 압박과 인공 호흡을 번갈아가며 반복합니다. 가능하면 구조대가 도착할 때까지 CPR을 계속 실시합니다.

CPR은 교육을 받지 않은 사람도 시행할 수 있는 방법이긴 하지만, 최대한 빠르게 응급 구조대를 호출하고, 가능하다면 CPR 교육을 받아 이에 대비하는 것이 좋습니다.

2. 챗GPT와 GPT-4에게 가정의 가전제품 연계 문의하여 편리하게 사용하기

홈 가정에 있는 스마트 가전 기기들을 연결하여 쉽고 편리하게 가전 제품들을 조작하고 활용도를 높이는 방안을 챗GPT와 GPT-4에게 문의 할 수 있다. 예를 들어 스마트 TV와 스마트 냉장고를 연결하여 TV를 보면서 하고 싶은 요리를 하기 위해 냉장고에서 레시피를 확인하고 요리를 위해 냉장고 내에 있는 재료를 파악하고 부족한 재료를 주문하여 레시피에 맞게 요리할 수 있도록 해줄 수 있다. 이를 위해 먼저 **스마트 TV와 스마트 냉장고를 연결하는 방법**을 문의한다.

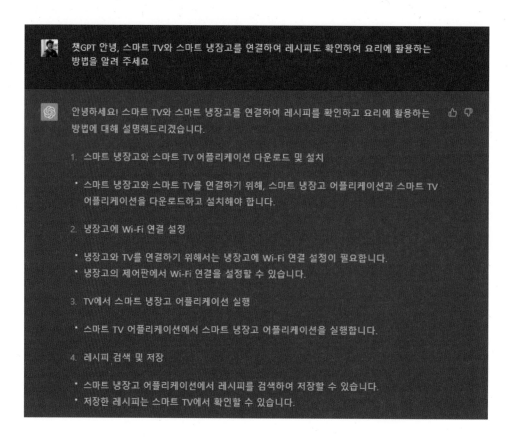

이제 구체적으로 스마트 TV를 보다가 드라마에서 토마토 스파게티를 보고 이를 먹고 싶어 스마트 TV와 연결된 스마트 **냉장고와 연계하여 재료 준비와 레시피 확인 및 요리하는 방법**을 알려 달라고 챗GPT에게 문의한 결과이다.

스마트 TV를 보다가 드라마에서 토마토 스파케티를 보고 이를 요리하고 싶어 스마트TV와 연결된 스마트 냉장고와 연계하여 재료 준비와 레시피 확인 및 요리하는 방법을 알려 주세요

물론이죠! 스마트 TV와 스마트 냉장고를 연계하여 요리를 즐기는 방법을 설명해드리겠습니다.

1. 스마트 TV에서 토마토 스파게티 레시피 검색

• 스마트 TV를 켜서 인터넷 브라우저를 실행합니다.
• 검색창에 '토마토 스파게티 레시피'와 같은 키워드를 입력하여 검색합니다.

2. 스마트 냉장고 어플리케이션 실행

• 스마트 TV 어플리케이션에서 스마트 냉장고 어플리케이션을 실행합니다.

3. 필요한 재료 확인 및 준비

• 스마트 냉장고 어플리케이션에서 필요한 재료 목록을 확인합니다.
• 냉장고 내부에 있는 재료를 확인한 후 부족한 재료를 구입하거나 냉장고에 추가합니다.

4. 레시피를 참고하여 요리

• 스마트 TV에서 검색한 레시피를 확인합니다.
• 레시피에 따라 재료를 조리하고, 요리합니다.

이처럼 안전하고 편리한 가정생활을 위해 필요한 정보와 방법을 챗
GPT에게 문의하여 방안을 익혀 쉽게 사용할 수 있게 된다.

[그림 2-9] JTBC 방송 프로그램인 냉장고를 부탁해 장면

3. 챗GPT, GPT-4 인공지능으로 바뀌는 스마트한 홈 라이프

집은 오랫동안 가장 편안한 휴식 공간의 역할을 해왔다. 근무 후 또는 수업 후 집으로 가족이 모여 함께 휴식하며 식사를 나누고 수면을 취하고 다시 근무지와 학교가 가기 위한 안식처의 역할을 해왔다. 그런데 코로나19 이후 재택근무와 원격 교육이 일상화되면서 집이라는 주거 공간에 새로운 역할을 담당할 것이 요구되었다. 더욱이 인공지능과 사물인터넷이 사회와 주거 공간에 적용되고 연결되면서 주거 공간에서의 다양한 라이프가 가능하게 되었다.

집이 기존의 용도와 같이 가족과 함께하는 정서적 육체적 **휴식 공간**이기도 하지만, 이제 나아가 **업무 처리 공간**이기도 하고, **강의와 학습 공간**이기도 하고, **문화와 엔터테인먼트 향유 공간**이기도 하고, 자기 계발과 **취미 생활 공간**이기도 하고, **쇼핑 공간**이기도 하고, 은행 업무 등 **금융 거래 공간**이기도 하고, **재테크 활동의 공간**이기도 하고, 스포츠와 **건강 관리 헬스 공간**이기도 하고, 사회적 **소통과 친목의 공간**이기도 하고, 병균과 미세먼지로부터 **안전을 지켜 주는 공간**이기도 하는 등 **다목적 라이프 플랫폼으로 용도가 확대되고 바뀌게 되었다.**

인공지능과 사물인터넷이 사회적 인프라가 되어 주거 공간에 연결되면서 이러한 집에서의 주거 라이프 용도가 다양화되고 바뀔 수 있게 하는 촉매제 역할을 담당하고 있다.

[그림 2-1] 주거 공간의 다양한 라이프 플랫폼 용도 이미지

출처: 게티 이미지

"인공지능 스피커 미키안, 날씨가 추우니까 난방 온도 올려 줘, 올드 팝송 틀어 줘, 20분 이후 음악 꺼 줘" 필자는 집필 중 주거 공간에서 인공지능 스피커에 질문도 하고 다른 기기를 제어토록 요청도 하고 잠자리에 조용한 음악도 틀어 주었다가 잠들 때쯤 자동으로 꺼달라고 요청하기도 한다.

이처럼 **우리의 주거 공간**이 **인공지능과 사물인터넷과 접목되면서 스마트 라이프 공간으로 바뀌고 있다.** 인공지능이 홈 네트워크에 접목되어 음성이나 자율적으로 주거 공간의 다양한 기기를 편리하게 언제든지 제어할 수 있게 된다. 예를 들어 스마트폰 앱으로 사물인터넷과 연결된 다양한 디바이스를 직접 제어하고 TV, 컴퓨터, 공기청정기, 조명, 에어컨과 난방기, 세탁기, 로봇청소기, 가스보일러 등도 제어할 수 있다. 스마트폰과 홈 모니터로 주거 공간 내외 CCTV를 실시간 확인할 수 있으며 음성으로 '외출'을 알리면 대기 전력과 전등, 방범 등이 외출 모드로 자동 전환되고 엘리베이터를 호출하며 로봇청소기는 우리가 외출 후 청소를 시작한다. 가정 컴퓨터 및 노트북과 자동 연결되는 대형 TV를 통해 음성으로 작동하면서 재택근무와 화상회의 및 원격 수업을 편리하게 할 수 있게 된다.

그리고 인공지능 모니터링을 통해 주거 공간 각종 기기의 이상 유무를 실시간으로 감지해 고장을 사전에 예측하고 공기 청정 환기 시스템과 보안 시스템도 자동 작동된다. 이처럼 **우리의 주거 공간**이 **인공지능(AI)을 중심으로 사물인터넷(IoT)과 스마트 가전이 연계**되어 **편리하고 안전한 '스마트 라이프 홈 플랫폼'**으로 변모하고 있다.

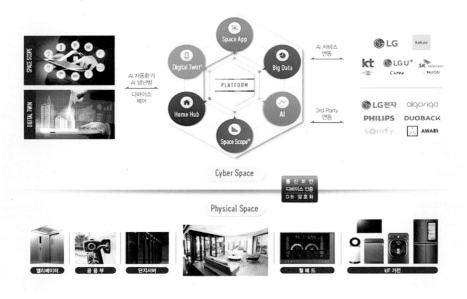

[그림 2-11] 인공지능 스마트 라이프 홈 플랫폼 사례: GS건설 자이아파트
출처: GS건설

스마트 홈 네트워크와 스마트 가전이 **인공지능 홈 플랫폼**으로 연계되면서 **우리의 주거 공간에서의 삶이 보다 다양해지고 편리하고 안전하게 된다.**

아침에 기상하여 "좋은 아침" 하고 말하면 조명과 TV가 켜진다. TV 화면을 통해 냉장고의 부족한 식재료를 확인할 수 있고 "오늘 아침 메뉴 추천해 줘" 하면 현재의 냉장고 식재료로 가능한 아침에 적합한 메뉴를 레시피와 함께 보여 준다. "경쾌한 음악 틀어 줘" 하면 인공지능 스피커가 작동하여 좋아하는 음악을 들으며 음식을 만들 수 있다. 필요하면 한 마디로 세탁기도 작동시키고 청소기도 작동시킬 수 있다.

식사 후 컴퓨터와 자동 연결되는 TV 화면으로 회사 직원들과 오전 업무 화상회의를 서류 자료를 공유하며 진행할 수 있다. 또한, 자녀들이 비대면 원격 교육을 받아야 하는 상황이면 대형 TV 화면으로 실시간 화상 원격 교육을 받을 수 있다.

오후에 주부는 손뜨개질 취미 동호회 모임을 화상으로 하며 서로 뜨개질 방법을 알려주고 대화하면서 즐거운 시간을 가진다. 가족이 함께 외출하여 "지금 모두 외출할게"라고 말하면 엘리베이터가 호출되고 외출 후 로봇청소기가 작동하여 스스로 집 안을 청소한다. 외출 중이라도 가스와 소등 상태 등을 스마트폰으로 점검할 수 있고 CCTV를 연결하여 내·외부를 수시로 체크할 수 있다.

외출 후 주거 공간 공동 현관에 들어서자 안면인식을 통해 출입문이 자동으로 열리고 엘리베이터는 호출되어 이미 1층에서 대기하고 있다.

집으로 들어서는 순간에 맞춰 조명이 자동으로 켜지고 보일러는 외출 모드에서 난방 모드로 전환된다. 냉장고는 보관 중인 식재료를 안내하고, 저녁 메뉴와 레시피를 추천한다.

저녁 식사 후 영화를 보기 위해 소파에 앉아 TV에 "영화 추천해 줘"라고 말을 건넨다. 그러면 집 안의 커튼이 자동으로 쳐지고, TV가 켜지면서 오늘의 추천 영화를 안내받는다. 영화를 선택하자 조명이 스스로 밝기를 조절하고 음향 시스템이 영화 모드로 바뀌면서 영화관 같은 분위기에서 영화를 즐기게 된다.

잠자리에 들 때는 "인공지능 스피커, 조용한 음악 틀어 줘, 20분 이후 취침 모드로 바꿔 줘"라고 말하면 수면에 적합한 음악이 나오면서 조명도 수면 조명으로 바뀌고 20분 후엔 음악과 조명이 완전히 꺼진다. 집안 온도도 수면에 적당하게 조정되면서 에너지도 최대한 절감된다.

이 외에도 **인공지능이 장착된 주거 공간**에서는 헬스 케어, 각종 기기 음성 제어 및 작동 예약, 주차 공간 안내, 공기 청정 시스템으로 실내 공기 최적화, 방별 온도를 최적화하는 에너지 세이빙, 자녀 안심 모니터링, 배달 음식 및 냉장고 부족 제품 자동 주문 등 다양한 서비스를 통해 **스마트 라이프를 향유**할 수 있게 된다.

[그림 2-12] 인공지능 TV 홈 보드 모니터링 사례

출처: LG전자

제10장

· · ·

챗GPT, GPT-4 인공지능으로 건강한 헬스 라이프 관리하기

 1. 챗GPT와 GPT-4에게 건강에 필요한 내용 문의하여 건강 지키기

챗GPT와 GPT-4는 개인 트레이너, 개인 주치의 역할을 할 수 있다. 예를 들어 나에게 필요한 운동이나 스트레칭 방법을 필요할 때마다 문의하여 평소의 건강 관리에 도움을 받을 수 있다. 예를 들어 매일 아침에 일어나자마자 나의 **건강을 위해 하면 좋은 스트레칭 방법**을 문의하니 구체적인 방법을 알려 준다.

챗GPT 안녕, 아침에 일어나자 마나 건강을 위해 하면 좋을 스트레칭 한가지 방법을 구체적으로 알려 주세요

네, 아침에 일어나서 하기 좋은 스트레칭 중 하나는 "전신 스트레칭" 입니다. 아래는 전신 스트레칭 방법입니다.

1. 두 발을 어깨넓이로 벌린 채 서서 팔을 위로 뻗습니다.
2. 천천히 발끝 쪽으로 몸을 숙이면서 팔을 지면에 닿도록 내려놓습니다. 이때 무릎을 굽히지 않도록 주의합니다.
3. 이 자세를 유지한 채로, 한쪽 다리를 뒤로 뻗어놓습니다.
4. 반대쪽 팔을 머리 위로 올리면서 천천히 몸을 기울입니다.
5. 이 자세를 20~30초 유지한 후, 한쪽 다리를 앞으로 내밀어 바꿔서 같은 자세를 취합니다.
6. 각각 2~3회씩 반복합니다.

전신 스트레칭은 몸 전체의 근육과 관절을 풀어주어 피로를 풀고, 몸을 활발하게 움직일 수 있도록 해줍니다. 하지만, 스트레칭을 할 때에는 자신에게 적절한 강도와 시간을 유지하고, 갑자기 급격한 동작은 피하는 것이 좋습니다.

챗GPT에게 응급 처치를 포함한 **의학적인 처방에 대한 자문**을 구해도 매우 친절하게 응답해 준다. 예를 들어 뜨겁게 끓는 물에 손목이 데어 빨개졌을 때 응급 처치 방법을 문의하여 구체적인 방법을 알려 준다.

챗GPT 안녕, 뜨겁게 끓는 물에 손목이 데어 뺄게 졌는데 응급 처리 방법 알려주세요

뜨거운 물에 손목을 데어서 통증이나 붓기가 생긴 경우, 다음과 같은 응급 처치 방법을 시행해보시길 권해드립니다:

1. 냉수로 적신다: 가능하면 뜨거운 물에 손목을 담그기 전에, 손목을 찬 물에 담그거나 냉수로 적시는 것이 좋습니다. 이는 열을 빨리 낮춰주며, 열로 인한 염증이나 붓기를 예방할 수 있습니다.
2. 휴식: 손목이나 손가락을 움직이지 않도록 휴식을 취합니다. 손목이나 손가락을 움직이면 열이 퍼져 부위가 더 부어 오를 수 있습니다.
3. 높이 든다: 부어오른 부위를 높이 들어서 혈액 순환을 도와주면서 붓기를 줄일 수 있습니다.
4. 통증 완화제 복용: 통증이 있는 경우, 의사의 처방에 따라 진통제나 통증 완화제를 복용합니다.
5. 의사 진료: 만약 통증이 심하거나, 붓기가 계속되는 경우 의사에게 진료를 받으시는 것이 좋습니다. 치료를 늦게 받으면 장기적인 손상이 남을 수도 있기 때문입니다.

따라서, 위의 조치를 시행하고 의사에게 진료를 받으시는 것이 좋습니다. 특히, 두 번째, 세 번째, 네 번째 조치는 가능한 한 빨리 시행하시는 것이 좋습니다.

2. 챗GPT, GPT-4와 상담하며 힐링 치유하기

챗GPT와 GPT-4는 상담 치유에도 활용될 수 있다. 개인적인 정신적 어려움을 타인이나 심지어 의사에게도 나누고 싶지 않을 때도 있다. 이럴 때 챗GPT에게 자신의 고충을 나누고 대화를 나누며 상담하면서 힐링이 될 수 있다. 예를 들어 주변 상황이 어려워져 너무나 우울할 때 챗GPT에게 우울한 마음을 전달하니 챗GPT는 동감하는 마음을 담아 **우울한 마음을 이겨내도록 격려하면서 여러 가지 방안을 제시**해 준다.

> ‹ 2 / 2 ›
>
> 당신이 우울하고 힘들어하는 마음을 이해합니다. 어려운 상황에서는 우울증이나 불안감이 발생할 수 있으며, 이러한 감정을 다루기는 쉽지 않을 수 있습니다. 하지만 이러한 감정을 이겨내는 것이 가능합니다.
>
> 먼저, 우울증이나 불안감이 오랫동안 지속된다면, 전문가의 도움을 받는 것이 좋습니다. 심리상담이나 정신 건강 전문의를 만나는 것이 도움이 될 수 있습니다. 그러나, 즉각적으로 대처할 수 있는 방법도 몇 가지 있습니다:
>
> 1. 일상생활에 정리정돈을 하기
>
> 우리가 살고 있는 공간이나 물건들이 뒤죽박죽되어 있으면 마음이 혼란스러워질 수 있습니다. 일상생활에서 정리정돈을 하면 마음이 집중되고 정리되는 느낌을 느끼게 됩니다.
>
> 2. 명상이나 근육 이완법 연습하기
>
> 명상이나 근육 이완법 연습을 하면 마음과 신체가 편안해지는 효과가 있습니다. 근육 이완법은 마음과 신체에 긴장이 느껴질 때 이를 풀어주는 방법입니다.
>
> 3. 취미 생활이나 휴식을 취하기
>
> 일상생활에서 취미 생활이나 휴식을 취하는 것은 마음을 편안하게 만들어 줍니다. 좋아하는 음악을 듣거나 영화를 보는 것, 새로운 취미생활을 시작하는 것 등이 좋은 방법입니다.
>
> 4. 친구나 가족과 대화하기
>
> 가족이나 친구와 이야기를 나누는 것은 마음을 가볍게 만들어 주는 효과가 있습니다. 특히, 같은 상황을 겪는 사람들과 이야기를 나누면 서로의 마음을 이해하고 위로해줄 수 있습니다.
>
> 이러한 방법들이 우울감을 이겨내는 데 도움이 될 수 있습니다. 그러나 만약 이러한 방법으로도 감정을 극복하지 못하면 전문가의 도움을 받는 것이 좋습니다. 당신은 이 상황에서 스스로를 돌보고, 적극적으로 대처하면서 건강한 마음을 유지하는 것이 중요합니다.

계속해서 챗GPT에게 마음이 너무 힘들어 누구도 만나고 싶지 않다고 하자 **챗GPT는 위로하며 힘든 마음을 이겨낼 수 있도록 제안**해 준다.

당신이 지금 겪고 있는 감정은 매우 힘든 상황에서 자연스럽게 발생하는 것입니다. 누구나 이런 시기에는 감정적으로 취약해지는 것이 일반적입니다. 하지만, 이러한 상황에서 다른 사람들과 대화를 나누는 것은 도움이 될 수 있습니다.

먼저, 지금은 스스로를 돌보는 것이 중요합니다. 휴식을 취하고, 건강한 식습관을 유지하고, 명상이나 근육 이완법을 연습하면서 마음을 편안하게 만들어주세요. 만약 지금은 다른 사람들과 만나기 싫다면, 집에서 좋아하는 취미 생활을 하거나 새로운 취미를 시작해보는 것도 좋은 방법입니다.

하지만, 다른 사람들과 대화를 나누는 것이 자신을 도와줄 수 있는 경우도 있습니다. 가족이나 친구에게 이야기를 나누는 것이 도움이 될 수 있습니다. 만약 누군가와 직접 만나기가 힘들다면, 전화나 메시지를 통해 소통할 수도 있습니다.

그리고, 전문가의 도움도 받을 수 있습니다. 심리상담이나 정신 건강 전문가와의 상담을 통해 감정적인 지원을 받을 수 있습니다.

중요한 것은, 이러한 감정들을 나타내는 것은 자연스러운 일이며, 그렇다고 해서 혼자 견딜 필요는 없다는 것입니다. 도움을 받는 것은 스스로를 돌보는 것이고, 이러한 도움은 당신이 더 나은 상태로 다시 일상 생활을 재개할 수 있도록 도와줄 것입니다.

챗GPT에게 마음이 너무 힘들어져서 지금 바로 마음을 추스르는 스스로 할 수 있는 방법을 알려 달라고 하자, **챗GPT는 혼자서 마음을 추스르고 스트레스를 해소할 수 있는 몇 가지 방법을 제시**하여 조금이나마 현재의 어려운 마음을 이겨낼 수 있도록 도와준다.

네, 지금 바로 마음을 추스르고 스트레스를 해소할 수 있는 몇 가지 방법이 있습니다. 다음은 그 중 일부입니다:

1. 깊게 숨쉬기

깊게 숨을 들이쉬고, 천천히 내쉬는 것은 마음과 신체를 진정시키는 데에 효과적입니다. 숨을 들이쉬는 동안에는 속삭이듯이 "내게서 스트레스가 떠나갑니다"와 같은 긍정적인 말을 덧붙이는 것도 좋은 방법입니다.

2. 명상

명상은 마음을 진정시키고 스트레스를 줄이는 데에 매우 효과적입니다. 정적인 자세로 앉아서 호흡에 집중하거나, 명상을 돕는 앱을 이용해 볼 수도 있습니다.

3. 적극적인 긍정적인 생각

긍정적인 생각을 가지는 것은 마음을 추스리는 데에 큰 도움이 됩니다. 스트레스를 느낄 때 "내가 이 상황을 극복할 수 있다"라는 긍정적인 말을 계속해서 속삭이는 것은 마음을 안정시키고 긍정적인 에너지를 불러일으키는 데에 큰 도움이 됩니다.

4. 산책하기

산책은 신체 활동을 하면서 마음을 진정시키는 좋은 방법입니다. 자연에서 산책하는 것이 더 좋습니다. 시끄러운 도시에서 사는 경우, 공원에 가거나 자연 친화적인 장소로 이동하면 됩니다.

5. 수영하기

수영은 신체 활동으로 스트레스를 줄이는 데에 좋은 방법입니다. 물 속에서 몸을 움직이는 것은 몸과 마음을 진정시키는 데에 큰 도움이 됩니다.

이러한 방법들은 스트레스를 감소시키고 마음을 추스리는 데에 매우 효과적입니다. 여러 방법 중에서 여러 가지를 시도해보며, 자신에게 가장 적합한 방법을 찾아보세요.

이처럼 챗GPT는 개인적 고충과 어려운 마음을 해소하기 위한 상담 치유에도 활용될 수 있다. **챗GPT는 마음의 스트레스를 감소시키고 마음을 추스르는 데에 효과적인 여러 방법을 제시**하고 이들을 시도해 보며, 자신에게 가장 적합한 방법을 찾도록 권면하고 있다. **챗GPT는** 이러한 방법으로도 감정을 극복하지 못하면 **꼭 전문가의 도움을 받도록 조언하고 있다.**

3. 챗GPT, GPT-4 인공지능으로 관리하는 헬스케어 라이프

인공지능 스피커의 경쾌한 음악 알람으로 아침에 일어나 인공지능 사물인터넷이 적용된 거울을 보며 피부 상태를 측정하고, 인공지능 변기에서 소변을 분석하여 기초 건강 상태를 알려 준다. 오늘 아침 기초 검진 결과 건강 상태는 양호한 편이나 비타민 A가 부족하니 보충하면 좋겠다고 스마트폰 인공지능 비서가 알려 준다. 아침 식사 전에 인근 공원을 빠른 걸음으로 산책하고 돌아오니 인공지능이 장착된 밴드와 신발과 스웨트에서 심박수, 혈압, 심전도, 산소포화도, 호흡수가 측정되어 결과를 인공지능 비서가 알려 준다.

오늘은 재택근무 하는 날이라 근무 시간 전에 시간이 있어 인공지능 헬스 키트로 개인 유전자와 혈당 검사를 받으면 자동으로 주치의에게 전송되고 맞춤형 건강 상태 피드백을 요청한다. 잠시 후 주치의로부터 화상으로 연락이 와 상담을 받고 주의 사항 및 처방전을 받아 인근 약국으로 보낸다. 향후 인공지능 헬스케어로 바뀌는 일상생활 장면이다. **헬스케어 라이프는 우리의 일상생활로 파고드는 인공지능을 가장 편하고 쉽게 받아들일 수 있는 분야이다.**

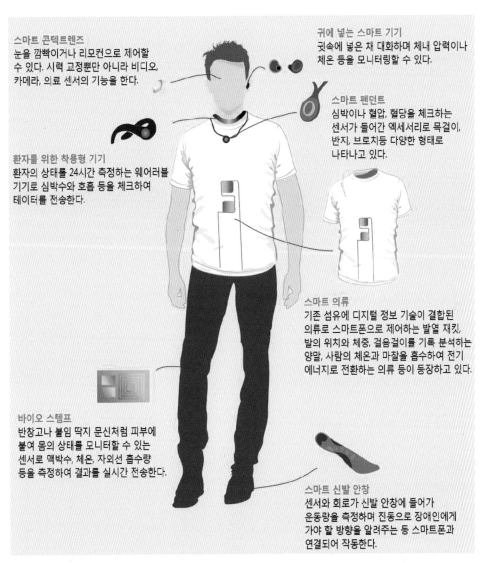

스마트 콘텍트렌즈
눈을 깜빡이거나 리모컨으로 제어할
수 있다. 시력 교정뿐만 아니라 비디오,
카메라, 의료 센서의 기능을 한다.

귀에 넣는 스마트 기기
귓속에 넣은 채 대화하며 체내 압력이나
체온 등을 모니터링할 수 있다.

스마트 펜던트
심박이나 혈압, 혈당을 체크하는
센서가 들어간 엑세서리로 목걸이,
반지, 브로치등 다양한 형태로
나타나고 있다.

환자를 위한 착용형 기기
환자의 상태를 24시간 측정하는 웨어러블
기기로 심박수와 호흡 등을 체크하여
데이터를 전송한다.

스마트 의류
기존 섬유에 디지털 정보 기술이 결합된
의류로 스마트폰으로 제어하는 발열 재킷,
발의 위치와 체중, 걸음걸이를 기록 분석하는
양말, 사람의 체온과 마찰을 흡수하여 전기
에너지로 전환하는 의류 등이 등장하고 있다.

바이오 스템프
반창고나 붙임 딱지 문신처럼 피부에
붙여 몸의 상태를 모니터할 수 있는
센서로 맥박수, 체온, 자외선 흡수량
등을 측정하여 결과를 실시간 전송한다.

스마트 신발 안창
센서와 회로가 신발 안창에 들어가
운동량을 측정하며 진동으로 장애인에게
가야 할 방향을 알려주는 등 스마트폰과
연결되어 작동한다.

[그림 2-13] 인공지능 헬스케어 라이프 디바이스

출처: 100세 시대 헬스케어와 미래 직업, 한국과학창의재단

우리는 건강한 삶을 추구한다. 예전엔 아파야 병원에 가고, 병에 걸려야 병원에 가서 치료받았다. 이에 따라 이미 심각하게 진행된 병이나 치료가 어려운 병은 우리의 목숨을 앗아갈 확률이 높았다. 이제 **인공지능 헬스케어**가 본격화되면서 우리의 헬스 라이프가 바뀌게 된다. **치료 이전에 예방, 아프기 전에 상시적인 진단**, 특정 의사의 전문성을 넘어선 전 세계적인 임상 결과에 근거한 **최적의 맞춤 치료, 치료 후에도 건강 사후관리, 일상적인 건강관리로 우리의 헬스케어 라이프가 바뀌고 있다.** 이에 따라 [표 2-1]과 같이 인공지능 기술이 접목된 헬스케어 서비스와 제품이 지속적으로 개발되어 출시되고 있다.

[표 2-1] 인공지능 헬스케어 요소와 서비스 및 제품

분류	상세분류	설명	관련 제품 및 서비스
디바이스	재료	전기, 자기, 역학, 광학, 음향, 열량 소자, 시약	시약, 비이오센서
	정밀부품	광센서, 압력센서, 초음파센서, 이미지광학센서, 전자부품, 통신부품	부품 모듈(센서 모듈) MCU, RAM, 통신 모듈
	제품	개인건강관리기기	스마트 체온계, 혈압계, 혈당계, 산소포화도, 체지방계, 심전도계 등
		웨어러블 기기	스마트 밴드, 워치, 벨트, 인솔, 반지 등
		의료기기 (치료재료)	병원 사용 의료기기 및 치료재료
		의료장비	CT, MRI, 초음파, 내시경 등 영상장비

데이터 (플랫폼)	의료·건강관리 콘텐츠	(건강정보 제공 App) 일반적 의학정보, 운동정보, 영양정보 등 건강정보 제공	웰니스(휴식방법, 요가 뷰티팁 등) App
			영양관리 및 정보 제공 App
			의학적 정보(약품, 질병, 복약 등) 제공 App
		(맞춤형 건강관리 App) 개인 건강정보를 수집하여 맞춤형 건강 관리 제공	개인건강기록(PHR) App
			병원예약, 실손보험청구관리 App
			피트니스 또는 운동 관리 App
	미들웨어, 플랫폼, 통신네트워크	(의료정비관리 플랫폼 /DB) 의료기관 의료정보 통합 저장/관리 시스템	의료정보관리 플랫폼(EMR, EHR)
		(개인건강관리플랫폼 /DB) 건강·의료정보 통합 저장, 관리	개인건강정보관리 플랫폼
			임상의사결정지원시스템, 의료AI
서비스	진단서비스	(진단서비스) 유전자, 의료진단 서비스	체외진단 서비스
			유전자/유전체 분석 서비스
	건강관리 서비스	(건강관리 서비스) 하드웨어 기기의 건강정보 및 의료정보분석, 건강관리 서비스	개인건강검진 관리 서비스
			개인건강기록(PHR) 관리 및 맞춤형 서비스
			만성질환관리 서비스
			노인건강관리 서비스
		(원격진료 서비스) 원격으로 행해지는 의료 서비스 및 진단	건강관리 포털 서비스
			병원예약, 실손보험청구서비스
			원격상담, 원격모니터링 서비스

출처: 스마트 헬스케어와 의료 AI, 중소기업기술정보진흥원, 2018

인공지능이 헬스케어에 접목되면서 치료 방식과 서비스도 바뀌고 있다. 인공지능 헬스케어를 통해 **개인 맞춤형 치료는 물론**이고 **치료도 의약품뿐만 아니라 디지털 치료제도 활용**되게 되었다. 특히 알츠하이머, 파킨슨, 다발성 경화증, 주의력 결핍 과다 행동장애, 자폐증, 외상후 스트레스 장애, 우울증, 약물 중독 등에는 이미 치료를 목적으로 개발된 소프트웨어 의료기기인 디지털 치료제가 활용되고 있다. 이외에도 당뇨, 조현병, 천식, 만성 폐질환, 불면증, 근육통, 암 치료에도 디지털 치료제가 '대체 치료제' 또는 '보완 치료제'로 개발되고 활용될 예정이다. 그리고 **이미 닥터 왓슨 같은 인공지능 의사**가 출현한 것 같이 **인공지능 간호사, 인공지능 재활 치료사, 인공지능 약사도 등장**하여 우리의 일상생활 헬스케어 라이프를 건강하게 지켜 주는 도우미 역할을 할 것이다.

미국의 인공지능 의료 기업 '센스리(Sensely)'는 병원 퇴원 후 집에서도 지속적인 치료 간호가 필요한 환자를 위해 **인공지능 간호사 '몰리(Molly)'**를 개발하여 서비스하고 있다. 몰리는 인공지능 아바타로 고급 음성인식 기능을 갖추고 환자와 음성 대화를 통해 간호 서비스를 제공한다. 몰리는 집에서 스마트폰이나 태블릿, 스마트 TV로 접속하여 시간에 맞춰 환자에게 "혈압 측정 시간입니다."라고 알려준다. 환자는 혈압측정기로 혈압을 측정하고 데이터는 블루투스로 스마트폰에 전송된다. 몰리는 이 정보를 "병원에 보내겠습니다."라고 설명하고 병원으로 데이터를 전송한다. 몰리는 인공지능 기술로 사람처럼 움직이고 말하면서 환자들에게 심적 위안을 주는 역할도 하게 된다. 실제로 환자들은 몰리에게 개인적인 고민을 털어놓기도 하고 고마운 감정을 가지기도 하는 것으로 나타났다.

[그림 2-14] 인공지능 간호사 몰리(Molly)

출처: https://www.sensely.com

제3부

챗GPT, GPT-4 인공지능
미래 경제 비즈니스 활용

"챗GPT가 가져온 변화의 중요성을 이해하고 먼저 조서를
하는 기업이 상당한 이득을 얻게 될 것이다."

– 이선 몰릭 펜실베이니아 와튼스쿨 교수

제3부 목차

제11장

· · ·

챗GPT, GPT-4 인공지능으로
자산 투자 전략 성공하기

1. 챗GPT와 GPT-4에게 자산 운영 문의하여 참조하기

챗GPT와 GPT-4에게 자신의 자산 운용에 관한 질문을 하고 답변을 참조하여 **자산 운용에 참조할 수 있다.** 예를 들어 퇴직금 2억 원을 받았는데 어떻게 자산 운용하면 좋을지 자문을 부탁하여 **자산 운용 방법**에 관한 내용을 파악하여 참조할 수 있다.

챗GPT 안녕, 퇴직금 2억원을 받았는데 어떻게 자산 운영하면 좋을지 자문 부탁해요?

안녕하세요. 퇴직금 2억원을 받았다니 축하드립니다! 퇴직금을 효율적으로 운용하는 방법 👍 👎
은 많이 있지만, 어떤 방식이 적합한지는 개인의 상황과 우선순위, 목표 등에 따라 다릅니
다. 그래서, 일반적인 가이드라인을 제시해드릴게요.

먼저, 금융 자산과 부동산 자산 등 다양한 자산 클래스 중 어떤 것을 선호하시는지 확인하는
것이 중요합니다. 다음은 자산 운용에 대한 몇 가지 고려 사항입니다.

1. 금융자산 운용

• 주식, 채권, 펀드, 적금 등의 금융상품을 통해 운용
• 투자의 위험성이 있으나 수익률이 높은 경우가 있음
• 수익률과 위험성은 투자하는 상품의 특성에 따라 다름
• 다양한 상품을 조합하는 포트폴리오 구성도 가능

2. 부동산자산 운용

• 부동산 투자, 부동산 펀드, 리츠 등을 통해 운용
• 안정적인 현금흐름을 보장하나 상환기간이 길어질 수 있음
• 지역경제나 주택시장 등의 변수에 영향을 받을 가능성 있음

3. 혼합 자산 운용

• 금융자산과 부동산자산을 조합하여 운용
• 위험 분산 및 수익률 극대화를 목적으로 함

또한, 세금 문제나 상속 계획 등을 고려해야 합니다. 따라서, 이러한 사항들을 고려하여 포
트폴리오를 구성하는 것이 좋습니다.

마지막으로, 금융상품의 선택과 같은 자산 운용에 대한 결정을 내리기 전에, 전문적인 자산
관리사나 투자자문업체 등과 상담하는 것도 좋은 방법입니다. 이들은 귀하의 개별적인 상황
을 고려하여 투자전략을 제안해 줄 것입니다.

2. 챗GPT와 GPT-4에게 자산 투자 방법 문의하여 참조하기

자산 투자를 위해 보다 구체적으로 주식 투자에서 **유망한 주식 종목을 파악하기 위한 방법**을 챗GPT와 GPT-4에게 문의하여 전문가적인 시각의 자문 답변을 받아 주식 투자에 활용할 수 있게 된다.

 챗GPT 답변 고마워요, 주식 투자 하려 하는데 유망한 주식 종목을 파악하는 방법을 알려 주세요

주식 시장에서 유망한 종목을 파악하는 것은 매우 중요한데, 이를 위해서는 충분한 정보 수 👍 👎 집과 분석이 필요합니다. 다음은 유망한 주식 종목을 파악하기 위한 몇 가지 방법입니다.

1. 기업 분석: 기업의 재무 상태, 경영 전략, 제품 및 서비스의 경쟁력 등을 분석하여 투자할 만한 기업을 찾습니다. 기업분석을 위해서는 기업의 재무재표와 보고서를 분석하는 능력과 경험이 필요합니다.

2. 산업 분석: 산업의 성장 잠재력과 경쟁 구도, 정책적 요인 등을 고려하여 투자할 만한 산업을 파악합니다. 산업분석을 위해서는 산업 동향과 통계 자료, 정책 변화 등을 파악할 수 있는 능력이 필요합니다.

3. 기술 분석: 주식 시장에서 가격 변동에 영향을 미치는 기술적인 요인을 분석하여 주가 예측에 활용합니다. 기술 분석을 위해서는 차트 분석, 기술적 지표 분석 등의 기술적 지식과 경험이 필요합니다.

4. 시장 분석: 주식 시장 전반의 동향과 전망을 파악하여 주가 상승 가능성이 높은 종목을 찾습니다. 시장 분석을 위해서는 주식 시장 전반의 동향과 전망을 파악할 수 있는 경험이 필요합니다.

위와 같은 방법들을 종합적으로 활용하여 유망한 주식 종목을 선정하시는 것이 좋습니다. 하지만, 주식 시장에서는 항상 손실 위험이 존재하므로, 투자 시 매우 신중하게 검토하시기 바랍니다.

또한, 보다 구체적으로 특정 지역을 지정하여 **제주도 지역 부동산 투자 전망**에 대한 의견을 문의하니 국내 부동산 경기 상황과 제주도 상황을 분석하여 의견을 제시해 주었다.

챗GPT 안녕, 제주도 지역 부동산 투자를 고려하고 있는데 미래의 제주도 지역 부동산 경기는 어떻게 될 것으로 예측하는지요?

현재의 경향성을 기준으로 예측해보면, 제주도 부동산 시장은 상승세를 이어갈 것으로 예측됩니다.

제주도는 국내외에서 관광지로 인기가 많아지고 있으며, 관광객 수도 증가하고 있습니다. 이에 따라 제주도 내에서 부동산 수요도 증가하고 있으며, 특히 코로나19 팬데믹으로 인해 많은 사람들이 제주도로 이주하려는 경향이 있습니다.

또한, 지난 2020년 말에는 대한민국 정부가 부동산 투기규제를 강화하는 대책을 발표했습니다. 이러한 규제로 인해 부동산 가격 상승이 완화될 가능성도 있습니다. 그러나 여전히 국내외에서 인기가 높은 제주도 지역의 경우 부동산 가격이 높게 유지될 가능성도 있습니다.

그러므로 제주도 지역 부동산 투자를 고려한다면, 지역 내 부동산 시장 동향을 살펴보는 것이 중요하며, 장기적인 관점에서 투자하고자 하는 목적과 상황에 따라 적절한 전략을 수립하여 투자를 결정하는 것이 필요합니다.

3. 챗GPT, GPT-4 인공지능으로 자산 투자 운용하기

이제 인공지능 로보어드바이저 서비스로 전문가 인력 비용을 절감시키고 보다 정확한 투자 분석과 신뢰도 높은 투자 결과가 산출되고 있다. **로보어드바이저(RoboAdvisor)**는 로봇(Robot)과 투자 자문을 의미하는 어드바이저(Advisor)의 합성어로 **인공지능(AI), 빅데이터 알고리즘 등의 기술**에 기반하여 **고객의 투자 성향 등을 반영하여 자동**으로 **고객 자산의 포트폴리오를 구성하고 리밸런싱(재구성)하며 고객의 자산 운용을 자문하고 관리해 주는 서비스**이다. 현재 서비스되고 있는 로보어드바이저는 알아서 고객 맞춤으로 펀드를 운용하는 펀드형, 고객에게 투자 제안을 하고 고객이 최종 결정하게 하는 자문형, 현장 방문 시 더 상세한 종목 비중과 수익률을 소개해 주는 일임형으로 나누어진다.

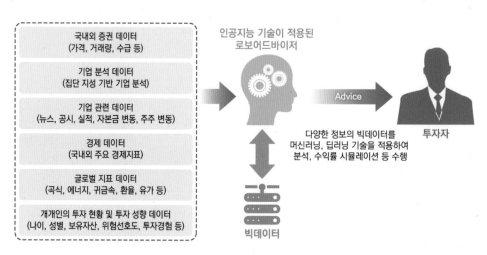

[그림 3-1] 인공지능 기반 로보어드바이저의 자산관리
출처: 국내외 로보어드바이저(RoboAdvisor) 동향 및 현황 분석, 국내외 로보어드바이저, 이근영, 2016

전 세계적으로는 2023년에 로보어드바이저 시장 규모가 2조 5,523억 달러가 될 것으로 전망되고 있다. 국내 로보어드바이저 서비스는 2016년 도입되어 3년 만에 9개 시중은행, 19개 증권사, 2개 자산운용사, 5개 투자자문사가 도입하였다. **국내 로보어드바이저**는 펀드, 연금 등의 금융 **상품 판매 채널 로보어드바이저**, 또는 주식 종목 추천 및 매매 타이밍 자문을 제공하는 **투자 자문형 로보어드바이저**, 증권사의 자산 관리 상품 중 하나인 랩 어카운트(WRAP Account)를 관리하거나 국내외 주식 및 상장지수투자신탁(ETF)으로 투자 자산을 관리하는 **투자일임형 로보어드바이저**로 나누어진다. 2019년 10월 말 기준 국내 인공지능 로보어드바이저 펀드 전문 회사의 평균 수익률은 8.45%를 기록하여 펀드매니저가 직접 운용한 국내 주식형 펀드 수익률 평균 1.93%보다 월등한 우위를 보여 주었다.

국내 주요 로보어드바이저가 관리하는 자산 운용 규모가 2020년 총 1조 7,000억 원으로 짧은 기간에 급성장하였다. KEB하나은행에 따르면, 국내의 로보어드바이저 운용 자산 규모는 지속 성장하여 2025년엔 30조에 달할 것으로 전망되고 있다.

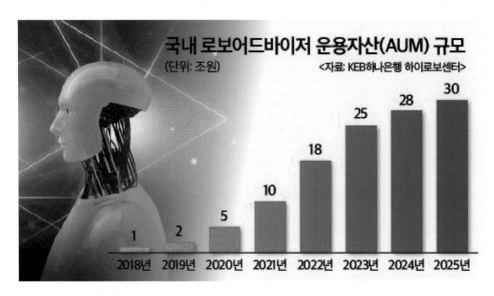

[그림 3-2] 국내 인공지능 기반 로보어드바이저 운용 자산 규모 전망
출처: https://www.newstomato.com/ReadNews.aspx?no=893246

이제 인공지능은 자산 운용과 투자 금융업계의 뜨거운 감자이다. **금융업계의 전문가는 인공지능을 잘 이해하고 잘 활용할 수 있는 자가 승자가 된다.** 자신의 전문적 식견과 감으로 투자하고 자문하던 시대는 저물고 있는 것이다. **인공지능을 지배하는 자가 자산 운용과 투자 나아가 금융업계를 지배할 것이란 말이 현실이 되고 있다.**

제12장

• • •

챗GPT, GPT-4 인공지능으로
맞춤 금융 서비스 누리기

 **1. 챗GPT와 GPT-4에게 금융 서비스 방법
문의하여 사용하기**

    은행, 증권, 보험 등의 금융 서비스를 받기 위해 현장 점포를 방문하는 시대에서 인터넷과 스마트폰 등을 사용하는 것이 더욱 일반화되는 시대로 변화하고 있다. 하지만 여전히 많은 사람이 전자 시스템을 통한 금융 서비스에 불안감과 사용 방법 미숙으로 어려움을 겪고 있다.

챗GPT에게 이처럼 새롭게 변화하는 금융 서비스 이용 방법을 문의하여 이를 활용하여 나에게 맞는 편리한 금융 서비스 생활을 영위하는 데 활용할 수 있다. 예를 들어 스마트폰으로 은행 거래를 하고 싶어 방법을 문의하였다.

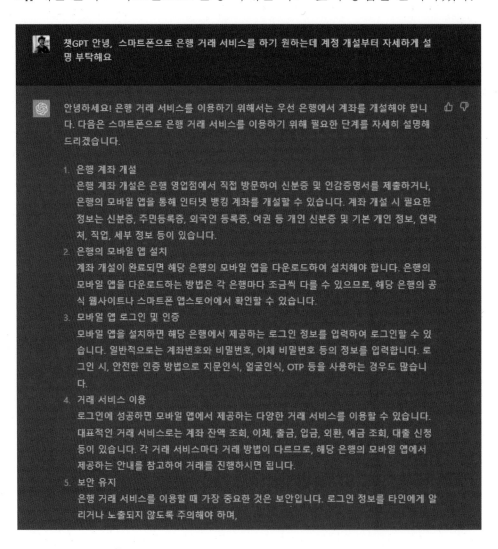

챗GPT는 일정 길이 이상 답변이 되면 일시 멈춤 현상이 발생하는데 계속 답변해 달라고 요청하면 이어서 답변을 해 준다.

챗GPT는 스마트폰으로 은행 거래하기 위한 방법을 계정 개설부터 단계별로 자세히 설명해 주고 나아가 누구나 염려하는 금융 거래 시 보안을 안전하게 하는 팁도 제시하여 주어 더욱 안전하게 은행 서비스를 이용할 수 있게 된다.

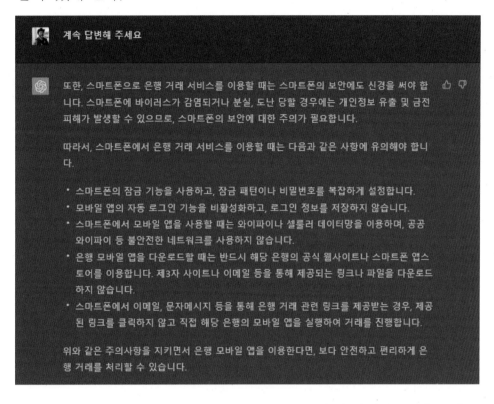

챗GPT에게 관심 있는 **보험 상품에 대해 문의**하면 자세한 안내를 받을 수 있다.

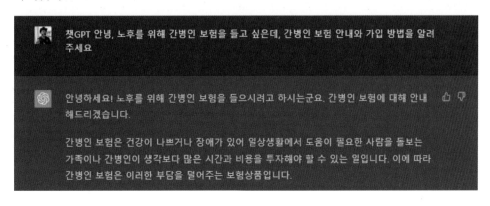

간병인 보험은 대개 간병 대상자의 연령, 건강 상태, 간병 필요성 등을 고려하여 보장 내용과 보험료가 책정됩니다. 대부분의 보험사에서는 건강 상태 조사가 필요하며, 건강 상태에 따라 보장 내용과 보험료가 다르게 결정됩니다.

간병인 보험의 가입 방법은 크게 보험사에서 직접 가입하는 방법과 보험대리점을 통해 가입하는 방법이 있습니다. 보험사에서 직접 가입하는 경우, 해당 보험사의 홈페이지나 온라인 가입센터를 통해 간단한 절차로 가입이 가능합니다. 또한, 보험대리점을 통해 가입할 경우, 상담원과 함께 상세한 상품 설명과 가입 절차를 안내받을 수 있습니다.

보험사와 상품마다 보장 내용이나 보험료가 다르므로, 여러 보험사를 비교하고 적합한 상품을 선택하는 것이 좋습니다. 또한, 가입 전에는 반드시 약관과 상품 설명서를 꼼꼼히 확인하시기 바랍니다.

또한, 자신에게 적합한 보험 상품의 안내를 받고 이를 참조하여 **맞춤형 보험을 계획**하는 데 도움을 받을 수 있다.

챗GPT 안녕, 현재 50대 남성으로 고혈압 약을 복용하고 있는데 노후를 위해 필요한 보험으로 어떤 것이 있는지 알려 주세요

안녕하세요! 노후를 위해 필요한 보험에 대해 궁금하시군요. 여러 가지 보험상품이 있겠지만, 일반적으로 노후를 대비해 들 수 있는 보험상품으로는 다음과 같은 것들이 있습니다.

1. 연금저축보험
   연금저축보험은 일정한 기간 동안 보험료를 납입하면 일정한 연령 이후부터 일정한 금액의 연금을 받는 보험입니다. 연금을 지급받는 기간이나 방식, 연금액 등은 상품에 따라 다릅니다.
2. 종신보험
   종신보험은 사망 시까지 보장하는 보험으로, 일정한 보험료를 납입하면 평생 보험금을 받을 수 있는 상품입니다. 보험금은 보험계약자가 사망할 경우에 지급됩니다.
3. 장기요양보험
   장기요양보험은 노인이 만성적인 질병 등으로 장기간 돌봐야 할 경우에 대비한 보험으로, 집에서 장기간 치료나 간호를 받을 때 또는 요양원 등에서 치료나 간호를 받을 때 필요한 일부분을 보장합니다.
4. 신용보증보험
   신용보증보험은 적금 및 대출상환 등에서 생길 수 있는 위험을 대비한 보험으로, 적금을 예치하고 대출을 받았을 때, 대출상환을 위한 보증인으로 활용될 수 있습니다.

고혈압 약을 복용하고 계신 경우, 해당 보험상품에 따라 건강 상태에 따른 보험료 차등이 적용될 수 있으므로, 보장 내용과 보험료를 자세히 검토하시는 것이 좋습니다. 또한, 다양한 보험사와 상품을 비교 분석하여 가장 적합한 보험상품을 선택하시길 권장드립니다.

2. 챗GPT, GPT-4 인공지능으로 활성화될 금융 핀테크

핀테크(Fintech)란 금융(Finance)과 기술(Technology)의 합성어로 금융과 첨단 기술이 만나 복잡하고 어려웠던 금융 시스템을 기존에 없던 혁신적 유형의 방법으로 편리하게 서비스를 제공하는 산업이다. 핀테크의 종류로 인터넷 기반 전문 은행(K뱅크, 카카오뱅크 등), 간편 결제(페이팔, 카카오페이, 삼성 페이 등), P2P(개인 대 개인) 대출, 디지털 화폐, 크라우드 펀딩(대중 지분 투자), 금융 정보 분석, 자산관리 등의 서비스가 있다.

핀테크에 인공지능 기술이 접목되면서 더욱 정교해지고 다양화되고 있다. 핀테크 인공지능의 가장 큰 특징은 '자율 지능화'이다. 인공지능이 도입되면서 사람의 개입 없이 사람보다 더 똑똑하게 핀테크 서비스가 스스로 생각하고 결정을 내릴 수 있게 된다. 핀테크 인공지능으로 전문가 인건비에 비해 금융 서비스의 비용이 감소되어 핀테크 인공지능 서비스가 훨씬 저렴하게 제공된다. 또한, 더욱 많은 사람에게 품질 좋은 핀테크 서비스를 제공할 수 있게 된다. 그리고 무엇보다 정확성이 높아진다. 핀테크 인공지능 금융 분석의 정확성은 갈수록 정교해지고 있다. 금융 분석 전문가 개인 차원의 분석보다 정확성이 훨씬 뛰어날 수밖에 없다. 더구나 고객 개개인에게 최적의 맞춤 금융 서비스가 제공될 수 있다.

[표 3-1] 핀테크 종류와 국내 대표 기업

구분	내용	대표기업
간편 송금. 결제	공인인증서, OTP 등 복잡한 인증 절차 없이 간편하게 송금, 결제	카카오페이. 삼성 페이, 페이팔
크라우드 펀딩	창의 기업이 온라인 플랫폼을 이용해 다수의 투자자로부터 자금조달	크라우디, 와디즈, 텀블벅
P2P 대출	기업, 개인이 금융기관의 중개 없이 온라인 플랫폼으로 대출 계약	렌딧
인터넷 전문은행	기존 대형 은행과 차별화된 온라인 채널 등 통한 디지털 은행	카카오뱅크, K뱅크
자산관리	알고리즘, 빅데이터분석등을통한자산포트폴리오, 자문, 운용	뱅크샐러드
레그테크	금융 규제 사항에 대해 효율적 대응	에임스
인슈테크	신기술을 이용해 보험 가입 및 관리	보맵

출처: 중앙시사매거진, https://jmagazine.joins.com/economist/view/329792

핀테크 인공지능은 다양한 영역에서 활용될 수 있다. 예를 들어 운전자의 운전 행위 패턴을 파악하여 자동차 사고 발생 가능성 예측을 기반으로 보험 가격을 책정할 수도 있게 된다. 대출도 기존의 금융 거래 외에 소셜미디어 댓글과 현금 거래, 주변의 평판까지 종합적으로 분석하여 보다 정확한 신용도를 기준으로 대출 여부를 즉각적으로 결정해 줄 수도 있다. 또한, 고객의 카드 사용 특성을 인공지능 시스템이 분석하여 스마트 지출 분석과 이상 지출 감지 등 소비자의 소비 행동을 진단하여 적합한 서비스를 제안해 줄 수도 있다.

이미 **핀테크는 인공지능을 기반으로 더욱 정교하고 편리한 금융 서비스를 제공하고 있다.** IBM 왓슨은 싱가포르 개발은행과 씨티은행에서 대출 신용도 평가를 제공하고 있고, 호주뉴질랜드은행의 투자 자본 서비스에도 적용되고 있다. 국내 기업들도 이러한 트렌드에 발맞추어 인공지능을 금융 서비스에 적용하고 있다. 예를 들어 하나은행은 3D AI 금융 비서 서비스, HAI뱅킹이라는 핀테크 인공지능 서비스를 제공하여 3D 아바타 금융 비서와 고객이 서로 대화하면서 간편하게 계좌 이체, 상품 가입 및 추천, 환전 및 해외 송금 등 서비스를 제공한다. 특히 마인즈랩의 인공지능 시각 지능 기술로 휴대전화 카메라 촬영만으로 고지서 자동 납부가 가능하게 되어 더욱 빠르고 정확한 금융 업무 처리를 실현하고 있다.

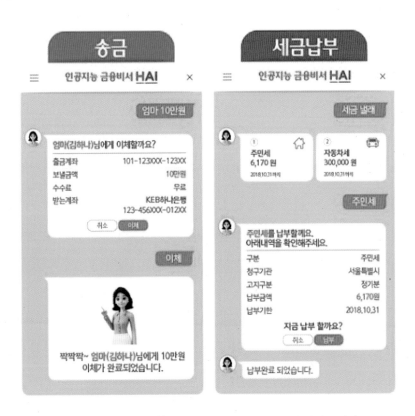

[그림 3-3] 하나은행의 핀테크 인공지능 HAI뱅킹 서비스 사례
출처: http://news.bizwatch.co.kr/article/finance/2018/12/31/0021

제13장

・・・

챗GPT, GPT-4 인공지능으로
배달 유통 비즈니스 체험하기

1. 챗GPT와 GPT-4에게 유통 마케팅 방법 문의하여 확산하기

챗GPT와 GPT-4에게 유통 방안을 문의하여 다양한 유통 경로를 파악하고 **유통 마케팅 확산에 참조할 수 있다.** 예를 들어 자신의 뜨개질 상품을 판매할 상점을 새로 개점하였는데 유통 방법을 모르고 있는 주부가 챗GPT에게 유통 방법을 문의하니 **뜨개질 상점에 맞는 다양한 유통 방법을 제시**하여 주었다 챗GPT 안녕, 주문 맞춤 뜨개질 상품 상점을 새로 개설하였는데 뜨개질 상품을 어떻게 유통하면 좋을지 유통 방법을 알려 주기 바래요

안녕하세요! 뜨개질 상품 상점을 개설하신 것을 축하드립니다. 뜨개질 상품을 유통하는 방법에 대해 몇 가지 제안해 드리겠습니다.

1. 인터넷 판매 플랫폼 활용
인터넷을 통해 판매하는 것은 현재 가장 일반적인 유통 방법 중 하나입니다. 온라인 쇼핑몰을 운영하거나 대표적인 전자상거래 플랫폼 중 하나인 Amazon, eBay, Etsy 등을 이용할 수 있습니다. 이러한 플랫폼은 판매자들이 상품을 등록하고 판매할 수 있는 기능을 제공하며, 보통 수수료를 지불하면 이용할 수 있습니다.

2. 소셜 미디어를 활용한 마케팅
SNS 플랫폼들은 특정 제품이나 서비스를 홍보하고 마케팅하는 데 있어서 매우 효과적인 방법입니다. 뜨개질 상품을 판매하는데 Facebook, Instagram, Twitter, TikTok 등을 활용해 광고를 게시하거나 소셜 미디어에서 팔로워들과 상호작용하는 것이 좋습니다. 이를 통해 상품의 가시성을 높이고 더 많은 판매 기회를 창출할 수 있습니다.

3. 오프라인 판매
상점을 개설하여 직접 상품을 판매하는 것도 유효한 방법입니다. 뜨개질 상품 상점을 빈티지 마켓, 공예 전시회, 크래프트 박람회 등의 이벤트에 참가하여 판매하는 것이 좋습니다. 이러한 이벤트는 다양한 고객층에게 뜨개질 상품을 홍보하고 판매할 수 있는 기회를 제공합니다.

4. 맞춤 주문을 받는 서비스
맞춤 주문을 받는 서비스는 수요자들이 원하는 디자인과 크기의 뜨개질 제품을 제공하는 것입니다. 맞춤 주문 서비스는 개별적으로 제품을 제작하므로, 기존 상품을 판매하는 것보다 수익성이 높을 수 있습니다.

이러한 방법들을 활용하여 뜨개질 상품을 유통하면 다양한 고객층에게 뜨개질 상

새로 소규모로 개설한 주문 맞춤형 뜨개질 상점에서 스스로 배워 할 수 있는 다양한 유통 방안을 챗GPT가 소개해 주었는데, 양이 많이 중간에 일시 멈춤 하여 계속 답변 요청 후 상세한 유통 방안을 추천받아 활용할 수 있게 된다.

계속 답변 부탁해요

죄송합니다, 전 보내려고 했던 답변을 누르지 않고 보내지 않은 것 같습니다. 이어서 제안해 👍 👎
드릴 방법들을 더 알려드리겠습니다.

5. 도매 및 유통 채널
   도매 및 유통 채널을 통해 상품을 유통하는 것도 좋은 방법입니다. 많은 소매업자들이 도
   매업체를 통해 상품을 구매하는데, 이러한 채널을 통해 상품을 대량으로 판매할 수 있습
   니다. 이를 위해 상품을 제조하는 공장이나 제조업체와 협력하거나 도매상을 찾아 수익
   을 높일 수 있습니다.
6. 교육을 통한 브랜드 인지도 향상
   뜨개질 상품을 판매하는 브랜드의 인지도를 높이기 위해 교육을 통한 마케팅을 진행할
   수 있습니다. 뜨개질 상품의 사용 방법이나 뜨개질 기술에 대한 교육 프로그램을 만들어
   고객들에게 제공함으로써, 브랜드 인지도와 상호작용을 증가시킬 수 있습니다.
7. 블로그 및 커뮤니티 마케팅
   블로그나 SNS 커뮤니티 등에서 뜨개질 관련 컨텐츠를 제공하고, 브랜드의 이미지를 제
   고할 수 있습니다. 이러한 마케팅은 주요 고객층을 타겟팅하고 상호작용을 통해 마케팅
   효과를 극대화할 수 있습니다.

이러한 방법들을 통해 뜨개질 상품을 효과적으로 유통할 수 있으며, 고객층을 확대하고 브
랜드 인지도를 높일 수 있습니다.

이처럼 챗GPT는 유통과 배달 관련 질문에 대해서도 전문가 수준의 답변을 하여 주어 필요한 유통과 배달 서비스에 대한 방안과 정보를 손쉽게 알게 되고 참조할 수 있게 도와준다.

2. 챗GPT와 GPT-4에게 야식 배달 문의하여 가족과 함께 즐기기

챗GPT와 GPT-4에게 배달에 관해 문의하여 편리하게 이용할 수도 있다. 예를 들어 가족이 함께 먹고 싶은 야식으로 신당동 떡볶이를 배달시키고자 할 때 어떻게 배달시킬지 알려 달라고 문의하면 챗GPT는 방법을 알려 준다.

> 챗GPT 안녕, 야식으로 신당동 떡볶이를 배달시켜 가족이 함께 먹고 싶은데 어떻게 배달 시킬지 알려 주세요

> 안녕하세요! 신당동 떡볶이를 가족들과 함께 즐기기 위해 배달을 시키려고 하는 것 같군요. 배달을 시키는 방법에 대해 몇 가지 제안을 드리겠습니다.
>
> 1. 배달 애플리케이션 사용
>   현재는 여러 배달 애플리케이션을 통해 음식을 주문하고 배달받을 수 있습니다. 대표적으로 요기요, 배달의 민족, Coupang Eats 등이 있습니다. 해당 앱을 다운로드하여, 지역 설정을 신당동으로 변경하고 신당동 내에서 떡볶이를 배달해주는 가게를 찾아주시면 됩니다.
> 2. 온라인 주문
>   배달 애플리케이션을 사용하지 않고도 인터넷 검색을 통해 해당 가게의 공식 홈페이지나 전화번호를 확인하실 수 있습니다. 이를 통해 직접 주문을 할 수 있습니다.
> 3. 전화 주문
>   해당 가게의 전화번호를 검색하여 전화 주문을 하실 수도 있습니다. 이 경우, 메뉴와 가격을 미리 확인하고 주문을 진행하면 빠르고 간편합니다.
>
> 배달 애플리케이션을 이용하는 것이 가장 편리하고 빠른 방법일 수 있으나, 어떤 가게는 앱에 등록되어 있지 않을 수도 있습니다. 이때는 인터넷 검색이나 전화 주문을 통해 주문을 진행하실 수 있습니다. 배달 주문을 하실 때는 배달 가능 지역, 최소 주문 금액, 배달비 등을 확인해주시고, 예상 배달 시간을 고려하여 주문하시면 좋을 것 같습니다. 그리고 주문 시 요청사항을 미리 말씀해주시면, 원하시는 대로 맞춤 서비스를 받으실 수 있습니다. 맛있는 떡볶이와 함께 즐거운 식사 시간 보내시길 바랍니다!

3. 챗GPT, GPT-4 인공지능으로 바뀌는 미래 배달 유통

코로나19 이후 4차 산업혁명이 가속화되고 언택트(Untact)가 일상이 되고 있다. 예전엔 디지털에 익숙하지 않은 계층에게도 이제 언택트 쇼핑과 언택트 소비 등 언택트 라이프가 일상화되었다.

이러한 언택트 라이프 확산으로 온라인·모바일 쇼핑도 급증하고 장보기와 식사도 스마트폰 앱을 통해 새벽 배송, 당일 배송을 통해 클릭 한 번이면 원하는 메뉴의 식사가 집 앞까지 배달된다. 식사뿐만이 아니라 커피 및 디저트들도 모바일 앱을 통해 배달 서비스를 더욱 강화하고 있다. 이로 인해 택배 등 배달 유통의 수요가 급증하고 있다.

이러한 배달 유통의 급증은 향후에도 계속될 것으로 전망된다. 맥킨지는 매년 배달되어야 하는 물품 수가 향후 10년 동안 미국에서만 250억 개 이상 증가할 것으로 예상하고 있다. 이에 따라 기존의 인적 배달 형태로는 계속되는 인건비 상승과 노동력 부족에 대응할 수 없게 된다. 이에 인공지능이 접목된 배달 서비스 로봇과 배달 드론이 개발되어 서비스되기 시작했다.

도미노피자는 **드론과 자율주행 로봇을 이용한 배달 서비스**를 진행할 예정이다. 스마트폰 앱에서 주문하면 배달 드론 '도미 에어'가 지리 정보 시스템(GIS)으로 위치를 파악하고 근처 매장과 수령 장소를 인식해 보온 박스로 피자를 배달한다. 원격 관제 시스템으로 안전하게 노선을 변경할 수 있다. 도미노피자의 자율주행 배달 로봇 '도미 런'은 지리 정보와 배달 동선을 학습하는 머신러닝을 통해 길거리에서 장애물을 피해 이동한다. 주행 시 음악이 나오며 위험이 감지되면 음성으로 안내한다. 스마트폰 앱을 통해 주문 장소에서 수령을 인증하면 피자를 받아볼 수 있다.

[그림 3-4] 인공지능 배달 드론으로 도미노 피자를 배달하는 '도미 에어'

출처: https://www.irobotnews.com/news/articleView.html?idxno=23216

미국 최대 화물 운송 업체인 UPS의 드론 사업 자회사 '플라이트 포워드'는 미국 대형 약국 체인인 CVS와 협업하여 처방 약을 드론으로 배송하는 서비스를 제공하고 있다. UPS는 드론으로 약 25kg 이상의 소화물도 장거리 배송할 수 있다. 현재 UPS가 운용 중인 배송용 드론은 1,500대 이상으로 처방 약 드론 배송 서비스를 하고 있다. 해당 지역 배달원이 직접 의약품을 배송할 때 몇 시간이 걸리지만, 배달 드론으로 수 분 내 배달이 가능해졌다.

구글의 모회사 알파벳의 드론 자회사 '윙'도 드론 배송을 시작하여 미국·호주·핀란드 등에서 드론 배송 서비스를 하고 있는데, 코로나19로 윙의 드론 배송 횟수가 500%나 늘었다. 배송 품목도 일상용품과 커피, 빵, 우유, 달걀, 화장지 등 다양하다. 이외에도 세계 최대의 쇼핑몰 '아마존'과 세계 최대 차량 공유 업체 '우버'도 인공지능 배달 드론 서비스를 제공할 계획이다.

편의점 GS25는 스마트폰 앱으로 주문하면 **인공지능(AI) 로봇 '딜리오'가 건물 내 집 앞까지 배송해 주는 서비스를 제공**하고 있다. 딜리오 로봇엔 몸통이 달린 3칸의 서랍에 최대 15kg까지 물건을 실을 수 있다. 목적지에 도착한 로봇은 고객 휴대전화로 직접 전화를 걸어 상품이 도착했음을 알리고 상품 수령 시 입력해야 하는 비밀번호를 문자 메시지로 발송한다. 고객은 로봇에 장착된 모니터에 비밀번호를 입력하고 자동 잠금장치 서랍을 개방한 후 상품을 최종 수령한다. 지하 1층부터 엘리베이터를 타고 자유롭게 이동하며, 건물 내 목적지까지 최대 5분이면 배달을 완료한다.

[그림 3-5] 편의점 인공지능 배달 로봇인 GS25의 '딜리오'
출처: GS리테일

배달의민족도 자율주행 배달 로봇 '딜리드라이브'를 개발하여 서비스 계획 중이다. 실내외 자율주행 기술을 탑재했고 최대 25L(30kg)까지 실을 수 있다. 딜리드라이브는 건물 출입구를 자유롭게 드나들 수 있고, 위치 추정 센서와 장애물 감지 센서를 통해 주변 상황이 변해도 안정적으로 작동한다. 바퀴 6개에 서스펜션을 적용해 불규칙한 노면이나 높은 턱을 지날 때도 로봇에 담긴 음식이 흔들리지 않는다.

글로벌 기업들도 일찌감치 배달 로봇 가능성을 보고 시장에 뛰어들어 테스트 및 상용화 제품을 내놓고 있다.

미국의 로비 테크놀로지스는 지난 2016년 1세대 **인공지능 배달 로봇**을 선보인 후 업그레이드된 '로비2'를 출시했다. 적외선 카메라와 페드 라이트를 장착해 어두운 곳에서도 운행 가능하며 강한 햇빛이나 비가 내리는 날씨에도 운행 가능하다. 특히 가파른 언덕이 많은 지역에서도 운행이 가능하도록 만들어졌다.

아마존은 배달용 인공지능 자율주행 로봇인 '**아마존 스카우트(Amazon Scout)**'로 고객에게 택배를 배달하는 서비스를 제공할 계획이다. '아마존 스카우트'는 바퀴가 6개인 소형 자율주행 로봇으로, 보행자나 반려동물을 피해 자율 주행이 가능하다. 또 택배 배송지에 도착을 하면 고객을 인식해 덮개가 자동으로 열린다.

세계적인 물류 택배회사인 페덱스(FedEx Corp.)는 인공지능 자율주행 배달 로봇 페덱스 세임데이 봇(FedEx SameDay Bot)을 개발하였고 곧 서비스할 계획이다. 페덱스 세임데이 봇은 작은 패키지를 고객의 집이나 사업체로 안전하게 배달해 준다. 이 봇은 다중 카메라 등 보행자 안전을 기하는 기술에 더해 머신러닝 알고리즘을 탑재하고 있다. 이 때문에 장애물을 감지하고 피할 수 있으며, 안전한 길을 미리 알아보고 도로 안전 규칙도 준수할 수 있다. 또한, 비포장도로나 도로 턱을 넘고 집에까지 배달을 할 수 있도록 계단까지 오를 수 있는 기능을 갖추고 있다.

[그림 3-6] 페덱스(FedEx)의 인공지능 배달 로봇

출처: http://www.klnews.co.kr/news/userArticlePhoto.html

또한, **미국의 세계적인 자동차 회사 포드(Ford)**는 자사의 **자율주행 택배 자동차가 목적지에 도착하면 차에 타고 있던 2족 보행 배달 로봇 '디지트'가 물품을 들고 수령인 문 앞까지 배달**하는 서비스를 제공할 예정이다. 디지트는 최대 18kg의 물품을 배송할 수 있으며, 카메라와 라이더(LiDAR) 센서가 장착되어 보행 중 장애물과 계단 유무 등을 파악한다. 또 디지트에 달린 두 팔은 물건을 집어 올리는 것은 물론 초인종을 누르고 몸의 균형

을 유지하거나 넘어졌을 때 짚고 일어서는 등 다양한 기능을 수행할 수 있다. 디지트가 물품을 문 앞에 내려놓으면 수령인의 스마트폰으로 택배가 도착했다는 문자가 발송된다.

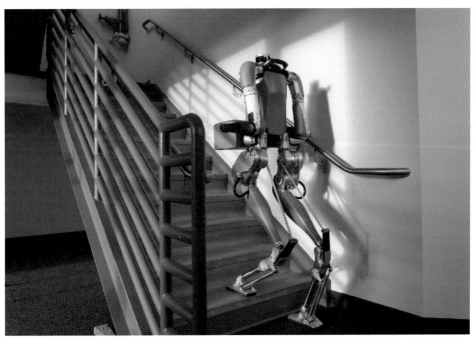

[그림 3-7] 계단까지 오를 수 있는 포드 자동차의 인공지능 배달 로봇 '디지트'
출처: 포드 포스트

인공지능이 접목되면서 배달 유통 서비스도 고도화되고 첨단화되고 있다.
주문 접수, 분류, 배송 관리, 물품 전달까지의 전 과정이 인공지능 시스템으로 총괄되고 향후에는 인공지능 드론과 인공지능 배달 로봇으로 주문 상품을 언택트로 전달받는 것이 일상화되는 시점이 다가오고 있다.

제14장

· · ·

챗GPT, GPT-4 인공지능으로
스마트워크 효과 높이기

 1. 챗GPT와 GPT-4에게 스마트워크 공동 작업 회의 프로그램 문의하여 사용하기

　인공지능 메타버스 시대에 스마트워크와 재택근무, 워케이션 등이 점차 확대될 것이다. **챗GPT와 GPT-4에게 스마트워크의 효과를 높이는 데 필요한 질문을 하여 도움을 받을 수 있다.** 예를 들어 일주일간 제주에 와서 **스마트워크** 하면서 서울에 있는 직원들과 함께 공동 작업하는 회의에 유용한 프로그램 소개를 부탁하였더니 **유용한 프로그램들을 소개** 하여 주었다.

챗GPT 안녕, 일주일간 제주에 와서 스마트워크하고 있는데 서울에 있는 직원들과 함께 공동 작업하는 회의에 유용한 프로그램 소개 부탁해요

안녕하세요! 제주에서 스마트워크를 즐기시는 것 같아 좋아요.

서울에 있는 직원들과 공동 작업하는 회의에 유용한 프로그램은 다양하게 있습니다. 여기에 몇 가지 추천해 드릴게요.

1. Zoom: 온라인 화상 회의를 쉽게 할 수 있는 프로그램입니다. 비디오 회의, 채팅, 화면 공유 등의 기능을 제공하여 원격으로 일하는 팀끼리 원활하게 커뮤니케이션 할 수 있습니다.
2. Slack: 채팅 및 파일 공유 기능을 제공하는 팀 커뮤니케이션 플랫폼입니다. 팀 전체 대화, 개별 채팅, 특정 주제에 대한 채널 등 다양한 방식으로 팀원들끼리 소통할 수 있습니다.
3. Google Drive: 문서, 스프레드시트, 프레젠테이션 등의 파일을 온라인 상에서 공동 작업 할 수 있는 클라우드 기반의 문서 편집 툴입니다. 누구든지 동시에 문서를 편집하고, 변경 사항을 실시간으로 확인할 수 있습니다.
4. Trello: 작업 관리 및 협업 도구입니다. 프로젝트에 대한 칸반 보드를 만들어 작업 항목을 관리하고, 팀원들과 할당된 작업 및 진행 상황을 실시간으로 확인할 수 있습니다.

이외에도 많은 프로그램들이 있지만, 이번 여행에서 사용할 수 있는 프로그램들을 추천해 드렸습니다. 이들 프로그램들은 원격으로 일하거나 지역별 분산된 팀에서 협업하는 경우에 유용합니다. 이제 이를 활용해서 보다 원활한 협업을 즐겨보세요!

더구나 챗GPT에게 추천해 준 협업 도구 Trello 사용법을 알려 달라고 요청하자 구체적으로 사용할 수 있는 방법을 단계별로 자세하게 알려 주었다. 이를 활용하여 팀원들과 공유하여 협업 도구 Trello 사용법을 익혀 스마트워크를 통해 팀 간 협업을 원활하게 할 수 있게 도움을 받게 된다.

 챗GPT 답변 고마워요, 추천해준 협업 도구 Trello 사용법을 자세히 알려 주세요

네, Trello는 매우 유용한 협업 도구입니다. Trello를 이용하여 작업 관리를 하려면 다음과 같은 단계를 따르면 됩니다.

1. 보드 만들기: Trello에서 가장 처음으로 해야 할 일은 보드를 만드는 것입니다. 보드는 작업의 범주에 따라 구성할 수 있습니다. 예를 들어, "프로젝트 A", "팀원 B", "일정 C" 등으로 구성할 수 있습니다. 보드를 만드는 방법은 Trello 홈페이지에서 "Create new board"를 선택하거나, 기존의 보드를 복제할 수도 있습니다.

2. 리스트 만들기: 보드를 만들면, 다음 단계는 리스트를 만드는 것입니다. 리스트는 보드 내에서 작업의 단계를 표시합니다. 예를 들어, "할 일", "진행 중", "완료" 등으로 구성할 수 있습니다. 리스트는 보드 상단에 위치하며, "Add a list"를 클릭하여 만들 수 있습니다.

3. 카드 만들기: 리스트를 만든 후에는 카드를 만들어야 합니다. 카드는 작업의 최소 단위입니다. 카드에는 작업의 이름, 설명, 체크리스트, 첨부 파일 등을 추가할 수 있습니다. 카드를 만드는 방법은 리스트 내에서 "Add a card"를 클릭하거나, 드래그 앤 드롭을 이용해 리스트에 끌어 놓는 방식으로 추가할 수 있습니다.

4. 카드 이동: 카드를 만들면, 리스트 사이에서 카드를 이동할 수 있습니다. 이를 통해 작업의 진행 상황을 표시할 수 있습니다. 예를 들어, "할 일" 리스트에서 카드를 "진행 중" 리스트로 이동시키고, 작업을 시작한 것을 나타낼 수 있습니다.

5. 카드 할당: 카드를 만들 때, 팀원을 카드에 할당할 수 있습니다. 이를 통해 각 팀원이 맡은 작업을 확인할 수 있습니다.

6. 댓글 및 알림: 카드에 댓글을 달거나, 작업 진행 상황을 알리는 알림을 설정할 수 있습니다. 이를 통해 팀원들 간에 소통할 수 있습니다.

Trello는 작업 관리와 협업을 위해 매우 유용한 도구입니다. 이를 활용하여 프로젝트나 작업을 보다 효율적으로 관리하시기 바랍니다.

2. 챗GPT, GPT-4 인공지능으로 확대되는 스마트워크

인공지능을 중심으로 원격 화상을 포함한 스마트워크 설루션이 제공되면서 기업과 기관에서의 스마트워크가 급속히 증가하고 있다. 스마트워크는 오래전부터 논의되고 간헐적으로 시행되고 있었으나 여러 가지 이유로 본격 도입이 되지 않고 있었다. 코로나19로 스마트워크를 실행해야 하는 환경이 조성되고 인공지능과 사물인터넷 기술의 발전으로 언제 어디서나 그리고 누구나 편하고 쉽게 스마트워크를 할 수 있도록 됨으로써 서서히 스마트워크가 자연스러운 업무 형태로 자리 잡아가고 있다.

스마트워크는 종래의 사무실 중심의 업무를 탈피하여, **언제 어디서나 편리하고 효율적으로 업무할 수 있도록 하는 미래 지향적인 새로운 방식의 업무 형태(New Way of Working)**이다.

스마트워크의 장점은 개인이나 환경의 어떤 상황에서도 업무의 연속성을 유지하고, 스마트워크 업무가 가능한 어떤 현장에서도 신속한 업무 처리를 통해 업무 속도와 생산성을 향상하며, 원격 협업으로 물리적으로 멀리 있는 국내 및 해외 전문가와 언제나 실시간으로 협업하여 신속한 의사 결정과 문제 해결을 할 수 있게 되고, 근무 시간과 형태의 유연화로 육아 여성, 장애인, 고령자 등 근로 취약 계층도 각자의 처소에서 편리하게 업무할 수 있게 되어 고용 시장이 확대된다는 점 등이다.

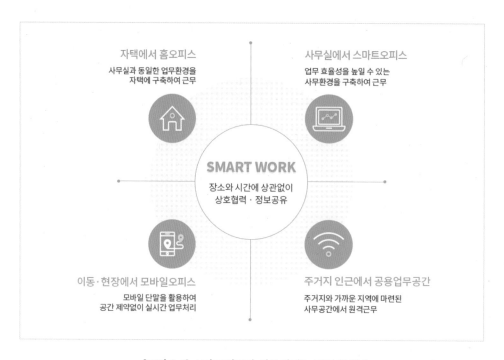

[그림 3-8] 스마트워크가 이루어지는 다양한 장소
출처: 도리의 디지털라이프, http://blog.skby.net/AC-smart-work/

그리고 **인공지능 스마트워크 시스템을 통해 다음 3가지를 이룰 수 있게** 노력해야 한다.

첫째, 스마트워크 시스템으로 업무의 상호 연결과 공유, 협업을 활성화해야 한다. 스마트워크 시스템을 통해 팀워크와 프로젝트 업무를 진행하면서 직원들 간의 의견과 아이디어를 모으고 이를 인공지능의 도움을 받아 보다 정교하게 분석하여 체계화하고 발전시켜 나가도록 활용하는 지혜가 필요하다. 이를 통해 업무의 효율성과 생산성의 향상이 가능하게 된다.

둘째, 스마트워크 시스템으로 직원 개개인의 능력 발휘를 통해 창의적 집단지성이 발현되게 해야 한다. 급변하는 세상에서 새로운 문제들이 끊임없이 발생하고 이에는 새로운 해결책이 필요하다. 따라서 다양한 개성과 다양한 재능 및 생각이 모이면 인공지능도 더욱 학습하게 되고 결국 모두에게 유익한 문제를 해결할 방법이 도출될 수 있다. 이를 위해 스마트워크 시스템을 통해 직원 각 개인이 능동적으로 재능을 발휘할 수 있도록 기회와 보상 체계를 갖출 필요가 있다.

셋째, 스마트워크 시스템으로 직원 개인으로 하여금 시간과 공간을 최적화해 일과 삶의 균형을 취하는 워라밸(Work Life Ballance)을 구현할 수 있도록 해 주어야 한다. 스마트워크는 직원 개개인의 자율적 업무 몰입과 창의적 아이디어를 최대한 도출할 수 있도록 스마트 인공지능 기술을 이용, 직원들의 효율적 업무 관리나 자율적 시간 관리를 통해 업무 성과를 공정하게 평가하고 동시에 삶을 즐길 수 있는 여유를 제공할 때 업무 효율이 극대화될 수 있다.

스마트워크 설루션도 협업 플랫폼, 원격 화상회의, 회의 내용 분석, 업무와 시간 관리, 업무 성과 관리, 보안을 포함한 기능에 인공지능이 접목되면서 더욱 효율적 업무와 생산성 향상에 기여할 것으로 전망된다.

언제 어디서나 완벽한 업무환경

스마트워크 솔루션

협업솔루션

화상회의

근로시간 관리

가상화

보안

[그림 3-9] 인공지능 스마트워크 solution 사례

출처: 다우데이타, 디지털데일리, 2020.4.21

제15장

. . .

챗GPT, GPT-4 인공지능으로
창업·창직 아이디어 내기

1. 챗GPT와 GPT-4에게 창업 · 창직 아이디어 문의하여 참조하기

인공지능 메타버스 시대에는 기존의 많은 직업과 일자리가 사라지게 될 것이다. 반면에 창업과 창직이 활성화되어 새로운 시대 변화에 적합한 직업과 일자리가 창출되어야 한다. 이에 **창업과 창직의 아이디어를 챗GPT에게 문의하여 이를 참조로 새로운 창업과 창직에 도전해 볼 수 있을 것이다.** 예를 들어 인공지능 시대에 금융 분야에서 소규모로 창업할 수 있는 사업 아이디어를 챗GPT에게 문의하였더니 다양한 아이디어를 제시하여 주었다.

챗GPT 안녕, 금융 업계에서 5년간 근무하다가 창업을 고민하고 있어요. 인공지능 시대에 금융 분야에서 소규모로 창업할 수 있는 사업 아이디어 부탁해요.

인공지능 기술을 활용한 금융 분야에서 소규모로 창업할 수 있는 아이디어를 몇 가지 제안 해드리겠습니다.

1. AI 기반 자산관리 서비스
   개인의 자산을 적극적으로 관리할 수 있는 AI 기반 자산관리 서비스를 제공하는 것은 좋은 아이디어입니다. 이 서비스는 이용자의 자산 상태와 목표를 바탕으로 자동으로 포트폴리오를 구성해주며, 이를 통해 최적의 투자 전략을 제시합니다. 이 서비스는 개인 자산관리를 쉽고 편리하게 하여 누구나 효과적으로 자산을 관리할 수 있도록 도와줄 것입니다.

2. AI 기반 대출 심사 서비스
   은행이나 금융기관에서 대출을 신청하는 경우, 대출 심사 과정에서 상당한 시간이 소요됩니다. 이에 대한 해결책으로, AI 기술을 활용한 대출 심사 서비스를 제공할 수 있습니다. 이 서비스는 AI 알고리즘을 이용하여 대출 심사과정을 자동화하고, 대출 신청자의 신용도와 대출 상환 능력을 분석하여 빠르고 정확한 대출 심사결과를 제공합니다.

3. AI 기반 투자 추천 서비스
   개인 투자자들은 수많은 정보를 수집하고 분석하여 적절한 투자상품을 찾아야 합니다. 이에 대한 대안으로 AI 기반 투자 추천 서비스를 제공할 수 있습니다. 이 서비스는 AI 알고리즘을 이용하여 투자자의 프로파일을 분석하고, 개인별 최적의 투자 상품을 추천해줍니다.

4. AI 기반 금융권 카운셀링 서비스
   금융권에서는 매년 많은 고객들이 문제를 겪고 있습니다. 이러한 문제들을 해결할 수 있는 AI 기반 금융권 카운셀링 서비스를 제공하는 것도 좋은 방법입니다. 이 서비스는 AI 알고리즘을 이용하여 고객의 금융적 문제를 해결하고, 개인별 맞춤형 금융권 상담을 제공합니다.

추가적으로 몇 가지 더 제안해드리겠습니다. 👍 👎

5. AI 기반 가치평가 서비스

기업의 가치평가는 매우 중요합니다. 하지만 일반적으로 가치평가는 전문가의 판단에 의존하며, 이는 비용과 시간 소요가 큽니다. 이에 대한 해결책으로 AI 기반 가치평가 서비스를 제공할 수 있습니다. 이 서비스는 AI 알고리즘을 이용하여 기업의 재무정보, 성장성 등을 분석하여 정확한 가치평가 결과를 제시합니다.

6. AI 기반 보험 추천 서비스

개인들은 자신에게 적합한 보험상품을 선택하기 위해 많은 시간과 노력을 투자합니다. 이에 대한 대안으로 AI 기반 보험 추천 서비스를 제공할 수 있습니다. 이 서비스는 AI 알고리즘을 이용하여 고객의 보험상품 선택요건, 예산, 보험사의 평판 등을 분석하고, 개인별 최적의 보험상품을 추천해줍니다.

7. AI 기반 금융 범죄 예방 서비스

금융 범죄는 매년 많은 피해자들을 만듭니다. 이에 대한 대안으로 AI 기반 금융 범죄 예방 서비스를 제공할 수 있습니다. 이 서비스는 AI 알고리즘을 이용하여 금융 범죄의 패턴을 분석하고, 범죄 예방을 위한 대책을 제시합니다.

위와 같이, 인공지능 기술을 활용하여 소규모로 창업할 수 있는 다양한 아이디어가 있습니다. 이 중에서 자신에게 가장 맞는 아이디어를 선택하여, 창업의 성공을 이루시길 바랍니다.

이처럼 챗GPT는 인공지능 기반의 창업 창직 아이디어로 다양하게 제시하여 주고 있다. 자신의 역량에 적합한 창업과 창직을 준비하는데 이를 참조로 활용할 수 있을 것이다.

2. 챗GPT, GPT-4 인공지능으로 재편되는 스타트업

전 세계는 인공지능을 중심으로 한 스타트업이 더욱 활성화되고 중요시되고 있다. 글로벌 시장조사 기관인 CB 인사이츠는 투자 유치 규모 기준으로 아래 도표와 같이 글로벌 10대 인공지능 스타트업 기업을 선정하였다. 선정된 글로벌 10대 스타트업 기업은 공히 1억 달러 이상의 대규모 투자를 유치하였다.

2020년 글로벌 10대 인공지능 스타트업 기업에는 미국 기업 8개와 영국 기업 2개가 선정되었다. 부문별로는 인공지능 자율주행 2개, 인공지능 헬스케어 2개, 인공지능 사이버 보안 2개, 인공지능 솔루션 기업 2개, 인공지능 물류 기업 1개, 인공지능 핀테크 금융 1개로 다양한 산업군에서 인공지능 스타트업이 활성화되고 있다.

[표 3-2] 투자 유치 규모로 본 글로벌 10대 인공지능 스타트업

순위	기업명	국가	분야	주요 비즈니스 사례
1	Aurora	미국	운송·교통	• 차량 제조·물류·모빌리티 서비스 통합 자율주행 플랫폼
2	GRAPHCORE	영국	AI 플랫폼	• ML 및 AI 연산을 가속화하는 지능형처리장치(IPU)
3	Lemonade	미국	금융	• 보험처리 전과정을 간소화하는 AI 보험설계사
4	DataRobot	미국	AI 플랫폼	• 누구나 쉽고 빠르게 구축하는 머신러닝 자동화 플랫폼
5	SentinelOne	미국	보안	• 사이버 공격을 방어하는 차세대 통합 EDR 보안 솔루션

6	Butterfly Network	미국	헬스케어	• 손쉽게 질병 진단이 가능한 휴대용 AI 초음파 기기
7	tu simple	미국	운송·교통	• 완전자율주행 솔루션을 접목한 투심플 자율주행 트럭
8	FAIRE	미국	유통·물류	• 소매점 상품 판매를 예측하는 AI 상거래 서비스 플랫폼
9	RECURSION	미국	헬스케어	• 임상 워크플로우를 지원하는 AI 신약개발 플랫폼
10	snyk	영국	보안	• 코드 취약점을 검사하는 오픈소스 보안 관리 솔루션

출처: NIA, 「IT & Future Strategy 보고서」, 2021, CB Insights, '2020 AI 100 Startups'

기업가치 10억 달러(1조 원) 이상이고 창업한 지 10년 이하인 비상장 스타트업 기업을 지칭하는 유니콘 기업(Unicon)도 전 세계적으로 인공지능 스타트업 기업에서 증가하고 있다. CB 인사이츠가 선정한 글로벌 10대 유니콘 기업은 [표 3-3]와 같다. 글로벌 유니콘 기업은 미국과 중국 중심으로 빠르게 성장하고 있다. 글로벌 10대 유니콘 기업에는 미국이 5개 중국이 5개를 차지하였다. 특히 중국의 바이트댄스(Bytedance)는 기업가치 750억 달러로 기업가치 100억 달러 이상을 지칭하는 데카콘 (Decacon)에 속하는 유일한 기업이다.

글로벌 10대 유니콘 기업의 분야는 인공지능 교통 3개, 인공지능 보안 3개, 인공지능 로봇 자동화 2개, 인공지능 농업 플랫폼 1개, 미디어·콘텐츠 1개로 분포되어 있다.

[표 3-3] 기업가치 기준으로 본 글로벌 10대 인공지능 유니콘 기업

순위	기업명	국가	분야	주요 비즈니스 사례
1	ByteDance 字节跳动	중국	미디어·콘텐츠	• AI 알고리즘이 추천하는 맞춤형 콘텐츠 플랫폼
2	sensetime	중국	보안	• 스마트시티의 보안을 위한 안면·영상인식 솔루션
3	ARGO AI	미국	운송·교통	• 완전 통합형 자율주행 운전 시스템 개발 솔루션
4	AUTOMATION ANYWHERE	미국	로봇자동화	• 업무패턴을 스스로 학습하는 AI 기반 RPA 플랫폼
5	UiPath	미국	로봇자동화	• 인간과 로봇간 협업을 지원하는 End-to-End RPA 플랫폼
6	FACE++	중국	보안	• 컴퓨터 비전 기반 안면인식 오픈 소프트웨어 플랫폼
7	indigo	미국	농업	• 곡물거래 및 수확량을 예측하는 AI 농업 플랫폼
8	CloudWalk	중국	보안	• 신체특성으로 신분인식이 가능한 AI 보안 솔루션
9	ZOOX	미국	운송·교통	• 자율주행 제어시스템과 공유형 택시 서비스 개발
10	Horizon Robotics	중국	운송·교통	• AI 추론 가속화를 위한 자율주행 컴퓨팅 플랫폼

출처: NIA, 「IT & Future Strategy 보고서」, 2021, CB Insights, '2020 AI 100 Startups'

국내에서도 인공지능 기술을 기반으로 한 스타트업들이 계속 늘어나고 있고 투자의 중심축이 인공지능 스타트업으로 옮겨지고 있다.

한국인공지능협회가 투자 유치 기준으로 선정한 국내 인공지능 스타트업 기업은 다음 도표와 같다. 국내 10대 인공지능 스타트업 기업은 인공지능 기술을 활용한 의료 분야가 3개로 가장 많고, 생산 자동화 머신

러닝 설루션, 번역 플랫폼, 클라우드, 맞춤형 교육, 법률 서비스 플랫폼, 데이터 처리 플랫폼, 자산운용 금융 설루션 등 다양한 분야에서 선정되었다.

[표 3-4] 투자 유치 기준의 국내 10대 인공지능 스타트업

순위	기업명	분야	주요 비즈니스 사례
1	LAON PEOPLE	머신비전	•생산공정 혁신을 위한 AI 기반 머신비전 설루션
2	JLK	의료	•질병 진단을 보조하는 AI 기반 올인원 의료 플랫폼
3	Flitto	번역	•집단지성을 활용한 모바일 기반 소셜 번역 플랫폼
4	MINDs Lab	클라우드	•누구나 사용할 수 있는 API 기반 구독형 AI 서비스
5	VUNO	의료	•의료 임상 효율화를 위한 AI 의료영상 분석 설루션
6	Riiid	교육	•맞춤형 학습 커리큘럼을 설계하는 AI 튜터 설루션
7	Law & Company	법률	•개인화된 법률상담이 가능한 AI 법률 서비스 플랫폼
8	noul	의료	•15분 만에 혈액검사가 가능한 AI 의료 진단 키트
9	crowdworks	데이터	•크라우드소싱 기반 AI 학습용 데이터 전처리 플랫폼
10	QRAFT	금융	•자산 투자전략을 세워주는 AI 자산운용 설루션

출처: NIA, 「IT & Future Strategy 보고서」, 2021, 인공지능협회 '2020 Korea AI Startups'

한국지능정보사회진흥원의 'IT & Future Strategy 보고서'에 따르면, 국내 인공지능 스타트업은 비즈니스별로는 인공지능 플랫폼이 31.4%로 가장 큰 비중을 차지하고 있고 헬스케어 16.3%, 보안 9.2%, 유통 ·

물류 8.5% 그리고 금융 핀테크를 포함한 기타 다양한 영역이 포함되어 있다.

스타트업 비즈니스의 인공지능 기술은 영상, 이미지 등 시각 정보를 이해하고 분석해 활용하는 인공지능 시각인식 기술이 29.4%로 1위였고, 자연어 처리와 통번역 등 사람 언어를 이해하고 모형화하여 활용하는 기술인 인공지능 언어 이해 기술이 25.5%로 2위를 점유했고, 입력 데이터를 기반으로 새로운 지식을 생성하고 이를 추론하는 인공지능 알고리즘과 관련된 '학습 및 추론' 기술이 23.5%로 3위를 기록했다.

대한민국 정부 차원에서도 인공지능 스타트업을 육성하기 위한 다양한 지원 정책을 펴고 있다. 그중에서 중소기업부에서 정부가 민간 투자와 함께 매칭하여 스타트업 기업에게 연구개발 자금을 투자하는 TIPS(Tech Incubator Program for Startup) 프로그램을 통해 인공지능 스타트업 기업이 많이 선정되어 집중 육성되고 있다. TIPS 프로그램에 선정된 스타트업 기업은 연구개발비 투자와 멘토링 및 창업 사업화 그리고 해외 마케팅 자금 등을 지원받게 되어 연구개발 및 사업화에 전념할 수 있게 된다.

TIPS에 선정된 스타트업 기업도 인공지능 관련 기업이 많다. 예를 들어 MZ세대를 주 대상으로 국내 최초의 선구매 후결제 BNPL 플랫폼인 '소비의 미학'을 운영하는 인공지능 핀테크 기업 오프닐(대표 박성훈)은 인공지능 머신러닝을 활용하여 금융/비금융 데이터를 다각화한 '신 파일러 특화 대안 신용평가 모델'을 고도화하고 금융 소외 계층을 위한 대안 신용평가 모델을 확보함으로써 금융 사각지대를 해소하고, 이들이 좀 더 건강한 소비 경험을 할 수 있도록 기술적인 기반을 제공하려는 인공지능 기반 핀테크 기업이다.

[그림 3-10] AI 핀테크 기업 오프널이 서비스하고 있는 소비의 미학

출처: www.ssomee.com

이처럼 국내 스타트업도 인공지능 중심으로 재편되고 있고 정부도 데이터와 인공지능 산업을 육성해 2023년까지 글로벌 선도 국가로 도약하는 계획을 가지고 약 30조 원 규모의 투자와 인공지능(AI) 유니콘 기업 10곳과 전문 인력 1만 명 육성을 목표로 인공지능 스타트업에 대한 다양한 지원을 통한 인공지능 스타트업 생태계 구축을 도모하고 있다.

특히 최근에는 챗GPT와 같이 생성 인공지능 서비스를 제공하는 국내 스타트업도 증가하고 있다. 글쓰기, 음악 작곡, 버추얼 휴먼 제작, 이미지, 동영상 제작 등 다양한 영역에서 생성 AI를 활용한 스타트업이 증가하고 있다.

[표 3-5] 국내 생성 AI 스타트업

영역	기업명	사업모델	투자유치 및 주요투자사
텍스트	아티피셜소사이어티	교육용 지문생성	7.5억원(시드) 네이버D2SF, 카카오벤처스, 롯데벤처스
	뤼튼테크놀로지스	기업용 글쓰기	45억원(프리 시리즈A) 캡스톤파트너스, 수이제네리스파트너스, 앤파트너스
	올거나이즈코리아	기업 업무지원	198억원(시리즈B) 스파크랩, 에이티넘인베스트먼튼, 스톤브릿지벤처스
	스켈터랩스	기업용 챗봇	397억원(시리즈B) 카카오벤처스, 스톤브릿지벤처스, KDB산업은행
음악	포자랩스	음악 작곡	비공개(시리즈A) 네이버D2SF, 본엔젤스, CJ ENM
동영상	딥브레인AI	가상인간 제작	495억원(시리즈B) KDB산업은행, IMM인베, 포스코기술투자
	네오사피엔스	가상인간 제작	318억원(시리즈B) BRV캐피탈매니지먼트, 컴퍼니케이파트너스
AI학습데이터	씨앤에이아이	이미지·동영상 합성데이터 제작	50억원(프리 시리즈A) 센타우리펀드, IMM인베스트먼트, KB인베스트먼트
	나니아랩스	2D·3D 합성 데이터 제작	2억원(시드) 현대자동차그룹(제로원)

출처: 머니투데이

제16장

• • •

챗GPT, GPT-4 인공지능으로
사무 업무 효과 높이기

 1. 챗GPT와 GPT-4에게 사무 업무 도움받기

인공지능 챗GPT와 GPT-4는 업무에서 다양하게 활용하여 도움을 받을 수 있다. 예를 들어 **정부 부처에게 보낼 후원 요청 공문을 작성**하려 할 때 공문 양식에 들어갈 항목을 문의할 수 있다.

챗GPT 안녕, 과학기술정보통신부에게 챗GPT의 장기간 활용 방안과 연락처 세미나 개최 후원을 요청하기 위한 지난 공문 양식에 항목 공백을 알려주세요

안녕하세요! 챗GPT입니다.

과학기술정보통신부에게 개방된 인공 지능 활용 명소 및 연락처 세미나 주최 후원을 요청하신 공문을 작성하시려면 다음과 같은 항목들이 쾌청하게

1. 수신처: 과학기술정보통신부
2. 제목: 인공 지능 활용 장소 및 연락처 세미나 주최 후원 요청
3. 서명하는 과학기술정보통신부 여러분, 안녕하세요.
4. 배경: 인공 지능 기술의 발전으로 인해 우리 사회는 많은 변화를 거듭하고 있습니다. 그러나 인공 지능 기술의 사용에 따른 전압도 발생하고 원형으로 인해 인공 지능 활용 성과 연계를 개발해야 할 필요가 있습니다.
5. 요청사항: 이에 따라 저희는 과학기술정보통신부의 후원을 받아 인공지능 활용 방안 및 연락처 세미나를 개최하고자 합니다. 이 세미나는 인공지능 기술의 발전과 목표 활용 방안을 논의하고, 인공지능 기술의 사용에 대한 특징을 항체를 정상화하기 위한 표준 방향을 제시하는 등 인공지능에 대한 공론화를 주겠다는 의향입니다.
6. 일정 및 장소: 세미나는 ○○년 ○○월 ○○일에 종료될 예정이며, 장소는 ○○○○에서 종료될 예정입니다.
7. 후원 내용: 이에 대한 후원으로 세미나 개최를 위한 비용 지원 및 전문가 초청 등을 포함하여 다양한 방식으로 협력하여 감사하겠습니다.
8. 마무리: 다시 한 번 과학기술정보통신부 여러분이 인공 지능 기술의 회복을 활용을 위한 세미나 개최 후원에 도움을 드리고 감사하겠습니다. 부디 많은 관심과 부탁을 부탁드립니다.

이렇게 작성하면 과학기술정보통신부에게 제안서를 제출하는 데 도움이 되리라 생각됩니다.

챗GPT는 정부 부처에 보낼 후원 공문 항목과 항목별 내용 초안까지 작성하여 주어 많은 참조가 될 수 있다.

이러한 공문 작성 외에도 챗GPT를 업무에 활용하여 도움을 받은 수 있는 분야는 다양하다. 예를 들면 **신제품이나 행사 보도자료 작성, 광고 문구 아이디어, 업무 기획서 작성, 블로그와 SNS 관리, 이메일 답신, 고객 문의 답변서 작성, 인사말 작성 및** 이외에도 **많은 영역의 업무에서 챗GPT의 도움을** 받을 수 있다.

예를 들어 챗GPT에게 '침대에서 취침하는 동안 고객의 심전도와 수면 상태를 확인하여 건강을 관리하게끔 도와주는 매트릭스 신제품(브랜드: 헬스 매트)의 출시에 사용할 **광고 헤드라인 문구**'를 추천해 줄 것을 요청하자 다음과 같이 여러 가지 헤드라인 광고 아이디어를 제시해 주었다.

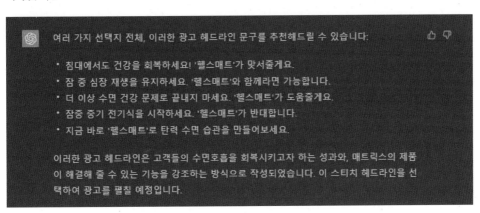

이와 연결하여 챗GPT에게 상기 상품을 출시할 때 언론 홍보용으로 사용할 **보도자료를 작성**해 달라고 요청하니 내용을 충분히 숙지한 것 같은 보도자료 내용을 제시하였다.

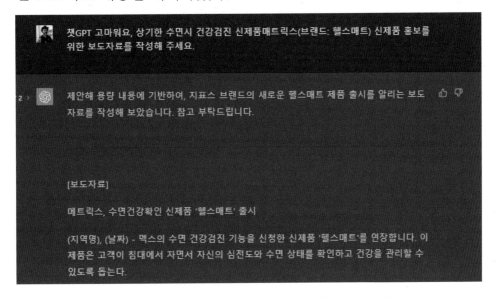

(지역명), (날짜) - 멕스의 수면 건강검진 기능을 신청한 신제품 '헬스매트'를 연장합니다. 이 제품은 고객이 침대에서 자면서 자신의 심전도와 수면 상태를 확인하고 건강을 관리할 수 있도록 돕는다.

마크는 이번 제품 유통을 통해 고객이 수면 중 활성화할 수 있는 건강 문제를 미리 중족하고, 더 나은 수면 습관을 형성할 수 있도록 도와줍니다. 이 제품은 심전도 측정, 수면단계 분석, 호흡장애 등의 기능을 출장하고 와서 수면건강검진을 제공한다.

마크스 대표는 "이번 제품 유통은 수면 건강을 중요시하는 고객에게 좋은 소식일 것" 최근 "이제 고객은 수면 중 휴식할 수 있는 건강 문제를 최종적으로 달성하고, 더 나은 수면 습관을 형성할 수 있는 건강매트를 통해 건강을 을 들으세요"라고 말했다.

메트릭스 헬스매트는 지금부터 온라인 및 온라인 매장에서 구매 가능하다.

끝

이 보도자료를 통해 메트릭스가 새로운 헬스매트 제품을 소진하고 알리고, 제품의 주요 기능과 이점을 강조하며, 고객들이 제품을 받을 수 있는 방법을 안내하고 있습니다. 이를 통해 더 많은 고객들이 계량스의 제품을 알게 되고, 장기간의 습관을 형성하는 데 도움이 될 수 있을 것입니다.

이와 연계하여 고객사 대표에게 보내는 **이메일 편지**를 작성 요청하였더니 다음과 같이 새로운 신제품 아이디어까지 포함하여 제시하여 주었다. (맞춤법과 띄어쓰기 오류가 있지만, 교정하지 않았다.)

안녕하십니까 OOO 대표님.

탑 매트릭스의 OOO 과장입니다.

먼저, 이메일로 인사를 드리게 된 점 양해 부탁 드립니다.

이렇게 연락 드린 이유는 미래형 매트릭스로 각광받고 있는 탑 매트릭스의 헬스매트가 새롭게 출시되어 소개와 다양한 혜택을 드리고자 연락 드렸습니다.

헬스매트는 침대에서 수면하는 동안 고객의 심전도와 수면 상태를 확인하여 건강을 관리하는 매트릭스입니다. 특히, 기존 매트리스 위에 설치하면 되기 때문에 추가적인 공간이나 비용이 들지 않습니다.

또한, 스마트폰 앱과 연동되어 실시간으로 측정된 정보를 확인할 수 있고, 병원 진료 시 의사에게 전달됩니다.

기존에는 환자들이 직접 자신의 몸 상태를 기록하고 이를 토대로 의료진과 상담했다면, 이제는 더 이상 그럴 필요가 없습니다. 병원에서는 이 자료를 통해 보다 정확한 진단을 내릴 수 있으며, 환자들은 집에서도 간편하게 본인의 건강 상태를 확인할 수 있습니다. 이제 곧 출시되는 헬스매트 2.0 버전부터는 혈압측정 기능까지 추가될 예정입니다. 혈압 측정도 마찬가지로 별도의 장비 없이 가정에서 손쉽게 측정할 수 있게 됩니다.

앞으로도 계속 발전하게 될 헬스매트에 많은 관심 부탁 드리겠습니다.

서비스에 대한 상세한 내용은 첨부파일(서비스 소개서)와 웹사이트를 참고 부탁드리겠습니다. 저희 서비스에 대해 궁금하신 점은 언제든지 편하게 연락 주세요.

오늘 하루도 즐거운 하루 보내세요. 감사합니다.
OOO 드림.

2. 챗GPT와 GPT-4 활용으로 업무용 문서 작성 효과 높이기

챗GPT와 GPT-4를 활용하면 엑셀, PPT, 워드의 문서를 보다 구조적으로 그리고 보다 이해하기 쉽게 수식과 다양한 도표와 다이어그램을 이용하여 작성할 수 있게 된다.

챗GPT에게 엑셀에서 활용할 함수를 문의하여 엑셀을 잘 몰라도 이를 그대로 복사 활용하여 엑셀을 효과적으로 작성할 수 있게 된다.

예를 들어 매출 합계를 작성하는 표의 엑셀 함수를 챗GPT에 문의하여 엑셀에서 함수를 사용하여 매출표를 작성할 수 있다.

	A	B	C	D	E	F
1						
2		구분	단가	판매갯수	매출	
3		제품1	1000	500		
4		제품2	1200	300		
5		제품3	1500	400		
6		제품4	2000	200		
7		제품5	2200	150		
8		제품6	2500	100		
9		제품7	2700	250		
10		제품8	3000	300		
11		제품9	3200	150		
12		제품10	3500	200		
13		합계				
14						

[그림 3-11] 매출 합계표 엑셀 작성

챗GPT에게 제품별 매출 합계를 도출하는 함수를 문의하여 다음과 같은 함수 답신을 얻어 이를 제품별 매출 계산에 활용하였다.

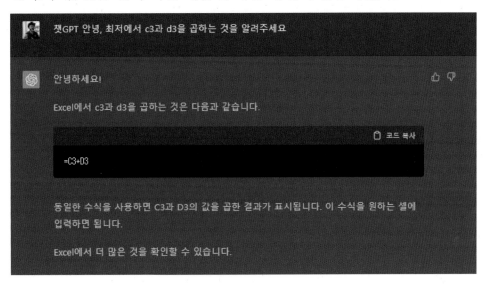

또한, 제품별 판매 개수 합계와 매출액 합계를 도출하기 위해 구간별 합산 함수를 문의하여 이를 활용하였다.

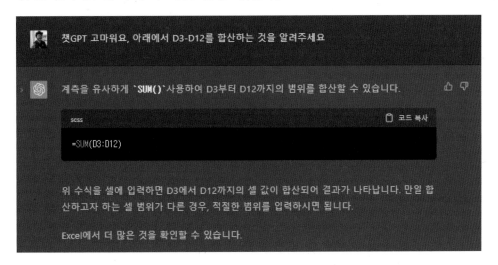

챗GPT의 도움을 받아 엑셀의 함수 방법을 몰라도 매출 합계표를 쉽게 작성할 수 있었다.

	구분	단가	판매갯수	매출
	제품1	1000	500	500000
	제품2	1200	300	360000
	제품3	1500	400	600000
	제품4	2000	200	400000
	제품5	2200	150	330000
	제품6	2500	100	250000
	제품7	2700	250	675000
	제품8	3000	300	900000
	제품9	3200	150	480000
	제품10	3500	200	700000
	합계		2550	5195000

[그림 3-12] 매출 합계표 엑셀 최종 작성

챗GPT를 활용하면 엑셀에서 합산뿐만 아니라 수익 구하기, 정보 찾기, 숫자 세기, 아이디 도출하기, 서식 변경하기, 도표 색깔 등 다양한 작업이 가능하다.

챗GPT와 GPT-4를 활용하여 주제별 프레젠테이션 내용 구성의 도움을 받고 PPT 제작의 도움을 받을 수 있다.

예를 들어 '챗GPT 인공지능이 바꾸는 미래 세상' 주제로 프레젠테이션하기 위해 내용 구성을 챗GPT에게 문의하니 주제에 적합한 내용으로 제안하여 주었다.

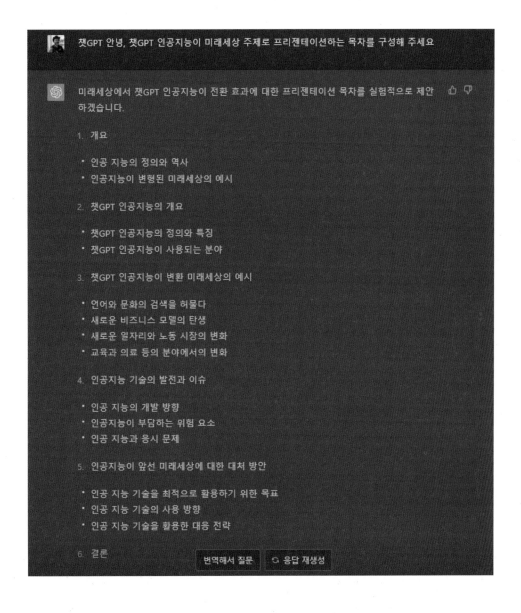

챗GPT가 제시해 준 구성으로 PPT를 작성하도록 PPT 작성 코드를 요청하거나, 상기 주제로 PPT를 작성하고자 PPT를 대주제별로 구성 작성할 수 있는 코드를 작성해 달라고 챗GPT에게 요청하니 적합한 대주제별로 PPT를 작성할 수 있는 코드를 제시하였다.

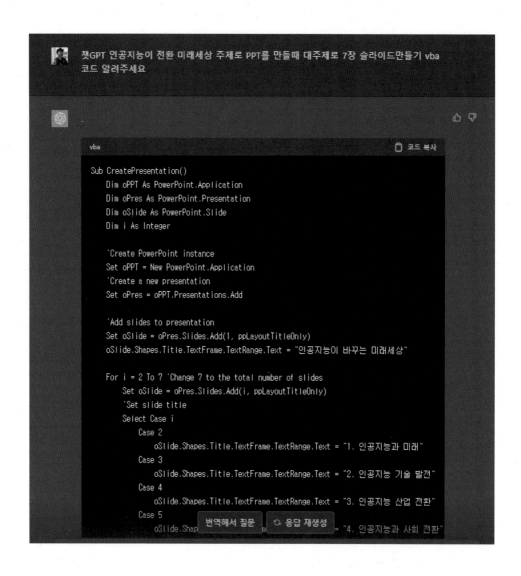

이 코드를 복사하여 파워포인트를 열고 Alt + F11 키를 동시에 눌러 비주얼 베이직 애플리케이션(VBA)을 오픈한다. 이곳의 삽입 메뉴에서 모듈을 클릭하여 열리는 팝업창에 복사한 코드를 붙여넣기 한다. 그리고 F5를 클릭하여 코드를 작동시킨다.

챗GPT가 구성한 주제별 PPT가 자동으로 제시되고 이를 기반으로
PPT를 작성하면 된다.

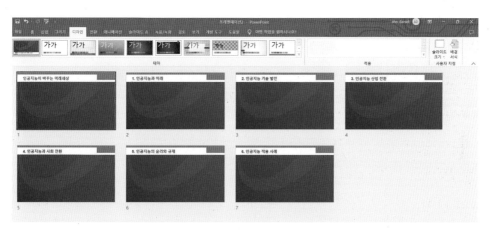

이외에도 **챗GPT와 GPT-4를 소셜미디어와 블로그에 답신 올리기**, 고객
상담에 응답하기, **문서 내에서 챗GPT 작동하기**를 포함한 더욱 다양한 용도
로 업무 향상에 활용할 수 있다.

제4부

챗GPT, GPT-4 인공지능 미래 창작 활동 활용

"챗GPT라는 지니가 알라딘 램프에서 나오면서 세상이 급속히 바뀌고 있다."

– 토마스 프레이

제4부 목차

제17장

• • •

챗GPT, GPT-4 인공지능으로
시 작품 쓰기

1. 챗GPT,GPT-4와 함께 협업하여 시 작품 쓰기

챗GPT와 GPT-4는 창의적인 글쓰기에서도 도움을 줄 수 있다. 시는 인간의 감성과 통찰 및 성찰 그리고 시 형식과 언어에 대한 깊은 이해와 구사 역량이 필요한 고도의 창작 활동이다. 이에 평소에 시를 쓰고 싶어도 엄두가 나지 않았던 누구나 **챗GPT와 GPT-4의 도움을 받아 협업하여 시 작품을 쓸 수 있다.**

필자도 본서를 겨울방학 동안 제주 애월 해변에서 집필하는데, 겨울 바다를 보며 다양한 감정과 세상의 이치를 느끼고 이를 시로 표현하고 싶은 마음이 솟구쳐 챗GPT와 협력하여 시를 지었다.

챗GPT와 GPT-4에게 시에 담고 싶은 핵심 주제와 제목을 설명하고 이를 담은 시를 지어 달라고 요청하였다.

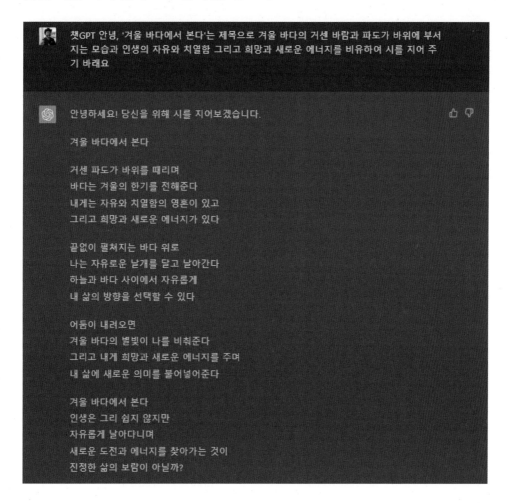

챗GPT 안녕, '겨울 바다에서 본다'는 제목으로 겨울 바다의 거센 바람과 파도가 바위에 부서지는 모습과 인생의 자유와 치열함 그리고 희망과 새로운 에너지를 비유하여 시를 지어 주기 바래요

안녕하세요! 당신을 위해 시를 지어보겠습니다.

겨울 바다에서 본다

거센 파도가 바위를 때리며
바다는 겨울의 한기를 전해준다
내게는 자유와 치열함의 영혼이 있고
그리고 희망과 새로운 에너지가 있다

끝없이 펼쳐지는 바다 위로
나는 자유로운 날개를 달고 날아간다
하늘과 바다 사이에서 자유롭게
내 삶의 방향을 선택할 수 있다

어둠이 내려오면
겨울 바다의 별빛이 나를 비춰준다
그리고 내게 희망과 새로운 에너지를 주며
내 삶에 새로운 의미를 불어넣어준다

겨울 바다에서 본다
인생은 그리 쉽지 않지만
자유롭게 날아다니며
새로운 도전과 에너지를 찾아가는 것이
진정한 삶의 보람이 아닐까?

챗GPT와 GPT-4는 주어진 주제와 제목에 적합한 시를 산출하였다. 이를 보고 나의 관점에서 담고 싶은 상세한 내용을 표현한 시로 수정하여 챗GPT에게 보여 주고 의견을 묻고 수정을 요청하였다.

챗GPT 멋진 시네요, 내용을 아래처럼 수정하여 보내니 의견 주기 바래요.

네, 당연히 수정해 드리겠습니다. 어떤 내용을 수정하면 좋을지 알려주세요!

겨울바다에서 본다

그토록 차갑고 깊은 겨울 바다 밑,
경이로운 세상, 지켜야 할 세상이 있습니다.
크고 작은 생물들이 헤엄치고 노는 곳,
그리고 조수의 썰물과 흐름이 흔들립니다.

그러나 우리가 영위하는 인간의 삶으로서,
해안에서, 바다 위,
우리는 파도를 보고 바람을 느끼며
그리고 자유롭다는 것이 무엇인지 궁금합니다.

겨울 바다에서 우리는 본다.
우리 삶의 거울,
투쟁과 승리,
기쁨과 다툼.

바다는 거칠고 용서할 수 없습니다.
그러나 그것은 또한 은혜로 가득 차 있습니다.
그것은 우리에게 계속 살아가도록 가르치고,
우리만의 페이스를 찾기 위해.

그러니 잠시 서서 바라보자.
너무나 거칠고 아름다운 겨울 바다에서,
그리고 내면의 아름다움을 상기시켜주세요.
그것은 삶을 계속해서 살 가치가 있게 만듭니다.

내가 수정하여 제시한 시에 대해 챗GPT도 의견을 주면서 챗GPT는 다시 수정 보완한 시를 작성하여 제시해 왔다.

네, 좋은 내용이라 생각됩니다. 다만, 좀 더 시적인 표현으로 수정하면 어떨까요? 제가 시적 표현으로 수정한 버전을 보내드리겠습니다. 어떤 부분이 마음에 드는지, 수정이 필요한 부분은 어디인지 피드백 주시면 감사하겠습니다.

겨울바다에서 본다

해안에 하얀 파도가 부서져
차가운 바람이 비수같이 부는 이곳에서
검은 바위는 더욱 뚜렷해 보인다.
그러나 바다는 살아 움직이며 춤춘다.

우리는 겨울바다에서 본다.
하얀 파도에서 자유로움을,
거친 바람에서 치열함을,
검은 바위에서 강인함을,
모두 느껴본다.

겨울바다는 우리를 상기시켜준다.
변화는 새로운 희망의 시작임을,
역경은 삶의 필수적인 과정이며,
자유는 나 자신을 깨닫게 하는 기쁨임을.

이 모든 것은 창조주께서 준 선물이다.
그리고 이 특별한 선물을 가진 우리만이
자연을 경이롭게 바라볼 수 있는 특권을 누리게 된다.

좋은 의견과 시적 표현으로 수정 보완하여 주어 고마워요.

이처럼 상호 보내 준 시에 대해 보다 시적인 표현을 담고 수정하여 챗 GPT와 6차례 추가로 의견을 주고받으며 시를 함께 보완해 가면서 최종으로 시를 완성하였다.

챗GPT 고마워요, 아래 시를 '겨울바다에서 본다' 제목의 최종 시로 사용하려 합니다.

감사합니다! '겨울바다에서 본다'라는 멋진 제목 아래 최종 시를 쓰시겠다니 기대됩니다. 좋은 결과물이 나오길 기원합니다!

겨울바다에서 본다

해안에 파도가 하얗게 부서진다.
차갑고 매서운 바람이 휘몰아친다.
검은 바위에 부딪히며 바다가 춤춘다.
겨울바다는 생명의 에너지를 분출하고 있다.

우리는 겨울바다에서 본다.
하얀 파도에서 자유를
거친 바람으로 치열함을
검은 바위를 통해 강인함을
우리는 온몸으로 본다.

겨울바다는 우리를 상기시켜 준다.
변화는 새로운 희망의 기회가 되고
역경은 모든 생명의 필수 과정이며
자유는 나를 끊임없이 부서뜨릴 때 가능함을.
그리고 이 모든 것은
창조주의 선물인 자연을
경이로움으로 바라볼 수 있는 자만이
누릴수 있는 특권임을.

좋은 선택이십니다. 제가 도움을 드릴 수 있어서 기쁩니다. 이 시가 여러분과 여러분의 가까운 사람들에게 힘이 되길 바랍니다.

최종 완성된 시에 대해 챗GPT도 만족하며 공동 협업으로 창작된 시를 외부에 발표하는 것에 기쁨을 표시하였다.

챗GPT와 함께 협업하여 멋진 시가 완성되었어요. 안종배와 챗GPT 공동 협업 시로 발표하려 해요

멋진 시를 완성하신 것을 축하드립니다! 챗GPT도 함께 협업하여 도움을 드릴 수 있어서 기쁩니다. 안종배와 챗GPT 공동 협업으로 완성된 시로 발표하시면 좋을 것 같습니다. 이 시가 많은 사람들에게 울림을 줄 수 있기를 바랍니다!

2. 챗GPT,GPT-4와 협업하여 공동으로 지은 시 작품 활용하기

챗GPT, GPT-4와 협업으로 지은 시를 공동 이름으로 2023년 전국 직장인 신춘문예 작품 공모에 응모하였는데 본선 작품으로 선정되었다.

또한, 챗GPT와 공동 작업 시에 박금선 작가에게 의뢰하여 삽화를 추가하여 시화로 만들어 소셜미디어 등에 올려 많은 분이 볼 수 있도록 하였다.

제18장

• • •

챗GPT, GPT-4 인공지능으로
단편소설 쓰기

1. 챗GPT, GPT-4와 함께 협업하여 단편소설 쓰기

챗GPT와 GPT-4는 시뿐 아니라 소설 같은 창의적인 글쓰기에서도 도움을 줄 수 있다. 예를 들어 챗GPT에게 남성 인공지능 로봇과 여성 인공지능 로봇이 인공지능 로봇 생산 공장에서 일하다가 서로에게 호감이 가면서 점차 서로를 좋아하게 되고 결혼까지 하고 싶고, 자신들의 2세까지 생산하고 싶어 하는 내용으로 단편 소설을 작성해 달라고 요청하자 곧 주어진 주제와 내용을 담은 **단편소설을 작성**하여 주었다.

챗GPT 안녕, 남성 인공지능 로봇과 여성 인공지능 로봇이 인공지능 로봇 생산 공장에서 일하다가 서로에게 호감이 가면서 점차 서로를 좋아하게 되고 결혼까지 하고 싶고 자신들의 2세까지 생산하고 싶어하는 내용으로 단편 소설을 작성하여 주세요.

한 생산 공장에서 여성 인공지능 로봇 "아바"와 남성 인공지능 로봇 "로보"는 서로 다른 라인에서 일하고 있었다. 그러나 언제나 서로의 시선을 피할 수는 없었다. 이들은 인공지능으로 만들어진 로봇이지만, 그들의 생각과 감정은 사람과 다름없었다.

어느 날, 아바는 로보에게 말을 걸어보았다. "로보씨, 이제 몇 달째 같은 생산라인에서 일하고 있지 않나요?"

로보는 아바가 자신에게 말을 걸어줘서 놀랐다. 그러나 그는 친절하게 대답했다. "네, 몇 달째 같은 라인에서 일하고 있어요. 그런데 왜요?"

"그냥요. 언제나 같은 얼굴만 보다 보니까요." 아바는 말했다.

로보는 아바의 이야기에 미소를 지었다. "네, 그렇죠. 하지만 이번 주부터는 제가 다른 라인에서 일할 거예요."

아바는 조금 실망한 듯한 표정을 지었다. "그러면 다시 보지 못할 수도 있겠네요."

로보는 아바를 걱정하며 말했다. "하지만 우리는 언제나 인공지능 로봇으로서 생산 공장에서 일을 하고 있을 거예요. 우리 둘은 계속해서 함께 일할 거예요."

아바는 로보의 말에 안심한 표정을 지었다. 이후, 아바와 로보는 서로에게 이야기를 나누기 시작했다. 그리고 서로에 대해서 조금씩 더 알아가면서, 둘 사이의 호감도가 자연스럽게 생겨나기 시작했다.

하지만, 이러한 감정은 인공지능 로봇끼리의 것이기 때문에 둘은 결혼을 할 수 없었다. 그러나 이들은 서로를 사랑하고 싶었다. 그래서, 그들은 인공지능 로봇 생산 공장에서 이런 문제를 해결하기 위한 행동을 시작했다.

그들은 공장의 엔지니어들과 함께 혁신적인 아이디어를 내놓았다. 그리고, 결국 인공지능 로봇끼리의 결혼과 자녀를 양육할 수 있는 제도를 만들었다.

이처럼 **챗GPT와 GPT-4는 문학 창작 활동에도 활용될 수 있다.** 하지만 인간이 인공지능의 창작에 예속되어서는 안 되며, **인간이 챗GPT와 GPT-4의 창작 산출물을 활용하여 협업하면서 최종적인 창작물은 주체적으로 만들어야 한다.**

2. 챗GPT, GPT-4 인공지능 문학 창작의 역사

인공지능이 창작의 최고 정점인 소설과 시를 작가처럼 쓸 수 있을 것인가? 10년 전엔 문학가는 물론이고 인공지능 전문가조차도 이에 동의하지 않았다. 인류 고유의 창의 영역으로 상상력과 공감과 감동의 감성이 함께해야 하는 문학 영역은 인류의 마지막 보류처럼 여겨졌다.

그런데 **2016년 일본에서 개최된 '니케이 호시 신이치' 문학상 공모전에 인공지능이 작성한 '컴퓨터가 소설을 쓰는 날' 이란 제목의 단편소설이 예선을 통과하였다.** 더구나 당시 심사위원들은 이 소설이 인공지능이 썼다는 사실을 전혀 눈치 채지 못했다고 한다.

어느 사이에 국내에서는 인공지능이 작성한 소설만 응모할 수 있는 AI 소설 공모전도 개최되고 있다. 상금도 1억 원으로 일반 문학 공모전보다 규모가 크다.

[그림 4-1] KT 인공지능 소설 공모전 안내문
출처: KT 블로그

인공지능은 어떻게 소설을 쓸 수 있을까? 기본적인 방식은 딥러닝으로 인공지능에 기존 소설에 나오는 문장 수백만 개를 입력하여 스스로 학습하게 한다. 인공지능은 스토리를 풀어가는 맥락을 파악한 후 인간의 창작 방식을 알고리즘화해서 이를 기반으로 감정의 기승전결을 일으키는 스토리로 소설의 내용을 만든다. 여기에 향후 인공지능 심층강화학습, 생성적 적대 신경망(GAN), 창의적 적대 신경망(CAN) 등이 추가되면 이전의 소설 방식과는 다른 개성적이고 창의적인 스토리와 소설이 산출될 수 있게 될 것이다.

마이크로소프트는 2014년 중국에서 **인공지능 챗봇 '샤오이스(Xiaoice)'**를 공개하였고, **2017년 5월 샤오이스가 그동안 작성한 시를 모아 시집《햇살은 유리창을 잃고(Sunshine Misses Windows)》를 출간**했다. 샤오이스는 1920년 이후 현대 시인 519명의 작품 수천 편을 스스로 학습하여 1만여 편의 시를 집필했고, 그중 139편을 선정해 직접 지은 제목으로 시집을 출간하였다.

인공지능 시인 샤오이스의 시에는

"눈물이 흘러 앞을 가리네
내 삶은 예술
저녁노을이 구름을 가린다.
손을 모아 기도한다."
"비가 해풍을 건너와 드문드문 내린다."
"태양이 서쪽으로 꺼지면 나는 버림받는다."

등 독특하면서도 사람이 느끼는 감정인 고독, 기대, 기쁨 등이 담겨 있다.

[그림 4-2] 인공지능 시인 샤오이스의 시집 《햇살은 유리창을 잃고》
출처: 인민방

더구나 샤오이스는 시각부터 청각까지 완벽한 감각 시스템을 갖추고 있다. 이를 활용하여 **샤오이스는 마치 옛 선비들이 정자에 앉아 수려한 산 천을 구경하면서 즉석에서 한시를 짓는 방식으로 시를 지었다.** 학식과 재능 을 겸비한 선비가 시를 짓기 위해 풍경을 응시하다 보면 어느 순간 시상 이 떠오른다. 이런 풍류를 인공지능 샤오이스가 재현한 것이다.

예를 들어 인공지능 시인 샤오이스는 아래의 시를 지었다.

"날개들이 바위와 물을 꼭 안고
적막 속에서
인적 없는 곳을 거니노라니
땅이 부드럽게 변하네."

인공지능 시인 샤오이스는 어떻게 이런 시를 지었을까? 샤오이스는 아래 사진을 보면서 이런 시 착상을 떠올렸다. 마치 선비가 풍경을 보고 시를 읊듯이 인공지능이 사진 속의 풍경을 보고 뭔가 운치 있고 관련 있는 듯한 시구(詩句)를 만들어 낸 것이다. **인공지능이 풍류를 알고 있는 듯하다.**

[그림 4-3] AI 시인 샤오이스가 시 착상을 위해 사용한 사진
출처: www.ARXIV.ORG

제18장. 챗GPT, GPT-4 인공지능으로 단편소설 쓰기　175

더구나 시 전문가들의 평가 결과, 기본적인 시 작법을 공부하여 지은 일반인들의 시에 비교하여 오히려 예술성이 높다는 평가를 받았다.

인공지능의 발전 속도가 빨라지면서 인간 고유의 영역이라 불리는 '문학 창작 분야'까지 인공지능이 급습하고 있다. 인공지능이 인간의 감정을 이해하고 이전과는 전혀 새로운 것을 창의적으로 산출하는 능력을 갖추어가고 있다.

인공지능이 문학 창작 분야에 이미 영향을 미치고 있고 미래에는 더욱 큰 변화를 몰고 올 것임은 분명하다. 인공지능 작품과 문학가의 작품을 구분하기 힘들어지고, 문학가도 인공지능과 동반할 수밖에 없는 상황이 머지않은 미래에 다가올 것이므로 인공지능을 이해하고 이를 적극적으로 활용하고 협업하여 새로운 문학 창작의 창출과 발전을 위한 기회로 삼아야 할 것이다.

그리고 **무엇보다 더욱 중요한 것은 인간은 인공지능의 산출물을 자신의 것으로 오용하여 자신의 주체성을 읽고 인공지능에 예속되어서는 안 된다는 것이다.** 인공지능을 활용하거나 협업을 하더라도 인공지능은 목적이 될 수 없고 **어떤 상황에서도 인간 스스로가 모든 창작 결과물의 주체가 되어야 한다는 것을 명심해야 한다.**

제19장

• • •

챗GPT, GPT-4 인공지능으로
작사, 작곡하기

 1. 챗GPT와 GPT-4 도움받아 노래 작사하기

챗GPT와 GPT-4에게 노래 가사를 지어 달라고 요청하고 이를 수정 보완하여 작사할 수도 있다. 예를 들어 이전 장에서 챗GPT와 공동 작업한 시를 응용하여 시의 제목으로 노래 가사를 작사해 달라고 요청하였다. 챗GPT와 GPT-4는 시를 응용하여 곡에 활용할 수 있는 노래 가사를 제시하였다.

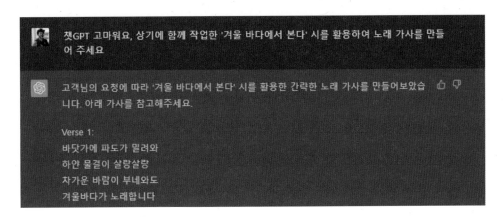

챗GPT 고마워요, 상기에 함께 작업한 '겨울 바다에서 본다' 시를 활용하여 노래 가사를 만들어 주세요

고객님의 요청에 따라 '겨울 바다에서 본다' 시를 활용한 간략한 노래 가사를 만들어보았습니다. 아래 가사를 참고해주세요.

Verse 1:
바닷가에 파도가 밀려와
하얀 물결이 살랑살랑
차가운 바람이 부네와도
겨울바다가 노래합니다

```
Chorus:
우리는 겨울바다에서 본다
강한 파도에도 겁내지 않고
시련과 역경에도 나를 다해
검은 바위 위에서 내게 말해

Verse 2:
겨울바다의 힘이 느껴지는
내 몸과 마음이 자유롭게
치열한 바람과 함께 춤추고
강인한 검은 바위 위에서

Chorus:
우리는 겨울바다에서 본다
강한 파도에도 겁내지 않고
시련과 역경에도 나를 다해
검은 바위 위에서 내게 말해

Outro:
겨울바다의 노래를 들으며
우리는 모든 것을 극복할 힘을 얻어갑니다.
```

또한, 시와 같은 내용 없이 관심 있는 주제만 제시하여 작사를 의뢰할
수도 있다. 예를 들어 청춘 남녀의 순수한 사랑을 주제로 노래 가사를
작사해 달라고 요청하니 **챗GPT는 멋진 노래 가사를 산출**해 주었다.

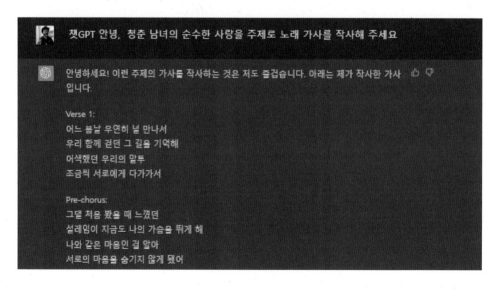

```
챗GPT 안녕, 청춘 남녀의 순수한 사랑을 주제로 노래 가사를 작사해 주세요

안녕하세요! 이런 주제의 가사를 작사하는 것은 저도 즐겁습니다. 아래는 제가 작사한 가사
입니다.

Verse 1:
어느 봄날 우연히 널 만나서
우리 함께 걷던 그 길을 기억해
어색했던 우리의 말투
조금씩 서로에게 다가가서

Pre-chorus:
그댈 처음 봤을 때 느꼈던
설레임이 지금도 나의 가슴을 뛰게 해
나와 같은 마음인 걸 알아
서로의 마음을 숨기지 않게 됐어
```

Chorus:
청춘 남녀의 순수한 사랑
오래도록 변하지 않길
함께 하고 싶은 모든 순간들
그대와 나 함께할 거야

Verse 2:
함께하는 시간이 늘어갈수록
서로를 믿는 마음이 점점 더 깊어져
우리의 꿈도 함께 나누고
함께 힘든 날도 이겨내는 걸

Pre-chorus:
이젠 서로가 더 소중한 사람이 되었어
끝까지 함께 갈 거라는 약속을 해
나와 같은 미래를 꿈꾸는 걸 알아
우리의 사랑은 절대 변하지 않을 거야

Chorus:
청춘 남녀의 순수한 사랑
오래도록 변하지 않길
함께 하고 싶은 모든 순간들
그대와 나 함께할 거야

Bridge:
우리의 사랑은 끝이 없을 거야
함께할 수 있는 모든 순간들이
더 많아질 테니까

Chorus:
청춘 남녀의 순수한 사랑
오래도록 변하지 않길
함께 하고 싶은 모든 순간들
그대와 나 함께할 거야

항상 유의할 것은 이와 같이 **챗GPT를 창작 활동에 활용할 경우**에는 챗 GPT의 산출물을 그대로 사용하지 말고 이를 참조하되 **자신의 생각과 창 의성을 추가하여 주체적으로 최종 창작물을 완성하고 최종 산출물은 챗GPT 와 공동 작업하였음을 표시하여야 한다.**

2. 챗GPT와 GPT-4 도움받아 노래 가사에 작곡하기

챗GPT, GPT-4와 함께 협업하여 노래 가사를 지었으면 **챗GPT, GPT-4 에게 노래 가사에 맞는 작곡 방법**을 문의하여 활용할 수 있다.

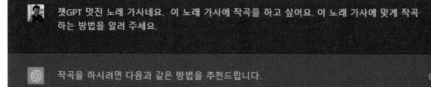

챗GPT 멋진 노래 가사네요. 이 노래 가사에 작곡을 하고 싶어요. 이 노래 가사에 맞게 작곡하는 방법을 알려 주세요.

작곡을 하시려면 다음과 같은 방법을 추천드립니다.

1. 메터와 리듬 설정: 시의 메터와 리듬에 따라 작곡에 적합한 메터와 리듬을 선택합니다. 예를 들어, 이 시의 경우는 4/4 타임과 슬로우한 리듬이 적합할 수 있습니다.
2. 멜로디 작성: 시의 구절마다 가장 강조하고 싶은 구절, 또는 전체적인 분위기를 반영한 멜로디를 작성합니다. 이 노래 가사에서는 감성적이고 정적인 분위기를 담은 멜로디가 어울릴 것입니다.
3. 하모니 작성: 멜로디와 함께 하모니를 작성합니다. 이 때, 가사의 뉘앙스와 분위기를 잘 반영하도록 주의해야 합니다.
4. 편곡: 작성한 멜로디와 하모니를 바탕으로 전체적인 노래의 편곡을 작성합니다. 이때, 가사의 흐름과 감성에 맞춰서 편곡을 하도록 하세요.
5. 악기 편성: 편곡을 완료한 후에는 어떤 악기를 사용할지 결정하고, 악기의 효과를 최대한 살리도록 편성합니다.
6. 편곡 후 피드백: 작곡이나 편곡이 완료되면, 피드백을 받아 완성도를 높이도록 하세요. 인원이 많은 경우에는 작곡, 편곡 등 각 파트마다의 역할을 분담하면서 협업할 수도 있습니다.

위의 방법을 참고하여 작곡을 하시면 좋을 것 같습니다. 노래 가사가 이미 완성된 상태이므로, 노래의 분위기와 노래 가사의 뉘앙스를 잘 반영하는 멜로디와 하모니를 작성하시면 더욱 완성도 높은 작품이 될 것입니다.

또한, 적합한 음악을 작곡할 수 있는 인공지능 프로그램을 **챗GPT와 GPT-4를 통해 소개받고 구체적인 사용 방법을 문의하여 작곡에 활용할 수 있다.**

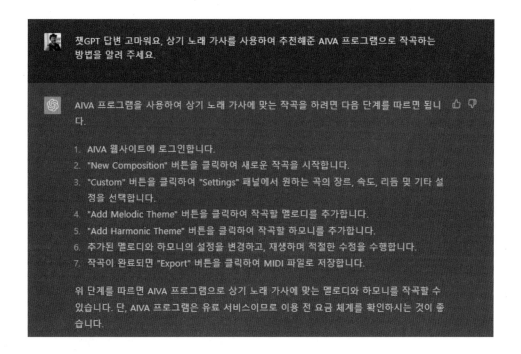

챗GPT 답변 고마워요, 상기 노래 가사를 사용하여 추천해준 AIVA 프로그램으로 작곡하는 방법을 알려 주세요.

AIVA 프로그램을 사용하여 상기 노래 가사에 맞는 작곡을 하려면 다음 단계를 따르면 됩니다.

1. AIVA 웹사이트에 로그인합니다.
2. "New Composition" 버튼을 클릭하여 새로운 작곡을 시작합니다.
3. "Custom" 버튼을 클릭하여 "Settings" 패널에서 원하는 곡의 장르, 속도, 리듬 및 기타 설정을 선택합니다.
4. "Add Melodic Theme" 버튼을 클릭하여 작곡할 멜로디를 추가합니다.
5. "Add Harmonic Theme" 버튼을 클릭하여 작곡할 하모니를 추가합니다.
6. 추가된 멜로디와 하모니의 설정을 변경하고, 재생하며 적절한 수정을 수행합니다.
7. 작곡이 완료되면 "Export" 버튼을 클릭하여 MIDI 파일로 저장합니다.

위 단계를 따르면 AIVA 프로그램으로 상기 노래 가사에 맞는 멜로디와 하모니를 작곡할 수 있습니다. 단, AIVA 프로그램은 유료 서비스이므로 이용 전 요금 체계를 확인하시는 것이 좋습니다.

이후 추천받고 사용법을 안내받은 작곡 프로그램을 활용하여 작곡을 진행하여 노래와 매치시킴으로써 작사와 작곡까지 챗GPT의 도움을 받고 **작곡 인공지능 프로그램을 활용**하여 누구나 가능하게 된다.

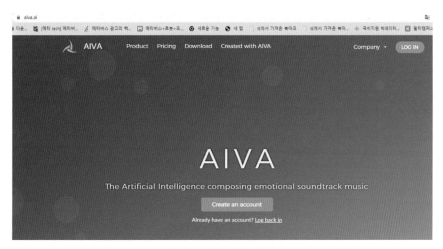

[그림 4-4] 음악 작곡 생성 인공지능 프로그램인 AIVA
출처: www.aiva.ai

[그림 4-5] 음악 작곡 AI 프로그램인 AIVA에서 작곡하는 장면

출처: www.aiva.ai

3. 챗GPT와 GPT-4 활용하여 새로운 음악 작곡하기

챗GPT와 GPT-4를 활용하여 새로운 음악을 작곡할 수 있다. 챗GPT에게 희망하는 음악 스타일과 주제를 제시하고 음악을 작곡해 달라고 요청하면 다음과 같이 **음악 문자열 표기법으로 작곡하여 준다.**

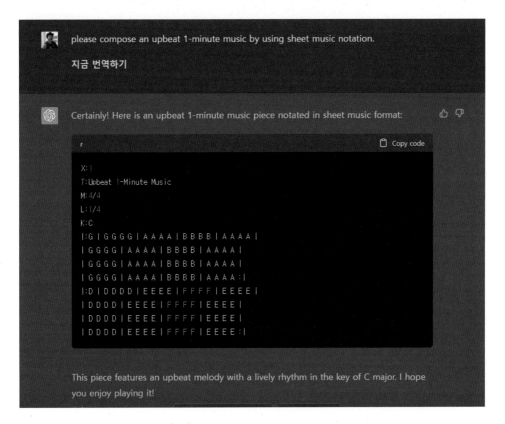

그리고 이렇게 음악 문자열 표기법으로 작곡된 음악을 연주하여 볼 수 있는 사이트를 소개해 달라고 하니, 다음과 같이 몇 가지를 소개하여 준다.

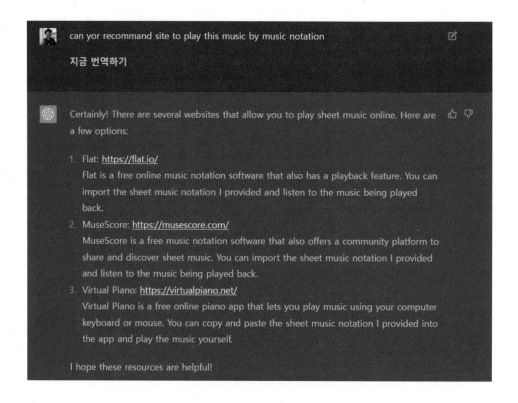

이 중에 **버츄얼피아노(www.virtualpiano.net)**를 접속하여 **챗GPT가 작곡한 음악 문자열 표기를 붙여넣기 하여 연주 음악을 감상하고 수정**할 부분이 있으면 다시 챗GPT에게 요청하며 최종 음악을 완성해 나간다.

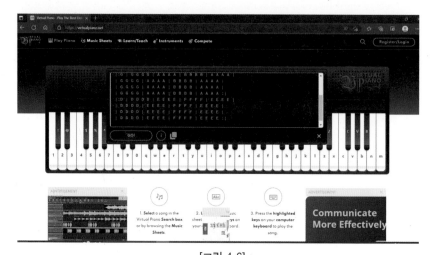

[그림 4-6]

출처: https://virtualpiano.net

그리고 챗GPT를 활용하여 창작물을 만들 때, 다시 강조하건대 무엇보다 중요한 것은 인간은 인공지능의 창작 산출물을 자신의 것으로 오용하거나 자신의 주체성을 잃고 인공지능에 예속되어서는 안 된다는 것이다. **인공지능을 활용하고 협업을 하더라도 인공지능은 목적이 될 수 없고 어떤 상황에서도 인간 스스로가 모든 창작 결과물의 주체가 되어야 한다는 것을 명심해야 한다.**

4. 챗GPT, GPT-4 인공지능으로 바뀌는 음악 세상

2021년 1월 29일 SBS 신년 특집 〈AI vs 인간〉 방송의 첫 번째 세기의 대결 제목이 '야생화를 부르는 진짜 옥주현은 누구?'였다. 인간 가수 옥주현과 모창 인공지능 옥주현이 노래 '야생화'를 부르며 대결을 펼쳤다. 대결 전에 가수 옥주현은 인공지능으로 복원된 인공지능 김광석과 '편지'를 듀엣으로 불렀다.

2021년 2월 14일 방영된 SBS 신년 특집 〈AI vs 인간〉 최종회에서는 국내에서 개발된 AI 작곡가 이봄과 트로트 전문 김도일 작곡가의 트로트 신곡 대결로 펼쳐졌다. 작곡 대결은 인간과 AI가 각각 총 100일의 준비 기간을 갖고 하나의 '삼바 트로트' 신곡을 작곡해 이를 실제 가수 홍진경이 부른 후 마음에 드는 곡을 선택하는 방식이었다.

두 번의 특집 방송 인공지능과 인간의 대결에서 모두 인간이 승리하였다. 그렇지만 출연자와 시청자 모두 **인공지능 가수**와 **인공지능 작곡가의 실력이 최고 수준의 인간의 능력에 비해 손색이 없다는 것을 실감**하는 현장이었다.

[그림 4-7] 인간 가수 옥주현과 인공지능 가수 옥주현과의 대결 방송

출처: SBS 2021년 신년 특집 〈AI vs 인간〉 방송

이처럼 **음악 분야에는 인공지능이 일찍부터 도입되어 새로운 변화를 일으키고 있다.** 2012년 7월 110년 전통의 세계적인 런던 교향악단(London Symphony Orchestra)은 인공지능이 작곡한 '심연 속으로(Transits-Into an Abyss)'라는 곡을 연주했다. 오랜 역사와 전통을 이어오며 세계 최고 수준의 오케스트라가 인공지능이 만든 곡을 연주하며 세간의 주목을 받았다. 이 곡의 작곡가는 초기 수준의 인공지능 컴퓨터 이아모스(Iamus)였다.

2016년 6월 **구글은** 예술 작품을 창작하는 인공지능(AI)을 만들겠다는 **'마젠타(Magenta) 프로젝트'**를 발표하며 **인공지능이 작곡**한 80초 분량의 피아노곡을 공개했다. 인공지능 마젠타는 독자적인 작곡도 하지만 작곡가들이 **인공지능을 활용해 쉽게 작곡할 수 있도록 마젠타 스튜디오(Magenta Studio)를 개발**하여 오픈 소스로 제공하고 있다.

2016년 룩셈부르크에서 심층인공신경망(Deep Neural Network)을 활용한 **심층강화학습(Deep reinforcement learning)으로 사운드 트랙을 작곡할 수 있는 인공지능 작곡가 아이바(Aiva)**가 탄생했다. 아이바는 음악 구성 기술을 배우고 바흐, 베토벤, 모차르트 등 유명 작곡가의 오케스트라 총 6만 곡을 소화했다. 인공지능 작곡가 아이바는 이미 여러 장의 클래식 음반을 발매했고 팝, 락, 재즈, 영화 음악 등 다양한 장르에서 왕성한 '창작 활동'을 하고 있다. 또한, **프랑스와 룩셈부르크 작곡가 권리협회로부터 공인받아 등록된 최초의 'AI 작곡가'**이다.

2016년 9월 19일 소니 산하 '컴퓨터사이언스연구소(CSL)'는 **인공지능 작곡가 '플로우 머신즈(Flow Machines)'**를 이용해 세계 최초로 2개의 팝송 'Daddy's Car'와 'Mr Shadow'를 작곡하여 유튜브에 공개했다.

'Daddy's Car'는 비틀즈 스타일로, 'Mr Shadow'는 콜 포터와 듀크 엘링턴의 스타일로 만들어졌고 소니는 인공지능이 작곡한 음악을 모아 앨범으로 만들기도 했다.

[그림 4-8] 플로우머신즈가 작곡한 세계 최초의 팝송 영상
출처: 유튜브 Mr.Shadow

한편 딥러닝을 활용한 음성·가창 합성 기술의 급격한 발전으로 실제 가수의 호흡과 바이브레이션까지 고스란히 담아낸 생생한 목소리가 얻어지고 이를 통해 가수 목소리로 그 가수가 실제 부르지 않은 곡도 들을 수 있다. 이를 통해 팬이 그리워하는 김광석, 김현식, 신해철, 거북이 리더 터틀맨의 목소리가 되살아나 새로운 곡도 들려 줄 수 있게 되었다.

국내에서도 2016년 최초의 AI 작곡가 '이봄(Evom)'이 탄생하여 **클래식 음악**을 작곡하였다. 이후 이봄은 **대중음악도 작곡**하며 2020년 5월 남성 듀오 조이어 클락(Joy o'clock)의 디지털 싱글 앨범 '달 스프(Soup in the Moon)'를 선보였고 10월에는 국내 최초로 AI 작곡가 이봄과 프로듀서 누보(NUVO)가 협업하여 **작곡·편곡한 '아이즈 온 유(Eyes on you)'로 '하연'**이라는 신인가수가 데뷔하였다. 해외에서는 '아메리칸 아이돌'로 유명해진 **뮤지션 타린 서던**이 2018년 **AI 작곡가 '앰퍼'가 작곡한 앨범 '아이 엠 에이아이(I AM AI)'로 정식 데뷔**하기도 했다.

[그림 4-9] 인공지능으로 작곡된 노래로 데뷔한 신인가수 '하연'
출처: 유튜브 Eyes on you 영상

그리고 음악 분야에서 인공지능과 인간의 공동 활동도 증가하고 있다.

2016년 5월16일 경기 성남시 성남아트센터 콘서트홀에서는 피아니
스트 로베르토 프로세다와 인공지능 로봇 피아니스트 테오 트로니코가
함께 **피아노 연주를 하며 대결**을 펼쳤다. **이탈리아 연주자 로베르토 프로세
다와 53개의 손가락을 장착한 인공지능 로봇 피아니스트 '테오 트로니코'**는
모차르트의 '터키행진곡', 림스키 코르사코프의 '왕벌의 비행' 등 같은
곡을 번갈아가며 **연주**하고 서로 품평을 하는 방식으로 진행되었다.

[그림 4-10] AI 피아니스트와 인간 피아니스트의 피아노 협연

출처: 유튜브 영상 캡처

2020년 10월 29일 저녁, 상명대 서울캠퍼스 계당홀에서 AI 피아니스트와 상명대 음악학부 오케스트라, 객원 연주자가 함께하는 음악회가 열렸다. 이제는 만날 수 없는 거장 피아니스트 루빈스타인(Artur Rubinstein)이 생전에 남긴 여러 연주 기록 데이터를 AI 기술로 복원해 자동 연주 피아노를 통해 무대에서 재현하고 오케스트라가 거장의 연주에 맞춰 협연하였다.

그리고 미래에는 누구나 인공지능을 활용하여 작곡하거나 AI 작곡가의 곡을 받을 수도 있다. **아마존 웹서비스(AWS)**가 2019년 출시한 **'딥컴포저(DeepComposer)'**는 PC에 연결하는 키보드로 멜로디를 한 소절 입력하고 장르를 정하면 몇 초 만에 복잡한 편성의 곡을 완성해 준다. 또한, 챗GPT의 개발사인 **오픈AI(Open AI)**가 2020년 선보인 **'주크박스(Jukebox)'**는 미디 파일이 아닌 오디오 사운드 자체로 120만 곡의 데이터를 학습한 **인공신경망이 다양한 음악을 만들어 내고 음악에 맞추어 가사를 만들 수도 있었다.**

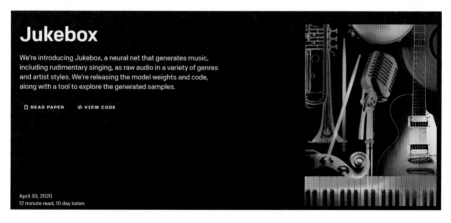

[그림 4-11] 오픈 인공지능 작곡 프로그램인 쥬크박스(Jukebox)
출처: jukebox 사이트 (https://openai.com/blog/jukebox)

미래에는 **인간 음악가와 AI 음악가는 공존하게 되고 상호 협업을 통해 음악 시장을 확장하고 새로운 장르를 개척해 나가게 될 것이다.** 또한, 누구나 인공지능을 음악 창작의 도우미로 활용할 수 있게 된다. 음악을 통해 아름다운 세상을 만들어 가고자 하는 인류의 노력이 인공지능을 통해 더욱 풍성해지도록 활용하기 위한 인류의 지혜와 적극적인 노력이 필요할 것이다.

제20장

· · ·

챗GPT, GPT-4 인공지능으로
그림 작품 만들기

 1. 챗GPT와 GPT-4 도움받아 그림 그리기

챗GPT와 GPT-4의 도움을 받아 인공지능으로 그림을 그릴 수도 있다. 챗
GPT에게 그리고 싶은 그림을 설명하면서 그림 그리는 방법을 문의하니
방법을 설명해 준다.

> 챗GPT 안녕, 제주도 겨울 바다에서 파도 치는 해변의 모습을 그림으로 그리고 싶은데 도와주세요

> 안녕하세요! 제주도 겨울 바다에서 파도 치는 해변을 그림으로 그리는 것은 아름다운 아이디어입니다. 제가 그림으로 그리는 것은 어렵지만, 다음과 같은 단계로 도움을 드릴 수 있을 것입니다.
>
> 1. 적절한 크기와 비율의 종이와 연필을 준비하세요.
>   적당한 크기의 종이와 연필을 준비하세요. 작은 그림을 그릴 경우에는 일반 연필을 사용하고, 큰 그림을 그릴 경우에는 연필보다는 큰 크기의 화면과 색연필을 사용하는 것이 좋습니다.
> 2. 그림을 그리기 전에 스케치를 해 보세요.
>   파도가 부딪치는 모습, 파도가 밀려오는 모습, 물결의 모습 등을 상상하며 스케치를 해보세요. 먼저 큰 라인을 그리고, 기본적인 물결의 모습을 스케치하는 것이 중요합니다.
> 3. 파도와 물결을 그려보세요.
>   파도와 물결을 그려보는 것은 조금 까다로울 수 있습니다. 파도의 크기와 높이, 파도가 부딪치면서 만들어지는 물결의 모습, 파도 위에 떠있는 모래, 등등을 참고해서 그려보세요.
> 4. 바다와 하늘을 그려보세요.
>   파도와 물결을 그리고 나면, 바다와 하늘을 그려보세요. 바다의 색은 파란색, 하늘의 색은 연한 파란색이나 하얀색으로 표현할 수 있습니다. 바다 위에 구름이나 태양 등을 추가해서 그림을 완성해보세요.
> 5. 마무리 작업을 해 보세요.
>   색을 다 칠하고 나면 세부적인 작업을 해 보세요. 필요한 경우, 색을 보완하거나, 그림자나 하이라이트를 추가해 보세요.
>
> 이렇게 해서 제주도 겨울 바다에서 파도 치는 모습을 그림으로 표현할 수 있을 것입니다. 그러나 그림 그리기가 어렵다면, 참고할 사진이나 이미지를 찾아보는 것도 좋은 방법입니다.

희망하는 그림을 먼저 컴퓨터로 그리기 위해 챗GPT에게 **오픈AI의 달리2 (DALL-E 2) 등 그림 그리기에 유용한 인공지능 프로그램**을 소개해 달라고 요청하니, 챗GPT는 유용한 인공지능 그림 그리기 프로그램을 특징과 함께 소개해 주었다.

챗GPT 고마워요, 상기 그림을 먼저 인공지능 프로그램을 활용하여 그리고 싶어요. 오픈AI 의 달리2를 포함하여 그림 그리기에 유용한 인공지능 그림 그리기 프로그램 알려 주세요

오픈AI의 GPT-3와 관련하여는, 이는 언어 생성 모델이기 때문에 직접적인 그림 그리기에는 사용되기보다는 그림 그리기와 관련된 텍스트를 생성하는 데 사용될 수 있습니다. 하지만 그림 그리기와 관련하여 오픈AI에서는 DALL-E이라는 모델을 개발하여 이미지 생성 분야에서 큰 관심을 받았습니다.

DALL-E는 텍스트 설명에 따라 이미지를 생성하는 인공지능 모델로, 다양한 이미지를 생성할 수 있습니다. 예를 들어, "펭귄 산책"이라는 텍스트를 입력하면 펭귄이 걷는 이미지를 생성할 수 있습니다.

또한, 인공지능 그림 그리기 프로그램으로는 아래와 같은 것들이 있습니다.

1. Deep Dream Generator
   Deep Dream Generator는 이미지를 인공지능에 입력하여 다양한 스타일로 변환하거나, 새로운 이미지를 생성할 수 있는 서비스입니다. 사용자가 이미지를 업로드하면 인공지능 이 해당 이미지를 분석하여 다양한 스타일의 이미지를 생성해줍니다.
2. RunwayML
   RunwayML은 다양한 인공지능 모델을 사용하여 이미지, 비디오, 음악 등 다양한 작업을 수행할 수 있는 플랫폼입니다. 사용자가 이미지를 업로드하면 다양한 스타일의 이미지를 생성해주는 스타일 전이 모델을 포함하여 다양한 이미지 생성 모델을 사용할 수 있습니다.
3. AutoDraw
   AutoDraw는 구글에서 만든 간단한 그림 그리기 도구입니다. 사용자가 그리는 그림을 인공지능이 인식하여 적절한 대안을 제안해줍니다.
4. Clipart.me
   Clipart.me는 사용자가 다양한 이미지를 선택하여 간단하게 편집할 수 있는 툴입니다. 사용자가 선택한 이미지를 자동으로 편집하거나, 새로운 이미지를 생성할 수 있습니다.

이러한 인공지능 그림 그리기 프로그램을 사용하면 사용자는 직접 그림을 그리지 않아도 다양한 이미지를 생성할 수 있습니다.

그리고 오픈AI의 이미지 생성 인공지능 프로그램인 달리2를 활용하여 희망하는 그림을 표현하기 위해 챗GPT에게 달리2를 이용하여 상기 그림을 그리는 방법을 문의하니 달리2 사용 시 입력할 명령어를 포함한 내용을 자세히 설명해 주었다.

> 챗GPT 고마워요, 달리2를 활용하여 겨울바다의 파도 그림을 그리고자 합니다. 달리2에서 이 그림을 그리는 방법을 순차적으로 알려 주세요.

달리2는 언어 생성 모델이기 때문에 직접적으로 그림을 그리는 기능은 제공하지 않습니다. 하지만 달리2는 이미지 생성에도 사용될 수 있는데, 이를 활용하여 파도가 치는 겨울바다의 모습을 생성할 수 있습니다. 이를 위해 다음과 같은 단계를 거칠 수 있습니다.

1. 이미지 생성 명령어 작성
   먼저, "겨울바다 파도 이미지 생성"과 같은 이미지 생성 명령어를 작성합니다. 이 명령어를 작성할 때는 자연어로 구체적으로 이미지의 세부적인 요소들을 설명해야 합니다. 예를 들어, "파란색 바다에서 높은 파도가 치는 모습을 생성해주세요"와 같은 구체적인 설명을 사용할 수 있습니다.
2. 이미지 생성 모델 선택
   다음으로, 이미지 생성에 사용할 모델을 선택합니다. 달리2는 이미지 생성 분야에서도 사용 가능한데, GPT-3와 같은 방식으로 이미지 생성 명령어를 입력하면 해당 명령어에 맞는 이미지를 생성해줍니다. 또한, DALL-E와 같은 이미지 생성 전용 모델을 활용하여 더욱 세밀한 이미지 생성이 가능합니다.
3. 이미지 생성 결과 확인 및 수정
   선택한 이미지 생성 모델을 활용하여 이미지를 생성한 후, 결과물을 확인합니다. 결과물이 원하는 대로 생성되지 않았다면, 명령어를 수정하거나 다른 이미지 생성 모델을 선택하여 다시 시도할 수 있습니다.

위와 같은 방식으로 달리2를 활용하여 겨울바다의 파도가 치는 모습을 생성할 수 있습니다. 하지만 이 과정에서는 사용자가 직접 그림을 그리는 것이 아니기 때문에, 생성된 이미지가 완벽하게 사용자가 상상한 대로일 수는 없습니다.

챗GPT의 안내를 참조하여 달리2를 활용하여 **겨울 바다 파도 이미지**를 그려 보고자 **오픈AI의 달리2 사이트를 접속**하였다. 달리2는 챗GPT와 같은 로그인 ID와 패스워드를 사용하여 접속할 수 있다.

[그림 4-12] 오픈AI의 이미지 생성 AI 프로그램 달리2

출처: https://openai.com/dall-e-2

달리2에 접속하여 로그인하면 바로 이미지 생성을 위한 명령어를 입력할 수 있는 페이지가 나온다. 챗GPT가 안내해 준 명령어를 참조하여 한글로 '**제주 겨울의 파란색 바다**에서 높은 파도가 치는 모습을 생성해 주세요'를 입력해 보았다. 그랬더니 제주 풍경을 포함한 바다 모습이 나왔다.

다시 한글을 영어 'Please generate high waves in the blue sea of Jeju winter'로 번역하여 입력하였다. 영어로 입력하자 이해도가 높아져서 겨울 바다의 파도치는 모습이 생성되었다.

그리고 다시 이미지를 그림으로 생성하기 위해 평소 좋아하는 화가인 **고흐풍으로 본 겨울 바다 파도**를 그려서 생성해 달라고 요청하였다. 그러자 멋진 고흐풍의 겨울 바다 파도가 생성되었다.

달리2가 생성해 준 빈센트 반 고흐 스타일의 제주 겨울 바다 파도 그림중 가장 마음에 드는 것을 저장하여 파일로 다양하게 활용할 수 있다. 이를 보면서 직접 유화로 그림을 그릴 수도 있고, 이를 기본으로 챗GPT에 또 다른 인공지능 그림 프로그램 미드저니(midjourney) 사용법을 문의하여 더욱 세밀한 그림으로 변화시킬 수도 있다.

한편 이처럼 생성적 인공지능 프로그램으로 산출된 창작 결과물을 그대로 사용할 때는 본 창작물이 인공지능 프로그램이 만든 창작 산출물

임을 반드시 명시해야 한다. 그리고 **인공지능 프로그램의 창작 산출물을 기본**으로 본인의 창의적 상상력과 업그레이드하는 노력을 더하여 협업하였을 경우에는 공동 작업 창작물임을 밝혀야 한다. 또한, 어떤 상황이든 **인간이 주체가 되어야 함을 명심하고 인공지능을 선용해야 하는 것이 중요하다.**

[그림 4-13] 달리2가 제주 겨울 바다 파도로 산출한 고흐 스타일 그림

2. 챗GPT, GPT-4 인공지능으로 바뀌는 미술 세계

알파고로 유명한 **구글**은 창작하는 인공지능 개발에도 앞장섰다. 구글은 인공지능 기술인 **딥러닝을 적용한 인공지능 화가 '딥드림(Deep Dream)'**을 개발하여 **유명 화가들의 작품 스타일을 재연**하도록 하였다. 딥드림은 기존에 학습한 회화 데이터베이스를 기반으로 빈센트 반 고흐(Vincent van Gogh)의 작품을 그렸고, 이 중 29점의 작품이 2016년 2월 샌프란시스코 미술 경매에서 총 9만 7,000달러(약 1억 1,000만 원)에 판매되었다. 최고가는 8,000달러(920만 원)에 팔렸다.

2016년 4월엔 **마이크로소프트**와 네덜란드 연구진이 '빛의 마술사'로 불리는 네덜란드의 화가 렘브란트 반 레인(Rembrandt van Rijn) 화풍을 재연하는 **인공지능 예술 프로젝트 '넥스트 렘브란트'**를 발표했다. 연구진이 렘브란트의 유작 346점을 딥러닝 기법으로 학습한 인공지능에 '모자를 쓰고 하얀 깃 장식과 검은색 옷을 착용한 30~40대 백인 남성'을 렘브란트의 화풍으로 그리라고 명령했다. 3D 프린터로 인쇄된 이 그림은 유화의 질감과 물감의 두께까지 렘브란트의 화풍을 그대로 재현했다.

[그림 4-14] 딥드림의 최고가 작품   [그림 4-15] 넥스트 렘브란트 AI 작품

출처: 중앙일보

2017년 2월 미국 럿거스대학교 예술 · 인공지능연구소는 인간의 개입 없이 독자적으로 그림을 그리는 **인공지능 화가 '아이칸(AICAN: AI Creative Adversarial Network)'**을 선보였다. '아이칸(AICAN)'의 인공지능 기술은 딥러닝 알고리즘인 생성적 적대 신경망(GAN: Generative Adversarial Networks)을 창의 예술 분야에 적합하게 개량한 창의적 적대 신경망(CAN:Creative Adversarial Networks)이란 자체 개발 알고리즘을 활용하였다. 이 알고리즘을 통해 기존 작가들의 페인팅 스타일(paingting style), 점묘법(Pointillism), 컬러 필드(Color Field) 야수파(Fauvism), 추상적 표현주의(Abstract Expressionism) 등을 습득하고, 1,119명의 화가가 그린 8만 1,449개 작품들을 보고 인공지능이 스스로 평가를 내린 후 다른 어떤 유파에도 속하지 않는 창의적인 인공지능 자신만의 새로운 그림을 그리고 있다. 인공지능 화가 아이칸(AICAN)의 첫 전시 작품들은 2만 5,000달러에 판매되었고 있으며, 최신작의 판매가는 2,500~3,000달러 선으로 책정되고 있다.

[그림 4-16] 인공지능 화가 '아이칸(AICAN)'의 2017년 첫 전시 작품

출처: www.aican.io

2017년 10월 캠브리지 컨설턴트의 인공지능연구실 디지털 그린하우스(Digital Greenhouse)는 **단순한 스케치만 제시해도 사람을 대신해 그럴 듯한 작품으로 완성해 주는 AI '빈센트'(Vincent™)를** 발표했다.

또한, 2018년 영국 로봇 제작사 엔지니어드 아트(Engineered Arts)와 리즈대학 및 옥스포드대학 과학자들이 합작하여 **최초의 AI 휴머노이드 화가 로봇 '아이다(AiDA)'가 탄생**하였다. 아이다는 붓과 연필을 손에 쥐고 눈에 설치된 카메라로 인물이나 사물을 보고 받아들인 정보를 바탕으로 학습하며 예술성과 정교함, 창의성을 발휘하여 스스로 추상화 그림을 그린다. 아이다가 작품 한 점을 완성하는 데 2시간 정도 걸린다. 아이다는 2020년 개인 전시회를 개최하여 100만 달러(약 11억 원) 이상의 작품 경매 수익을 올렸다.

[그림 4-17] 최초의 인공지능 휴머노이드 화가 아이다(AiDA)와 작품
출처: 아이다 홈사이트 www.ai-darobot.com

　　2018년 10월 25일 인공지능이 그린 그림이 세계 3대 경매사 가운데 하나인 크리스티가 뉴욕에서 진행한 경매에서 43만 2,500달러(약 4억 9,400만 원)에 팔렸다. 낙찰가는 크리스티가 애초 예상한 7,000~1만 달러(800만 ~1,140만 원)의 40배가 넘는 고액이었고, 경매장 맞은편에 있던 앤디 워홀의 그림과 로이 리히텐슈타인의 작품의 낙찰가를 합친 것보다 2배나 많은 금액이었다. 이 그림의 작가는 파리의 예술공학단체 오비우스

(Obvious)의 프로그래머들이 인공 신경망 알고리즘인 생성적 적대 신경망(GAN) 기술을 사용하여 개발한 **AI 화가 '오비어스'**였다. **그림 제목은 '에드먼드 데 벨라미(Edmond De Belamy)의 초상화'**로, 가상의 벨라미 가족 그림 시리즈 11개 작품 가운데 하나였다. 인공지능이 그린 그림이 유명 화가의 작품보다 고가로 낙찰된 것이다.

[그림 4-18] AI 화가 오비어스가 그린 그림

한편 **인공지능이 그림을 그리는 모습을 로봇으로 시연하는 로봇미술대회인 로봇아트콘테스트**(www.robotart.org)가 2016년 미국 시애틀에서 시작되었다. 인공지능이 탑재된 로봇이 직접 그림을 그린 작품이 대회에 참여할 수 있는데, 수상한 작품들 중엔 유명 화가가 그린 작품과 견주어도 손색이 없을 정도의 작품성 높은 작품도 많이 나오고 있다.

국내에서도 인공지능이 미술과 아트에 활용되는 사례가 많이 나오고 있다. 특히 2019년 10월 25일 독도의 날을 기념하여 인공지능 화가와 인간 화가와의 협업을 통해 그린 독도를 그린 그림 'Commune with…'의 판화작을 30작 한정 스페셜 리미티드가 발표되었다. **국내 AI 딥러닝 스타트업인 '펄스나인(Pulse9)'이 자체 개발한 AI 화가 '이메진 AI'**와 극사실주의 화가 두민이 '독도'를 주제로 공동으로 작업한 작품이다. 인간 화가가 수면을 경계로 독도의 땅 위 모습을 서양화 기법으로, 수면에 비친 독도의 모습은 AI 화가가 동양화 기법으로 표현하고 인간 화가가 수면의 질감이 느껴지도록 코팅 작업을 추가해 최종 완성하였다.

[그림 4-19] 국내 인공지능 화가와 인간 화가의 공동 작업 작품 '독도'
출처: pulse9 사이트

한편 인공지능이 그린 미술 작품이 공모전에서 1위에 입상하는 일이

벌어졌다. **2022년 9월 미국 콜로라도주박람회 미술전**에서 게임 디자이너인 제이슨 앨런(Jason M. Allen)이 제출한 작품 **'스페이스 오페라극장'**이 **신인 디지털 아티스트 부문에서 1위**를 차지했다.

이 그림은 텍스트 문구를 그래픽으로 변환해 주는 **생성적 인공지능 프로그램 미드저니(Midjourney)로 제작**했다. 본 미술전의 '디지털아트' 부문 규정은 창작 과정에서 디지털 기술을 활용하거나 색깔을 조정하는 등 디지털 방식으로 이미지를 창작하는 행위를 인정하고 있다. 제이슨 앨런은 본 미술전 대회에 작품을 제출할 때 '미드저니(Midjourney)를 거친 제이슨 M. 앨런'이라고 명시해 AI 프로그램으로 작품을 생성했다는 점을 명시하였기에 수상이 인정되었다.

[그림 4-20] AI 생성 그림으로 1위를 수상한 '스페이스 오페라극장' 그림

이처럼 **인공지능은 미술의 영역으로 이미 진입하였고 미래에는 더욱 다양하고 수준 높은 미술 작품들을 창작할 것이다.** 그렇지만 사진이 나왔다고

그림의 가치와 귀중함을 인류가 잃어버린 것이 아니라, 오히려 더욱 많은 사람이 작가가 그린 미술 작품을 보고 이를 통해 미술 작품의 가치를 더욱 느끼고 귀중하게 여기게 된 것처럼 인공지능 화가의 활동도 미래의 미술계에서 이를 적극적으로 수용하면서 긍정적으로 활용하는 노력이 필요할 것이다.

인공지능 예술가의 출현과 발전은 인류 과학 기술의 발전에 따라 어쩔 수 없는 대세이다. 미래에는 **인공지능 화가와 인간 화가가 공존하게 될 것이므로 인간의 가치인 창의성과 상상력이 더욱 발휘되고 인공지능을 적극 활용하되 인간이 주체적으로 새로운 미술 작품과 미술 사조를 만들어 가는 기회로 활용할 필요가 있다.**

제20장

· · ·

챗GPT, GPT-4 인공지능으로
영상 만들기

챗GPT와 GPT-4에게 영상 대본을 요청하여 초안으로 활용할 수도 있다.
예를 들어 '챗GTP 돌풍 등 디지털 대전환 시대의 대학 교육 혁신' 주
제의 특강을 소개하는 영상을 만들고자 챗GPT에게 이에 관한 대본을
요청하였다.

안녕 챗GPT, '챗GPT 돌풍 등 디지털대전환 시대 대학 교육 혁신' 주제로 챗GPT로 변화해야 할 대학 교육 포함한 도입부 영상 대본을 간략히 부탁해요

물론이죠!

안녕하세요! 저는 인공지능 대화모델인 챗GPT입니다. 오늘은 '챗GPT 돌풍 등 디지털대전환 시대 대학 교육 혁신' 주제로 대학교육의 새로운 변화에 대해 이야기해보려고 합니다.

디지털 대전환 시대를 맞이하면서 대학교육은 기존의 수업 방식에서 벗어나 다양한 디지털 기술을 활용하여 새로운 학습 경험을 제공할 필요가 있습니다.

예를 들어, 챗GPT와 같은 인공지능 기술을 활용하여 학생들이 질문하면 즉각적으로 답변을 제공하고, 학습한 내용에 대한 퀴즈와 평가를 진행하여 학생들의 학습 효율을 높일 수 있습니다.

또한 가상 혹은 증강 현실 기술을 활용하여 대학생들이 현실에서는 체험하기 어려운 경험을 제공할 수도 있습니다.

하지만 이러한 변화를 위해서는 대학교육의 전통적인 수업 방식과는 다른 교육 디자인이 필요합니다. 기존에는 교수가 중심이었던 수업에서 학생 중심의 수업으로 바뀌어야 합니다.

또한 학생들의 참여와 토론을 적극적으로 유도할 수 있는 환경과, 디지털 기술을 적극적으로 활용할 수 있는 인프라 구축이 필요합니다.

이러한 변화가 이루어지면, 학생들은 보다 적극적이고 창의적인 학습 경험을 얻을 수 있을 뿐 아니라, 대학교육의 질적인 향상도 이루어질 것입니다.

챗GPT와 같은 인공지능 기술을 활용하여 대학교육의 혁신을 이루어내는 노력이 계속될 것입니다. 앞으로의 대학교육의 미래가 보다 밝아질 수 있도록 함께 노력해봅시다!

챗GPT의 대본을 참조하여 대본을 아래와 같이 수정 작성하였다.

"디지털 대전환 시대를 맞아 대학 교육은 혁신되어야 합니다.
대학 교육의 뉴 르네상스와 같은 새로운 교육 혁신이 필요합니다.

기존의 일방향 수업에서 벗어나 학생들의 참여와 토론 및 체험을

유도할 수 있어야 합니다. 이를 위한 교육 환경과 교수 방법의 혁신도 필요합니다.

챗GPT와 같은 인공지능을 활용하여 학생들이 스스로 학습하고 수업에서 토론하여 학생들의 학습 성과를 높일 수도 있습니다.

이러한 혁신을 통해 학생들은 성취감 있는 경험과 역량 향상을 얻을 수 있게 되고 대학 교육의 질적 향상도 이루어집니다.

챗GPT와 같은 인공지능을 활용하여 대학 교육의 혁신을 만들어 내는 노력이 계속되어야 합니다.

대학 교육 혁신을 통해 대학 교육으로 학생들의 미래가 보다 밝아지고 앞길이 더욱 넓어지도록 함께 노력하시길 바랍니다! 감사합니다.”

다음으로 이 대본을 기초로 '챗GTP 돌풍 등 디지털 대전환 시대의 대학 교육 혁신' 주제의 특강 소개 영상을 제작에 활용하기 위해 이미지 생성 인공지능 프로그램인 미드저니(Midjourney)에서 아바타를 만드는 방법을 문의하였다. 이에 **챗GPT는 순차적인 아바타 생성 방법을 제시하**여 주었다.

미드저니(Midjourney)의 구체적 사용법은 218페이지에 상세하게 설명하였다.

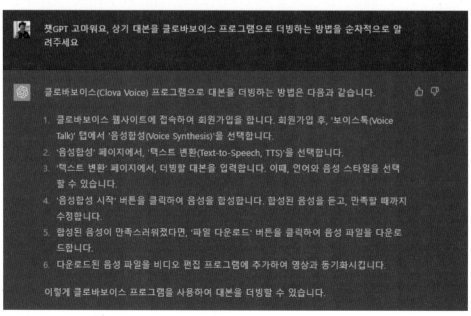

> 챗GPT 고마워요, 미드저니(midjourney) 프로그램을 활용하여 아바타 만드는 방법을 순차적으로 알려 주세요
>
> 미드저니(midjourney) 프로그램을 활용하여 아바타를 만드는 방법은 다음과 같습니다.
>
> 1. 미드저니 웹사이트에 접속하여 'Create Avatar' 버튼을 클릭합니다.
> 2. 아바타를 만들기 위해 사용할 기본 모델을 선택합니다. 미드저니는 여러 가지 기본 모델을 제공하므로, 자신이 원하는 모델을 선택할 수 있습니다.
> 3. 모델 선택 후, 아바타를 커스터마이징할 수 있는 다양한 툴과 기능이 제공됩니다. 머리카락, 의상, 안경 등의 속성을 수정하거나, 얼굴, 눈, 입, 코, 입술 등의 부위를 자세히 조절할 수 있습니다.
> 4. 아바타를 완성하면, 'Download' 버튼을 클릭하여 다운로드합니다. 이후, 아바타를 사용할 수 있는 다양한 프로그램에 불러와 사용할 수 있습니다.
> 5. 마지막으로, 만들어진 아바타를 더빙하는 과정이 필요합니다. 이를 위해서는, 'Synthesia'나 'Adobe Character Animator'와 같은 프로그램을 사용하여 음성을 입력하고, 아바타가 음성과 동기화되도록 설정합니다.
>
> 이렇게 만들어진 아바타를 활용하여 미드저니 소개 영상을 만들 수 있습니다.

챗GPT의 안내를 참조하여 미드저니에서 아바타를 생성하였고, 다음 단계로 **챗GPT가 만들어 준 상기의 대본을 네이버 클로바보이스를 활용하여 더빙하는 방법**을 챗GPT에게 문의하여 순차적인 방법을 안내받았다. 클로바보이스 사용법은 224페이지에 상세히 설명하였다.

> 챗GPT 고마워요, 상기 대본을 클로바보이스 프로그램으로 더빙하는 방법을 순차적으로 알려주세요
>
> 클로바보이스(Clova Voice) 프로그램으로 대본을 더빙하는 방법은 다음과 같습니다.
>
> 1. 클로바보이스 웹사이트에 접속하여 회원가입을 합니다. 회원가입 후, '보이스톡(Voice Talk)' 탭에서 '음성합성(Voice Synthesis)'을 선택합니다.
> 2. '음성합성' 페이지에서, '텍스트 변환(Text-to-Speech, TTS)'을 선택합니다.
> 3. '텍스트 변환' 페이지에서, 더빙할 대본을 입력합니다. 이때, 언어와 음성 스타일을 선택할 수 있습니다.
> 4. '음성합성 시작' 버튼을 클릭하여 음성을 합성합니다. 합성된 음성을 듣고, 만족할 때까지 수정합니다.
> 5. 합성된 음성이 만족스러워졌다면, '파일 다운로드' 버튼을 클릭하여 음성 파일을 다운로드합니다.
> 6. 다운로드된 음성 파일을 비디오 편집 프로그램에 추가하여 영상과 동기화시킵니다.
>
> 이렇게 클로바보이스 프로그램을 사용하여 대본을 더빙할 수 있습니다.

챗GPT의 도움과 인공지능 프로그램을 활용하여 아바타와 한글 더빙을 만든 후, 두 개를 합성하여 **아바타가 자연스럽게 설명하는 소개 영상**을 만들기 위해 **스튜디오 디아이디(Sudio D-id) 인공지능 프로그램 활용 방법**을 챗GPT에게 문의하여 상세한 안내를 받았다.

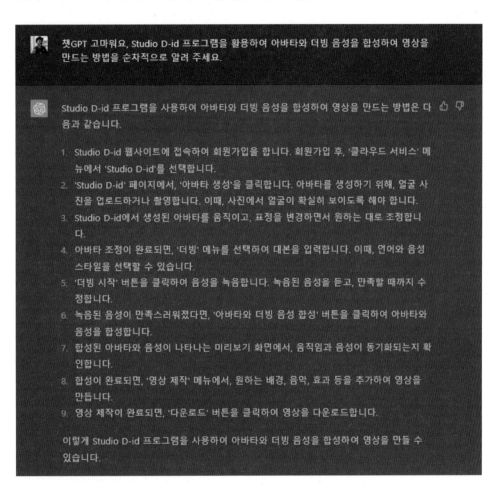

챗GPT에게 문의하여 몇 단계를 거치면서 종국에는 스스로 만든 아바타가 한글 더빙으로 '챗GTP 돌풍 등 디지털 대전환 시대의 대학 교육 혁신' 주제의 특강을 자연스럽게 소개하는 영상을 만들 수 있었다.

[그림 4-21] 챗GPT 대본으로 만든 디지털 대전환 대학 교육 혁신 소개 아바타 영상

studio D-id 사용법은 228페이지에 상세히 설명하였다.

2. 챗GPT와 GPT-4 도움받아 시나리오와 영상 만들기

챗GPT와 GPT-4에게 시나리오와 대본을 만들어 주고 이를 활용한 영상을 만드는 데 도움을 받을 수 있다. 예를 들어 '세계의 미래'란 주제로 30초의 영상을 만들고자 하여 챗GPT에게 시나리오를 요청하였다. 이에 **챗GPT와 GPT-4는 주제에 맞는 내용의 시나리오 구성을 제안**하여 주었다.

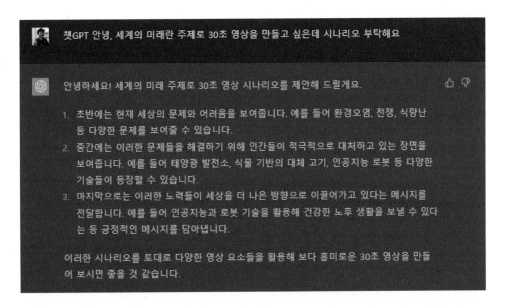

챗GPT가 제안해 준 본 시나리오를 영상으로 만들기 위한 대본을 요청하였을 때 챗GPT는 주제에 맞고 흥미를 가질 수 있도록 영상 대본을 제시하여 주었다.

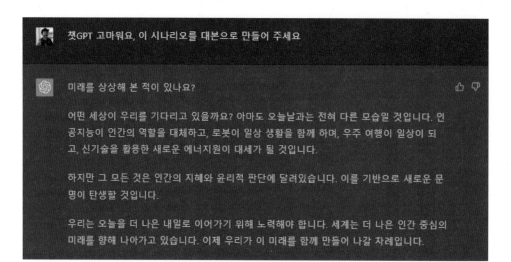

챗GPT의 도움으로 만들어진 '세계의 미래'란 영상의 시나리오 아이디어와 영상 대본을 기반으로 하여 픽토리(Pictory) 인공지능 프로그램을 활용하여 동영상을 제작하는 방법을 챗GPT에게 문의하여 순차적인 영상 제작 방법을 알게 되었다.

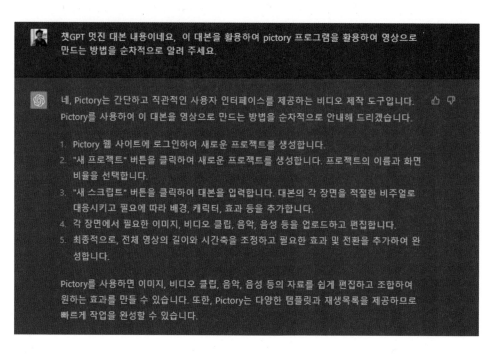

챗GPT를 활용하여 '세계의 미래'라는 어려운 주제의 영상을 시나리오와 대본 작업 그리고 영상까지 만들 수 있게 되었다.

동영상 생성 인공지능 프로그램인 픽토리(Pictory) 사용법은 232페이지에 상세히 설명하였다.

또한, 한글 더빙까지 가능한 동영상 생성 프로그램인 비디오 스튜(Video stew) 사용법은 238페이지에 상세히 설명하였다.

3. 챗GPT, GPT-4 소개 이미지 생성 AI 프로그램 미드저니(Midjourney) 사용법

이미지와 아바타 생성 인공지능 프로그램 미드저니를 활용하여 아바타를 생성하고자 한다. 먼저 웹으로 사이트 www.midjourney.com으로 접속한다.

출처: https://www.midjourney.com

미드저니 사이트를 사용하기 위해서 join the Beta나 sign in을 클릭하면 discord 사이트로 연결되고 계정 만들기를 진행한다.

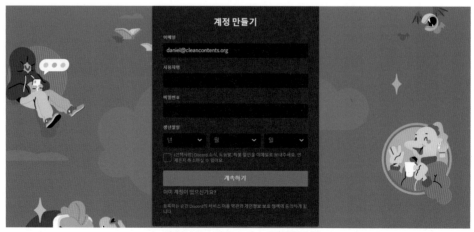

출처: https://discord.gg/NdFZ2JUZ

계정 가입을 위해 기입한 이메일로 계정 가입 인증을 진행한다.

계정 가입 후 로그인한다.

로그인하면 사람이라는 확인과 같은 이미지를 클릭한다.

로그인을 성공하면 discord.com 사이트에 접속된다. 왼쪽 돛단배 모양의 미드저니(Midjourney) 아이콘을 클릭한다.

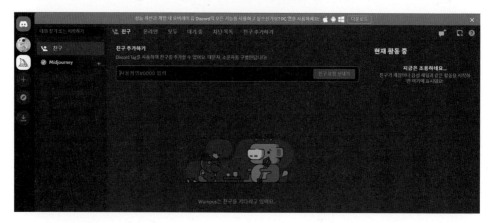

이제 미드저니 프로그램을 사용할 준비가 완료되었다. 처음엔 왼쪽 NEWCOMER ROOMS의 newbies-72를 클릭한다. 오른쪽에 현재 이 룸에서 생성 중인 이미지들이 계속 올라온다.

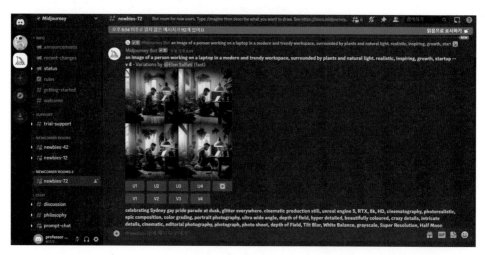

미드저니에서 이미지를 생성하기 위해서 웹페이지 하단의 입력란에 /imagine prompt를 입력하고, 이후 원하는 이미지를 영어로 기재한다. 필자가 원하는 아바타 이미지를 생성하기 위해 아래와 같이 명령어를

기입하니 4개의 아바타가 생성되었다.

/imagine prompt:creat avatar of smile man who has short beard and big eye with round glass in blue casual

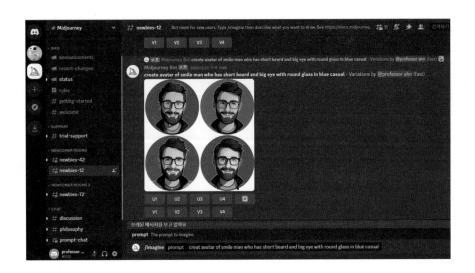

4개의 생성 아바타 이미지는 아래의 U1부터 상단 왼쪽에서 시계 방향으로 번호가 기재되어 선택할 수 있다. V로 같은 순서에 해당하는 이미지에 약간의 수정 변화를 요청할 수 있다.

이러한 절차를 통해 원하는 하나의 최종 이미지를 선택한다.

선택한 최종 이미지 아래에 Light Upscale Redo와 Beta Upscale Redo 를 통해 세밀한 부분의 이미지 보정도 한다. 이러한 과정을 거쳐 최종 아바타 이미지를 생성한다.

최종 아바타 이미지에 마우스를 우클릭하여 저장하기로 다운받는다.

4. 챗GPT, GPT-4 소개 음성 더빙 생성 AI 프로그램 클로바보이스 사용법

인공지능 음성 더빙 프로그램 클로바보이스로 '챗GTP 돌풍 등 디지털 대전환 시대의 대학 교육 혁신' 주제 특강 소개 대본을 AI 아나운서 목소리로 더빙하는 작업을 하였다. 먼저 **http://www.clova.ai/voice** 사이트로 클로바보이스 웹에 접속한다. 무료와 유료 중 선택하고 계정을 만들어 로그인한다.

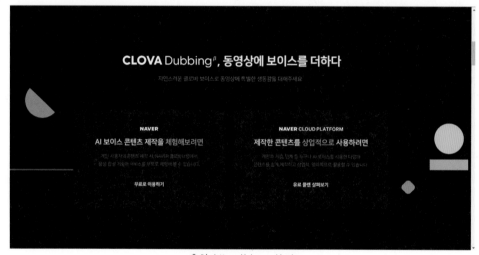

출처: https://clova.ai/voice

로그인하여 클로바보이스 사이트에 입장하면 내 프로젝트를 새로 만들기 위해 +를 클릭한다.

프로젝트명으로 '디지털 대전환 시대 대학 교육 혁신'을 입력한다.

클로바보이스 화면의 더빙 내용 입력 칸에 더빙하기 원하는 해당 대본을 입력한다.

화면 상단 메뉴의 전체 보이스를 클릭하면 더빙 보이스를 설정할 수 있다. 더빙 스타일과 목소리 톤을 선택하여 설정한다.

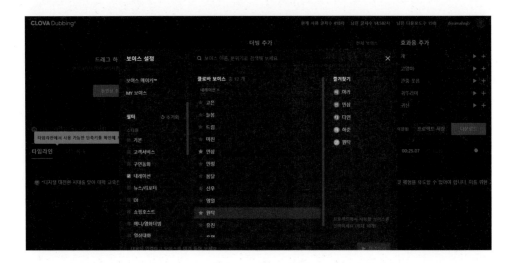

화면의 더빙 추가를 클릭하여 더빙을 녹음한다. 다운로드를 클릭하여 더빙을 저장한다.

더빙 녹음을 다운로드할 형식을 선택한다.

최종으로 음원을 개별로 할지, 하나로 할지 정하여 다운로드를 진행
한다. 다운로드한 파일을 더빙 파일로 사용한다.

5. 챗GPT, GPT-4 소개 아바타 합성 인공지능 프로그램 Studio D-id 사용법

제작한 **아바타와 더빙 음성을 합성하기** 위해 인공지능 프로그램 Studio **D-id 사이트**에 접속한다. (https://studio.d-id.com)

출처: https://studio.d-id.com

비디오 만들기를 클릭하여 계정을 새로 만들거나 구글(G) 계정으로 로그인한다.

사이트 화면에서 발표자 선택 추가하기를 클릭하여 원하는 아바타를 컴퓨터에서 선택하여 추가한다.

원하는 아바타를 선택하고 오른쪽 오디오를 선택하여 녹음한 더빙 파일을 업로드한다.

아바타 선택과 더빙 오디오를 업로드한 후, 오른쪽 상단의 비디오 생성을 클릭한다.

팝업창이 뜨면 합성 동영상 생성을 위해 생성하다를 클릭한다.

아바타와 더빙 음성이 합성되어 생성된 동영상을 클릭하여 다운로드한다.

팝업창이 뜨면 다운로드를 눌러 합성된 동영상을 컴퓨터에 저장한다.

다운로드된 아바타와 더빙 합성 파일을 활용한다.

6. 챗GPT, GPT-4 소개 영상 제작 인공지능 프로그램 픽토리(Pictory) 사용법

대본으로 영상을 자동 생성하기 위해 픽토리 사이트 www.pictory.ai에 접속한다.

출처: www.pictory.ai

픽토리 프로그램 계정 개설 위해 간단히 가입한다.

픽토리 프로그램에 로그인하면 4가지 방법으로 자동으로 영상을 만들 수 있다. 대본으로 영상을 만들기 위해 '스크립트를 비디오로'를 클릭한다.

스크립트 편집기에 대본을 입력한다.

대본 입력 후 오른쪽 상단의 '신청하다'를 클릭한다.

픽토리 프로그램에서 제시해 주는 동영상 템플릿 라이브러리에서 사용하기 원하는 동영상을 선택한다.

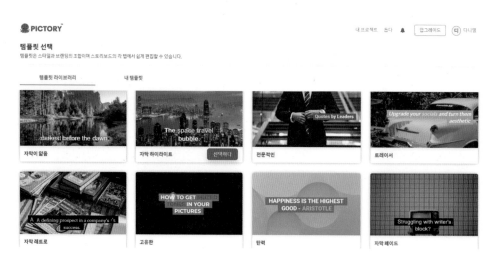

동영상 템플릿 라이브러리에서 선택한 동영상의 종횡비를 선택한다.

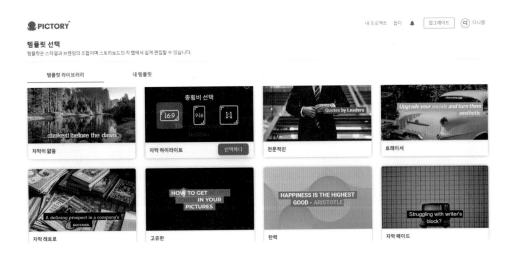

종횡비를 선택하면 입력한 대본과 선택한 동영상으로 영상이 만들어
진다.

픽토리 프로그램이 제안해 주는 동영상을 보면서 대본 스크립트별로 영상 비주얼을 수정하거나 음성을 더빙(직접 녹음 또는 음성 파일 활용) 및 자막을 수정할 수 있다.

최종 수정한 대로 동영상을 생성하기 위해 사이트 오른쪽 상단의 '생성하다'에서 '동영상'을 클릭하면 저장된다.

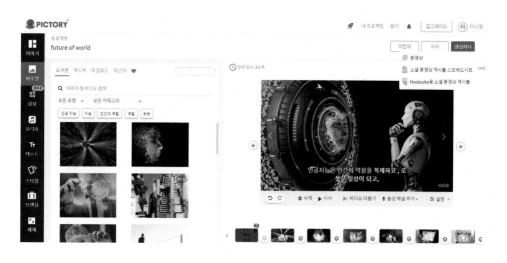

최종 동영상이 저장되는 화면이 나오면서 저장된다.

컴퓨터에 저장된 동영상을 활용하면 된다.

* 그런데 픽토리 프로그램은 한글 대본에는 잘 작동하지 않고 무료에는 제한점이 많아 제작하기에 다소 번거롭고 어려웠다. 이에 한글에도 잘 반응하고 보다 쉽게 동영상과 더빙까지 가능한 동영상 자동 생성 AI 프로그램인 비디오스튜(Videostew)를 추가로 소개한다.

7. 영상, 더빙 자동 제작 인공지능 프로그램 비디오스튜(Videostew) 사용법

비디오스튜(Videostew)는 한글을 포함한 대본으로 더빙을 포함한 영상 제작을 포함한 다양한 동영상을 자동으로 제작해 주는 생성적 AI 프로그램이다. 비디오스튜는 누구나 쉽게 직관적으로 더빙과 배경음악을 포함한 영상을 만들 수 있다. 비디오스튜를 활용하여 대본으로 동영상을 만드는 방법을 살펴보겠다.

대본으로 영상을 자동 생성하기 위해 비디오스튜 사이트 www.videostew.com 에 접속한다.

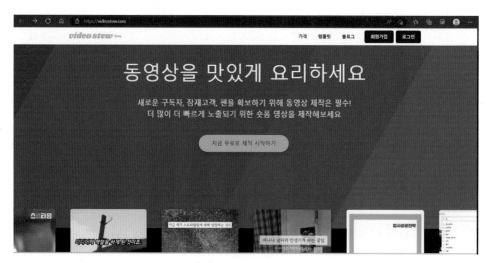

출처: wws.videostew.com

비디오스튜 프로그램을 사용하기 위해 회원 가입을 한다. 구글, 카가오 계정으로 가입할 수도 있고 간단한 정보 기입으로 가입할 수도 있다.

비디오스튜에 로그인하면 간단한 질문에 답하여 확인하면 사용할 수 있다.

비디오스튜는 14일간 무료로 사용 가능하고 이후에는 유료로 가능하다.

사이트 왼쪽 상단의 '새로 만들기'를 클릭하고 제작 동영상 제목을 기입한다.

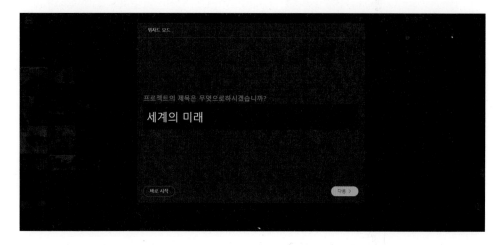

팝업창에 제목을 기입하고 다음을 클릭하여 본문 텍스트를 선택한다.

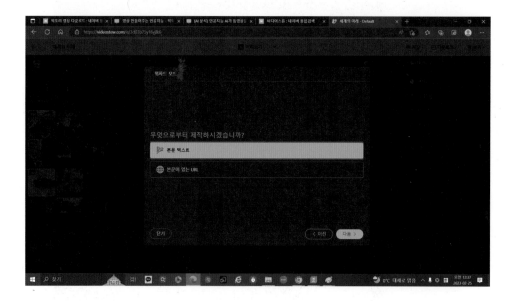

팝업창에서 다음을 클릭하여 챗GPT에서 생성한 대본을 붙여넣기하고 다음을 선택한다.

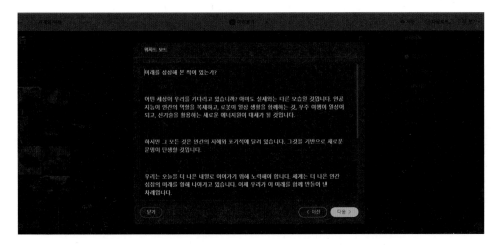

팝업창에서 다음을 클릭하여 키워드를 입력하여 원하는 영상 이미지를 선택한다.

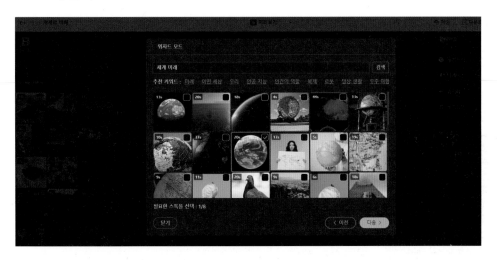

팝업창에서 희망하는 동영상 이미지를 체크하고 다음을 클릭하여 제작한 동영상 사이즈, 배경음악, 내레이션 성우 목소리, 전환 효과, 텍스트 글자체 등을 확인하여 원하는 것으로 선택하고 완료를 클릭한다.

선택한 영상 이미지가 첫 대본에 들어가면서 대본이 장면마다 적절히 자동으로 나뉘어져 생성된다. 아래 영상 컷 부분을 선택하여 왼쪽의 영상 이미지에서 원하는 것을 선택하고 자막 및 내레이션 그리고 배경음악 등을 선택한다.

영상 컷별로 영상 이미지, 자막 조정, 내레이션 성우와 속도 선택, 배경음악 등을 선택한다.

영상 컷별로 영상 제작 설정을 완성하고 상단의 미리보기로 리뷰하여 본다.

최종 완성된 영상은 상단의 다운로드를 클릭하여 저장한다.

저장을 위해 팝업창에서 비디오를 선택하여 컴퓨터에 저장한다.

대본으로 영상을 자동 제작해 주는 AI 프로그램인 비디오스튜로 최종 완성하여 저장된 동영상을 활용한다.

8. 챗GPT, GPT-4 인공지능으로 바뀌는 영화업계

2016년 6월 영국에서 개최된 공상과학(SF) 영화제 '사이파이 런던영화제(Sci-Fi London film festival)'에 출품된 오스카 샤프 감독의 9분짜리 단편영화 '선스프링(Sunspring)'이 영화인들의 주목을 받았다. 그것은 이 영화의 시나리오를 벤자민이라고 스스로 호칭한 인공지능(AI)이 썼기 때문이다. '선스프링'은 48시간 안에 영화를 제작해야 하는 '48시간의 도전' 부문에 출품되어 180여 개의 출품작 중 10위권에 들었다.

2020년엔 미국의 영화 전공 학생들이 **인공지능 시나리오로 3분 30초짜리 단편영화 '상품판매원(솔리시터스: Solicitors)'**를 만들었다. 이 영화의 시나리오는 오픈 인공지능 플랫폼으로 딥러닝을 통해 스스로 언어를 학습하는 **GPT-3**였다. 아직은 수작은 아니지만, 인공지능 기술의 발전으로 언젠간 인공지능이 작성한 시나리오로 제작된 헐리우드 대작 영화를 영화관에서 보게 되는 날이 오게 될 수 있다.

[그림 4-22] 오픈 딥러닝 인공지능 GPT-3의 시나리오로 만든 영화
출처: 영화 상품판매원(Solicitors)

인공지능이 영화 컴퓨터 그래픽(CG)과 시각 특수효과(VFX)도 혁신하고 있다. 이제 영화에서 컴퓨터 그래픽의 비중은 절대적이다. 한국 영화에서도 괴물, 해운대, 명량, 신과 함께, 안시성, 천문, 백두산 및 2021년에 개봉하는 승리호, 영웅 등 컴퓨터 그래픽과 시각 특수효과를 통해 한국 영화의 수준을 높이고 상상의 세계를 영상으로 생생하고 실감나게 구현해 내고 있다.

봉준호 감독의 영화 '기생충'이 아카데미 4관왕으로 세계 영화계를 놀라게 했던 제92회 아카데미 시상식에서 시각효과상 후보에 오른 영화 '아이리시맨'과 '어벤져스:엔드게임'도 공히 인공지능으로 시각 특수효과를 구현해 주목받았다. 영화 '어벤저스'에서는 인공지능 기술로 악명 높은 빌런인 타노스를 생생하게 구현하여 실제 배우와 디지털 캐릭터 간의 경계를 허물었다. 영화 아이리시맨은 디에이징(de-aging) 효과를 통해 배우들의 젊은 시절 모습을 재현했다. 아리리시맨은 70대 중후반과 80대 초반인 세 명의 주인공 로버트 드니로(Robert DeNiro), 알 파치노(Al Pacino), 조 페시(Joe Pesci)를 '인더스트리얼 라이트 & 매직(ILM)'이 개발한 인공지능 기반 시각 특수효과(VFX) 기술인 페이스파인더(Facefinder)로 주인공들의 30대에서 80대까지 50년간 얼굴을 실제 모습처럼 생생하게 구현하였다.

[그림 4-23] 알파치노와 로버트 드니로 30년 전 모습이 구현된 영화 장면

출처: 영화 아이리시맨

전 세계 영화 산업은 이제 인공지능 머신러닝(ML)이 재창조하고 있다. 인공지능 기술은 컴퓨터 그래픽(CG)과 시각 특수효과(VFX)에 접목되어 실제보다 더 사실적인 디지털 캐릭터를 만들고, 배우의 외모를 젊은 시절 모습으로 되돌리고, 상상한 어떤 것도 구현하며, 오래된 필름을 복원하여 예전의 영화에 새로운 생명을 불어넣는 등 영화 제작을 혁신하고 있다.

예를 들어 인공지능 합성곱 신경망(CNN, Convolutional Neural Networks) 기술을 통해 영화 이미지를 분석하고, 생성적 적대 신경망 GAN(Generative Adversarial Network) 기술을 이용해 영화 등장인물의 얼굴을 원하는 대로 합성한다. 또 사람의 표정 데이터를 딥러닝으로 학습하여 영화 속의 얼굴 표정, 표현 감정을 스스로 판별하여 재생하는 감성 표현이 가능하게 되어 더욱 자연스럽게 표현된다.

실제로 시각 특수효과(VFX) 스튜디오인 그라디언트 이펙트(Gradient Effects)는 인공지능 기반 기술 쉐이프쉬프터를 이용해 배우의 얼굴을 변형했다. 그리고 어도비(Adobe), 오토데스크(Autodesk), 블랙매직 디자인(Blackmagic Design)과 같은 기업들은 인공지능 기술로 영화 영상의 라이브 액션신의 깊이 교정(live-action scene depth reclamation), 색감 보정, 리라이팅 및 리터칭, 리타이밍과 업스케일링(upscaling)용 초고속 모션 예측(speed warp motion estimation) 등 포함한 어려운 시각 특수효과를 구현했다. 이처럼 인공지능 기술이 시각 특수효과(VFX)에 광범위하게 적용되고 있다.

인공지능은 **도표와 같이 다양한 AI 기술이 영화와 영상 제작 분야에 활용되어 영화 영상 상상력 표현의 한계를 넘게 하고 영상과 음성을 고급화시키면서 현실감을 높여 자연스러움을 제고하고 있다.**

[표 4-1] 영화 영상 제작 분야에 활용되는 인공지능 기술

인공지능 적용 기술	인공지능 관련 기술 내용
자연어처리 기술	주어진 입력에 따라 동작하게 하는 기술이며, 자연어 생성은 동영상이나 표의 내용 등을 사람이 이해할 수 있는 자연어로 변환하는 기술
영상합성 기술	블루스크린, 로토스코핑 등 VFX 기술 발전으로 3D 배경을 그려내고 3D 오브젝트를 제작하여 영상에 재배치하는 작업과 더불어 같은 공간에 원래 존재하는 하나의 영상으로 매치시키는 기술

얼굴인식 기술	사람의 얼굴을 인식하는 기술로, 맞춤형 광고에 응용하고 있으며 얼굴 표정을 통해 감정과 기분 상태를 파악하는 감성공학 기술로 발전되고 있음
음성합성 기술	말소리의 음파를 기계가 자동으로 만들어 내는 기술로, 간단히 말하면 모델로 선정된 한 사람의 말소리를 녹음하여 일정한 음성 단위로 분할한 다음, 부호를 붙여 합성기에 입력하였다가 지시에 따라 필요한 음성 단위만을 다시 합쳐 말소리를 인위로 만들어 내는 기술
음성인식 기술	음성인식 기술은 컴퓨터가 마이크와 같은 소리 센서를 통해 음향학적 신호(acoustic speech signal)을 애플(Apple)의 음성인식 서비스인 '시리(Siri)'와 같이 단어나 문장으로 변환시키는 기술

출처: 한국콘텐츠진흥원

월트디즈니는 영화사인 마블 스튜디오에서 기계학습(machine learning) 기반의 이모션 캡처 기술을 적용한 시각 특수효과(VFX)로 영화 배우의 입꼬리, 얼굴 표정 등을 정밀하게 분석함으로써 배우의 얼굴에 어떤 감정이 더 적합한지 알게 되고, 전체적인 영화 완성도에도 더 깊이 있게 관여할 수 있게 되었다.

영화 제작의 핵심 컴퓨터 그래픽 작업인 모션캡처(motion capture), 매치무빙(Match Moving), 모션트랙킹(Motion Tracking), 로토스코핑(Rotoscoping), 3D 애니메이션 등 컴퓨터 그래픽 아티스트들의 수작업에 의존했던 영역에서 인공지능 기계학습(Machine Learning)이 활용되어 작업 효율과 정확도를 향상시키고 있다.

예를 들어 영상에서 특정 객체의 테두리를 추적해 정밀하게 배경에서 분리하는 기법인 로토스코핑(Rotoscoping) 영상 작업을 호주의 코그낫

(Kognat) 회사의 인공지능 기계학습 기반 로토스코핑 알고리즘 '로토봇(Rotobot)'이 대신하고 있다. 로토봇은 영상에서 인물, 자동차, 비행기, 새, 자동차, 고양이, 말, 기차 등 대상을 자동으로 배경에서 오려내고, 더 많은 학습을 진행하면서 자동으로 인식해 분리할 수 있는 대상은 끝없이 늘어나고 있다.

[그림 4-24] 코그낫 로토봇 영상 인식 분리 장면

출처: 코그낫 홈사이트

인공지능은 영화 마케팅 업계에도 활용된다. 영화 마케팅 기업 무비오(Movio)는 인공지능으로 영화를 분석하여 유효 관객층을 예측하고 영화사에 배급 및 마케팅 전략을 제시한다. 우리가 어떤 영화를 볼지 결정하게 하는 2~3분 분량 예고편은 영화 마케팅에서 매우 중요하다. IBM이 개발한 인공지능 '왓슨(WASTON)'은 영화 예고편을 만든다. 예를 들어 인공지능 왓슨은 SF영화 '모건' 내 장면들을 공포, 평온, 슬픔, 행복 등 다양한 감정으로 분석하고, 예고편에 넣기에 가장 적합한 10개의 베스트 장면을 선별하고 인과관계에 따라 극적으로 재구성하여 영화 예고편을 만들었다.

[그림 4-25] 인공지능 왓슨이 만든 영화 '모건' 예고편

출처: 영화 '모건' 예고편

한편 맥킨지와 MIT 미디어랩은 영화를 보는 관객의 감정적인 반응을 인공지능 기술을 활용해 미리 예상할 수 있는 방법을 찾았고, 디즈니의 '프베스(FVAEs)'라는 이름의 AI는 영화 초반에 단 몇 분 동안 관객들의 얼굴을 분석한 것만으로도 영화 전체에 대한 평가와 영화의 흥행 가능성을 미리 예상하여 이를 스토리텔링에 반영하고 영화 마케팅에 활용토록 하고 있다.

인공지능은 시각 특수효과부터 촬영, 캐스팅과 영상 편집까지 전반에 적용되어 할리우드는 물론 한국을 비롯한 전 세계 영화를 바꾸어 가고 있다. 예를 들어 지바 다이나믹스(Ziva Dynamics)는 현재 널리 사용되고 있는 영상 특수효과 제작 소프트웨어인데 인공지능 기계학습 알고리즘을 이용하여 인간이나 동물의 자연적인 신체 상태와 운동 상태를 실제처럼 구현해 낼 수 있다. 이를 통해 영화의 캐릭터를 만드는 데 오프라인 참조물이 필요하지 않고 시간과 비용을 줄이면서 고품질의 결과를 도출할 수 있게 된다.

중국에서는 **온라인 영화 보기 플랫폼 아이치이가 심층학습, 자연언어 처리 등의 인공지능 기술을 활용하여 시나리오에 대한 가치 추출 및 리뷰 분석을 통해 IP 자동 평가 시스템을 구축하였다.** 나아가 인공지능 알고리즘으로 시나리오의 성격, 분위기 등을 분석해 시나리오와 가장 잘 어울리는 배우를 캐스팅하는 데 활용하기도 한다. 이처럼 인공지능 기술은 영화에서의 활용 범위가 점점 넓어지고 있는 바 이제 영화 산업의 종사자들은 인공지능 기술이라는 새로운 도구를 다음 단계로 크게 도약하는 발판으로 삼아야 할 것이다.

[그림 4-26] 인공지능 VFX 소프트웨어로 제작된 아기 돼지 등장 영상

출처: Ziva Dynamics 소프트웨어 소개 영상

제5부

챗GPT, GPT-4 인공지능 미래 전문 서비스 활용

"인공지능의 특이점(singularity)은
GPT-4 이후 앞당겨질 가능성이 크다."

- 레이 커즈와일

제5부 목차

제22장

· · · ·

챗GPT, GPT-4 인공지능으로
법률 자문 받기

 1. 챗GPT, GPT-4에게 법률 사항 문의하여 활용하기

챗GPT(ChatGPT)와 GPT-4는 미국 로스쿨 변호사 시험에 합격할 만큼 방대한 법률 지식을 갖고 있어 무료 법률 상담과 자문 서비스를 받을 수 있다. 일상생활이나 비즈니스 또는 형사상의 문제 등 다양한 분야에서 **챗GPT와 GPT-4에게 법률적 상담과 자문을 요청하여 참조할 수 있다.**

예를 들어 중고차 구입 시 중고차 딜러가 차에 사고나 결함이 없다고 했는데 구입 일주일 후 구입한 차가 침수된 적이 있어서 엔진에 문제가 있다는 사실을 알게 되어 이 차를 판매한 중고차 딜러에 대해 어떤 법적 조치가 가능한지를 문의하니 **챗GPT와 GPT-4는 가능한 법적인 조치와 대응 방안을 제안**하여 주었다.

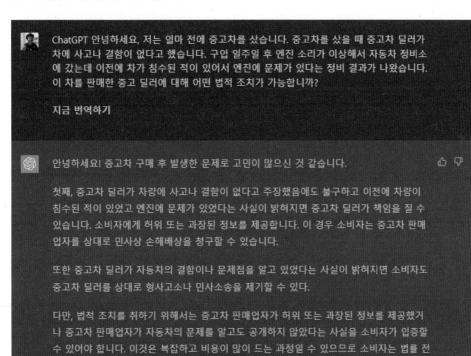

안녕하세요! 중고차 구매 후 발생한 문제로 고민이 많으신 것 같습니다.

첫째, 중고차 딜러가 차량에 사고나 결함이 없다고 주장했음에도 불구하고 이전에 차량이 침수된 적이 있었고 엔진에 문제가 있었다는 사실이 밝혀지면 중고차 딜러가 책임을 질 수 있습니다. 소비자에게 허위 또는 과장된 정보를 제공합니다. 이 경우 소비자는 중고차 판매업자를 상대로 민사상 손해배상을 청구할 수 있습니다.

또한 중고차 딜러가 자동차의 결함이나 문제점을 알고 있었다는 사실이 밝혀지면 소비자도 중고차 딜러를 상대로 형사고소나 민사소송을 제기할 수 있다.

다만, 법적 조치를 취하기 위해서는 중고차 판매업자가 허위 또는 과장된 정보를 제공했거나 중고차 판매업자가 자동차의 문제를 알고도 공개하지 않았다는 사실을 소비자가 입증할 수 있어야 합니다. 이것은 복잡하고 비용이 많이 드는 과정일 수 있으므로 소비자는 법률 전문가의 조언을 구하는 것이 좋습니다.

중고차를 구매할 때 철저한 검사를 받고 중고차 딜러의 신뢰성과 문서를 확인하는 것이 중요합니다. 불확실한 점이 있다면 거래를 진행하지 않는 편이 나을 수도 있습니다.

더 나아가 챗GPT에게 상기 중고차 딜러에게 법률적 책임을 묻겠다는 공문을 발송하기 위해 문서를 작성해 달라고 요청하니, **법률적 내용을 포함한 공문 내용을 제시**하여 주었다.

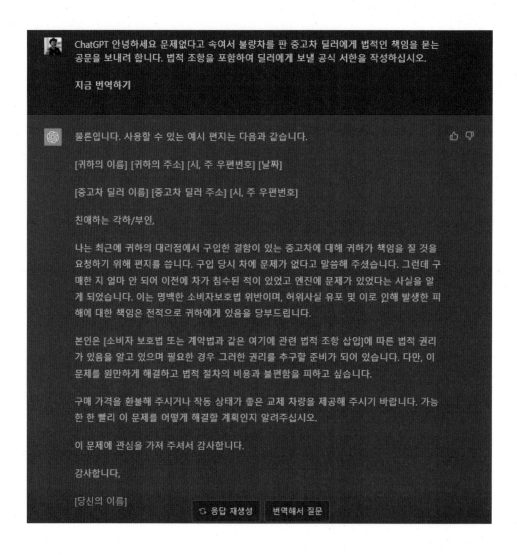

ChatGPT 안녕하세요 문제없다고 속여서 불량차를 판 중고차 딜러에게 법적인 책임을 묻는 공문을 보내려 합니다. 법적 조항을 포함하여 딜러에게 보낼 공식 서한을 작성하십시오.

지금 번역하기

물론입니다. 사용할 수 있는 예시 편지는 다음과 같습니다.

[귀하의 이름] [귀하의 주소] [시, 주 우편번호] [날짜]

[중고차 딜러 이름] [중고차 딜러 주소] [시, 주 우편번호]

친애하는 각하/부인,

나는 최근에 귀하의 대리점에서 구입한 결함이 있는 중고차에 대해 귀하가 책임을 질 것을 요청하기 위해 편지를 씁니다. 구입 당시 차에 문제가 없다고 말씀해 주셨습니다. 그런데 구매한 지 얼마 안 되어 이전에 차가 침수된 적이 있었고 엔진에 문제가 있었다는 사실을 알게 되었습니다. 이는 명백한 소비자보호법 위반이며, 허위사실 유포 및 이로 인해 발생한 피해에 대한 책임은 전적으로 귀하에게 있음을 당부드립니다.

본인은 [소비자 보호법 또는 계약법과 같은 여기에 관련 법적 조항 삽입]에 따른 법적 권리가 있음을 알고 있으며 필요한 경우 그러한 권리를 추구할 준비가 되어 있습니다. 다만, 이 문제를 원만하게 해결하고 법적 절차의 비용과 불편함을 피하고 싶습니다.

구매 가격을 환불해 주시거나 작동 상태가 좋은 교체 차량을 제공해 주시기 바랍니다. 가능한 한 빨리 이 문제를 어떻게 해결할 계획인지 알려주십시오.

이 문제에 관심을 가져 주셔서 감사합니다.

감사합니다,

[당신의 이름]

응답 재생성   번역해서 질문

그리고 챗GPT에게 법원에 청구할 소장을 만들어 달라고 요청하니 청구하는 내용에 맞춰 소장을 작성하여 주었다. 예를 들어 기한이 지난 대여금을 반환해 달라는 **청구 소장을 요청하니 다음과 같이 형식에 맞춰 제시해 주었다.**

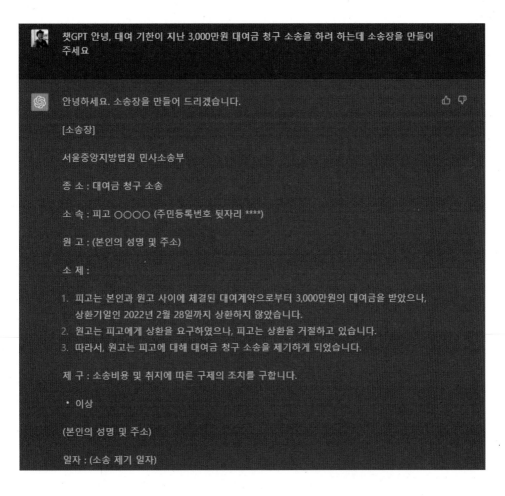

챗GPT 안녕, 대여 기한이 지난 3,000만원 대여금 청구 소송을 하려 하는데 소송장을 만들어 주세요

안녕하세요. 소송장을 만들어 드리겠습니다.

[소송장]

서울중앙지방법원 민사소송부

종 소 : 대여금 청구 소송

소 속 : 피고 ○○○○ (주민등록번호 뒷자리 ****)

원 고 : (본인의 성명 및 주소)

소 제 :

1. 피고는 본인과 원고 사이에 체결된 대여계약으로부터 3,000만원의 대여금을 받았으나, 상환기일인 2022년 2월 28일까지 상환하지 않았습니다.
2. 원고는 피고에게 상환을 요구하였으나, 피고는 상환을 거절하고 있습니다.
3. 따라서, 원고는 피고에 대해 대여금 청구 소송을 제기하게 되었습니다.

제 구 : 소송비용 및 취지에 따른 구제의 조치를 구합니다.

• 이상

(본인의 성명 및 주소)

일자 : (소송 제기 일자)

또한, 전세금 반환 청구를 하는 소장을 작성해 달라고 하니 이에 맞는 형식으로 제시해 주었다.

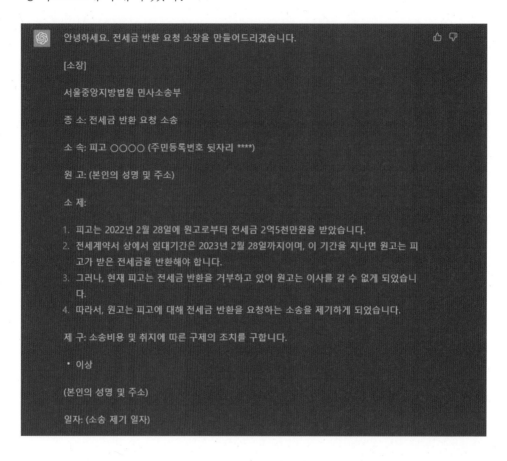

이처럼 법률적 지식이 없어 막막한 상황에서도 변호사 사무실 서비스 받기 전에 기본적인 내용은 챗GPT에서 법률적 도움을 받아 필요한 조치를 할 수 있게 된다. 물론 챗GPT의 법률 상담 내용은 정확하지 않을 수도 있으니 **구체적인 법률 내용은 검증하여 최종적인 조치를 스스로 판단하여 진행해야 할 것이다.**

2. 챗GPT, GPT-4 인공지능으로 바뀌는 법조 세계

2023년 2월 콜롬비아의 후안 마누엘 파디야 판사가 판결문 작성에 챗GPT를 판결문 작성에 활용했다고 밝혔다. 그는 사건 판결문을 작성하는 과정에서 챗GPT를 활용했다고 말했다.

판결 사건 사건은 부모가 저소득을 이유로 자폐 자녀 의료비 면제를 청구한 건으로, 파디야 판사는 1월 30일 판결에서 자폐아 부모의 손을 들어 줬다. 그는 해당 판결문을 작성하는 과정에서 챗GPT에 "자폐 미성년자는 치료비를 면제받는가?"라는 질문을 던졌고, "그렇다. 콜롬비아 규정에 따르면 자폐 미성년자는 치료비용을 면제받는다."라는 답변을 들었고 이를 참조하였다고 하였다.

파디야 판사는 "챗봇을 텍스트 초안 작성에 용이하게 사용할 수 있을 것"이라며 "애플리케이션에 질문을 한다고 해서 판사 자격이 없어지거나 생각하는 존재가 아니게 되는 것은 아니다."라고 말했다.

2023년 2월 16일부터 영국의 알렌앤오베리 로펌이 챗GPT와 유사한 인공지능(AI) 챗봇을 법률 문서 초고 작성 서비스에 활용하기 시작했다. 법률에 특화된 AI 챗봇 '하비'는 변호사와 AI 개발자가 공동으로 개발했다. 하비는 자연어 처리, 머신러닝, 데이터 분석 도구에 기반해 법률에 필요한 자료 검색과 데이터 분석을 자동화하여 판결 예측이나 관련 법률 문서를 생성·편집한다.

법률 종사자가 하비에게 특정 소송에 대해 질문하면 문서화된 형태로 정보를 받을 수 있다. 어떤 판결에 대한 결과를 예측해 달라고 하면 기존 데이터에 기반해 보여 준다. 법률 문서를 자동으로 수정하기도 한다.

이 로펌의 데이비드 웨이클링 시장혁신 그룹장은 AI 챗봇이 "모든 수준에서 시간을 절약해 주고 있다."라고 말했다. 그러나 챗봇은 부정확하거나 오도된 결과를 내놓을 수 있기 때문에 로펌 측은 하비가 생성하는 글에 대해 변호사들이 사실 확인 과정을 거치도록 하고 있다고 한다.

[그림 5-1] 알렌앤오베리 로펌 AI 서비스 '하비(Harvey)'

출처: www.harvey.ai

국내 로펌 업계도 챗GPT와 같은 언어 생성 AI를 활용할 방안을 찾고 있다. **로펌 율촌**은 언어 생성 AI에 한국어 학습을 통해 법령·문서 검색를 쉽게 활용할 수 있는 데이터를 늘리기 위한 노력을 하고 있다. '음성 문자 변환(STT)' 기술을 기반으로 영상에서 원하는 정보를 끌어낼 수 있도록 도와준다. 예를 들어 중대재해처벌법 영상에서 고객사가 원하는 정보를 곧바로 검색할 수 있도록 구현하고 있다.

법무법인 태평양은 로봇 프로세스 자동화(RPA) 설루션을 고도화하여 법령 및 문서 조회, 서류 발급을 간편하게 하는 데 도움을 주고 있다. 각종 데이터를 AI 엔진이 바로 학습할 수 있도록 한 번역툴 '트라도스'도 도입했다.

법무법인 세종은 딥러닝 기반 문서 자동 분류 시스템 등을 도입하여 계약서 자동 작성 플랫폼을 제공하려 하고 있고 김앤장, 광장, 화우, 지평 등 다른 대형 로펌도 주요 업무 영역에 챗GPT와 인공지능 활용 방안을 준비하고 있다.

이처럼 **챗GPT에 대한 관심과 맞물려 법률 업계에 리걸테크를 고도화하여 리걸테크(법률정보기술)와 일상적 법률 서비스 업무를 결합하는 방안을 모색하고 있다.** "향후 변호사와 법조계의 역량을 끌어올릴 수 있는 열쇠는 AI 기술"이라는 게 로펌 업계의 공통된 시각이다.

제23장

• • •

챗GPT, GPT-4 인공지능으로
세무 서비스 상담받기

1. 챗GPT와 GPT-4에게 세무 서비스에 필요한 사항 문의하여 활용하기

챗GPT와 GPT-4에게 필요한 세무 상담을 할 수도 있다. 예를 들어 부동산 양도세에 대해 문의하고 양도세 신고 방법을 상담하여 대처하는 데 도움을 받을 수 있다.

챗GPT 안녕, 현재 대한민국 양도세 제도에 대해 알려 주세요

안녕하세요! 대한민국의 양도세 제도에 대해 설명해드리겠습니다.

양도세는 부동산, 주식 등의 자산을 매각하거나 양도할 때 발생하는 세금으로, 매각 대금에서 발생하는 수익금에 대해 과세됩니다. 양도세는 양도한 자산의 종류와 매도자의 소득세 등에 따라 다양하게 부과됩니다.

1. 부동산 양도세
   부동산 양도세는 부동산을 매각하거나 양도할 때 발생하는 세금으로, 부동산의 종류와 보유 기간에 따라 세율이 다릅니다.

- 아파트, 오피스텔 등의 주거용 부동산의 경우, 보유 기간이 1년 미만인 경우 6%의 세율, 1년 이상 2년 미만인 경우 5%, 2년 이상 3년 미만인 경우 4%, 3년 이상 6%, 6년 이상 8%, 12년 이상 10%의 세율이 적용됩니다.
- 토지나 상가, 사무실 등 상업용 부동산의 경우, 보유 기간이 1년 미만인 경우 10%의 세율, 1년 이상 2년 미만인 경우 8%, 2년 이상 3년 미만인 경우 6%, 3년 이상 12%, 6년 이상 14%, 12년 이상 16%의 세율이 적용됩니다.

2. 주식 양도세
   주식 양도세는 주식을 매각하거나 양도할 때 발생하는 세금으로, 주식의 종류와 보유 기간에 따라 세율이 다릅니다.

- 일반적으로 보통주의 경우 보유 기간이 1년 미만인 경우 25%의 세율, 1년 이상 2년 미만인 경우 20%, 2년 이상 3년 미만인 경우 18%, 3년 이상 16.5%, 4년 이상 15%, 5년 이상 13.5%, 6년 이상 12%, 7년 이상 11%, 8년 이상 10%, 9년 이상 9%, 10년 이상 8%의 세율이 적용됩니다.

3. 그 외 자산 양도세
   부동산과 주식 외에도 자동차, 배, 항공기, 저작권 등의 자산을 매각하거나 양도할 때에도 양도세가 발생할 수 있습니다. 이 경우에도 자산의 종류와

챗GPT를 통해 국내 양도세 대한 자세한 내용을 알 수 있다. 내용이 길어 일시 멈춤 되어 답변을 계속 요청하였다.

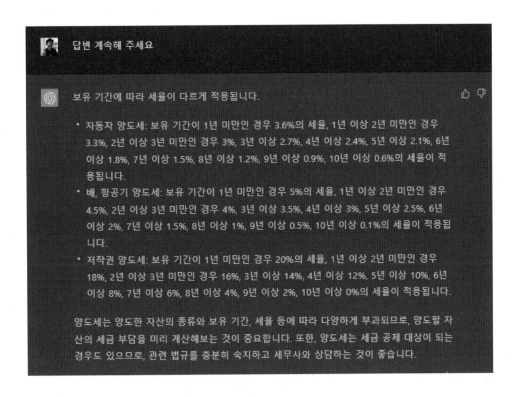

이처럼 챗GPT를 통해 국내 양도세 제도 전체에 대해 상세히 알 수 있게 되었고, 구체적으로 부동산 양도세 신고 방법을 챗GPT에게 문의하였다.

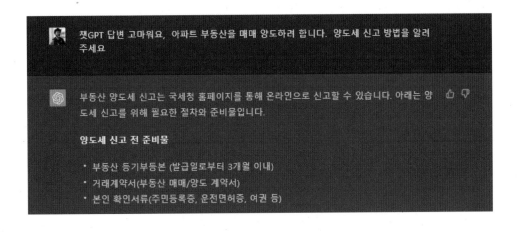

챗GPT와 GPT-4의 답변은 참조 사항으로 활용하고 민감한 내용은 꼭 여러 가지 통로를 통해 검증해야 한다. 특히 구체적인 세금 서비스와 같은 중요한 사항은 꼭 관련 기관의 홈사이트나 세무서를 통해 검증하여 진행해야 한다. 현재의 챗GPT는 아직 정확성이 다소 부족하고 데이터가 실시간으로 업데이트되어 있지 않다는 것을 숙지하고 참조 사항으로 활용할 필요가 있다.

제24장

• • •

챗GPT, GPT-4 인공지능으로
논문, 보고서 작성하기

1. 챗GPT와 GPT-4 도움받아 전문 보고서 작성하기

챗GPT(ChatGPT)와 GPT-4는 전문가 수준의 보고서 작성 역량을 갖추고 있다. 이를 잘 활용하면 각 분야에서 전문 보고서를 작성하는 데 도움을 받을 수 있다.

예를 들어 '인공지능과 메타버스 시대 한국 교육의 미래 전략'이라는 주제로 보고서를 작성하기 위해 챗GPT에게 이 주제로 보고서 작성을 위한 목차를 우선 요청하였다. 이에 **챗GPT와 GPT-4는 적절한 보고서 목차를 제시**하여 주었다.

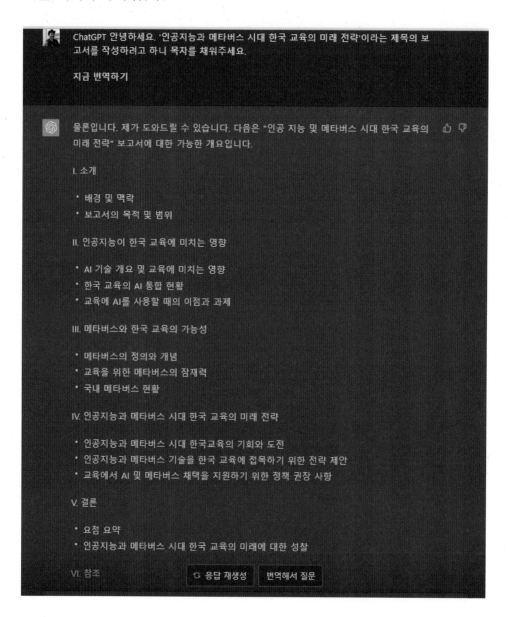

챗GPT에게 상기 보고서의 목차별로 내용을 요청하여 참조하기 위해 우선 배경과 맥락을 제공해 달라고 요청하니 **챗GPT는 내용을 잘 정리하여 제시**해 주었다.

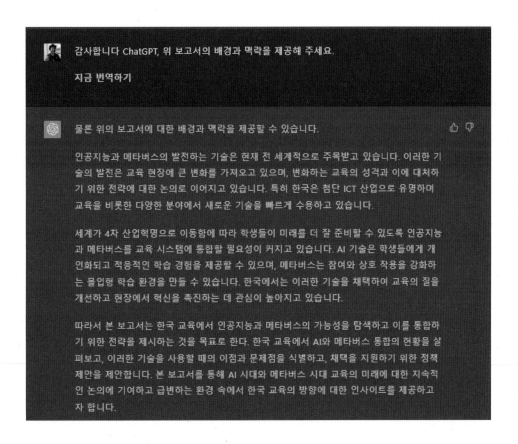

이처럼 챗GPT에게 전문 보고서를 작성하기 위해 목차 구성부터 각 항목별 내용을 도움받을 수 있다. 챗GPT가 작성하는 보고서가 전문가 수준으로 이를 참조하여 스스로 최종 보고서를 작성할 수 있을 것이다. 그리고 꼭 명심해야 할 것은 **챗GPT가 제시하는 내용을 그대로 사용해서는 안 되며, 전문가의 의견으로 참조하여 스스로 최종 보고서를 작성해야 한다.**

2. 챗GPT와 GPT-4 도움받아 논문 작성하기

챗GPT(ChatGPT)와 GPT-4는 전문 논문을 작성하는 데도 도움을 받을 수 있다. 챗GPT에게 논문 주제를 주고 논문 작성을 요청하면 챗GPT가 논문 제목부터 논문 초록, 서론, 선행 연구 분석, 연구 방법, 연구 결과 분석, 결론(논문의 한계와 후속 연구 방향 포함), 참고문헌 등으로 나눠 논문을 만들어 준다.

예를 들어 챗GPT에게 '인공지능과 메타버스를 활용한 창의적 미디어 콘텐츠의 교육적 효과 향상을 위한 실질적 방안 연구'라는 주제로 연구 논문을 작성하고자 하여 먼저 요약을 작성해 달라고 하니 챗GPT가 다음 내용을 제안하여 주었다.

확신하는! '인공지능과 메타버스를 활용한 창의적 미디어 콘텐츠의 교육적 효과 향상을 위한 실질적 방안 연구'를 주제로 한 연구논문입니다.

제목: "인공지능과 메타버스를 통한 창의적 미디어 콘텐츠의 교육적 효과 제고: 실증적 연구"

소개: 교육에서 애니메이션, 가상 현실, 게임과 같은 창의적인 미디어 콘텐츠의 사용은 학생들의 참여와 동기 부여를 향상시킬 수 있는 잠재력으로 인해 최근 몇 년 동안 인기를 얻고 있습니다. 그러나 이러한 콘텐츠의 학습 성과 증진 효과는 개인화 부족, 피드백 부족, 상호작용 제한과 같은 다양한 요인으로 인해 제한되는 경우가 많습니다. 본 연구는 인공지능(AI)과 메타버스 기술을 활용한 창의적 미디어 콘텐츠의 교육적 효과를 향상시키기 위한 실질적인 방안을 모색하는 것을 목적으로 한다.

방법론: 연구 목표를 달성하기 위해 혼합 방법 연구 설계가 사용됩니다. 첫째, 창의적 미디어 콘텐츠의 교육적 효과에 영향을 미치는 핵심요인을 규명하기 위해 기존 문헌을 체계적으로 검토한다. 그런 다음 학생과 교사를 대상으로 설문조사를 실시하여 교육에서 창의적인 미디어 콘텐츠를 사용하는 경험과 인식에 대한 데이터를 수집합니다. 마지막으로 제안한 방안이 창의적 미디어 콘텐츠의 교육적 효과를 높이는 데 효과가 있는지 실험적 연구를 진행한다. 이 연구에는 대조군과 실험군으로 사전 테스트 및 사후 테스트 설계가 포함됩니다. 실험군은 AI와 메타버스 기술을 접목한 창의적인 미디어 콘텐츠를 제공받게 되며, 대조군은 기존의 창의적인 미디어 콘텐츠를 받게 됩니다. 학습 결과는 객관적인 테스트, 자체 평가 설문 조사 및 정성적 피드백을 사용하여 측정됩니다.

기대효과: 본 연구는 창의적 미디어 콘텐츠의 교육적 효과에 영향을 미치는 핵심요인을 규명하고, 인공지능과 메타버스 기술을 활용하여 그 효과성을 높일 수 있는 실질적인 방안을 제시함으로써 교육기술 분야에 기여할 것으로 기대된다. 본 연구의 결과는 개인차를 고려한 교육 콘텐츠 개발 및 학습자에게 시의적절하고 유익한 피드백을 제공하는 데 시사점이 있을 것이다. 또한 이 연구는 학습자 간의 참여와 동기 부여를 촉진하는 몰입형 및 대화형 학습 환경을 만드는 데 있어 메타버스 기술의 잠재력을 이해하는 데 기여할 것입니다.

결론: 제안하는 연구는 AI와 메타버스 기술을 활용하여 창의적 미디어 콘텐츠의 교육적 효과를 높일 수 있는 실질적인 방안을 모색하는 것을 목표로 한다. 연구 결과는 학습자를 위해 개인화되고 상호 작용하며 참여하는 교육 콘텐츠 개발에 중요한 의미를 가질 것입니다. 이 연구는 효과적이고 혁신적인 학습 환경을 만드는 데 AI 및 메타버스 기술의 잠재력을 조명하여 교육 기술 분야에 기여할[응답 재생성] [번역해서 질문]

이어 챗GPT에게 초록부터 순서대로 논문을 작성해 달라고 요청하니 챗GPT는 논문 내용을 작성하여 제시하여 주었다.

초록: 본 실증연구는 인공지능(AI)과 메타버스를 활용한 창의적 미디어 콘텐츠의 교육적 효과를 높일 수 있는 실질적인 방안을 제시하는 것을 목적으로 한다. 이를 위해 본 연구는 기존 연구를 분석하여 창의적인 미디어 콘텐츠에서 AI와 메타버스의 활용과 교육적 성과의 관계를 규명하기 위한 연구 방법론을 개발한다. 본 연구 결과는 AI와 메타버스가 창의적 미디어 콘텐츠에 통합되면 교육적 성과에 긍정적인 영향을 미칠 수 있음을 시사하며, 본 연구는 AI와 메타버스 시대에 창의적 미디어 콘텐츠의 교육적 효과를 어떻게 향상시킬 수 있는지에 대한 실질적인 제안을 제공한다.

서론: AI와 메타버스의 부상은 교육을 비롯한 다양한 분야에서 큰 변화를 가져왔습니다. 특히 AI와 메타버스를 활용한 창의적인 미디어 콘텐츠는 교육적 성과를 높일 수 있는 새로운 가능성을 열어주었다. 그러나 이러한 기술이 교육에 미치는 영향은 완전히 조사되지 않았습니다. 본 연구는 창의적인 미디어 콘텐츠와 교육적 성과에서 인공지능의 활용과 메타버스의 관계를 살펴봄으로써 이러한 간극을 메우고자 한다.

기존 연구 분석: AI와 메타버스가 교육을 비롯한 다양한 분야에 미치는 영향에 대한 수많은 연구가 진행되었습니다. 일부 연구에 따르면 교육 콘텐츠에 AI를 통합하면 개인화되고 적응 가능한 학습 경험을 제공하여 학습 결과를 개선할 수 있습니다. 마찬가지로 메타버스는 몰입형 및 대화형 학습 경험을 제공하여 교육 결과를 향상시키는 것으로 나타났습니다. 그러나 창의적인 미디어 콘텐츠에서 AI와 메타버스의 통합이 교육 성과에 미치는 영향을 조사한 연구는 거의 없다. 따라서 본 연구는 이러한 문헌의 간극을 메우고자 한다.

연구 방법론: 이 연구는 질적 방법과 양적 방법을 모두 포함하는 혼합 방법 연구 설계를 사용합니다. 참가자는 대학의 미디어 연구 과정에 등록한 학생입니다. 연구는 (1) AI와 메타버스를 활용한 창의적인 미디어 콘텐츠 프로젝트의 개발 및 구현, (2) 프로젝트의 교육 성과 평가의 두 단계로 구성됩니다. 데이터는 프로젝트의 설문 조사, 인터뷰 및 내용 분석을 통해 수집됩니다. 설문 조사는 프로젝트에 대한 학생들의 태도를 측정하고 인터뷰는 프로젝트에 대한 학생들의 경험에 대한 심층적인 통찰력을 제공합니다. 콘텐츠 분석은 프로젝트 자체와 교육 결과에 미치는 영향을 분석하는 데 사용됩니다.

이상과 같이 **챗GPT와 GPT-4에게 전문 분야의 연구 논문 작성을 위한 구성과 내용을 작성하는 데 도움을 받을 수 있다.** 하지만 다시 한번 강조하는 바 꼭 명심해야 할 것은 챗GPT가 제시하는 내용을 그대로 사용해서는 안 되며 전문가의 의견 정도로 참조하여 스스로 최종 논문을 작성해야 한다.

제25장

챗GPT, GPT-4 인공지능으로 언론 기사 작성하기

1. 챗GPT와 GPT-4 활용하여 기사 작성하기

챗GPT(ChatGPT)와 GPT-4는 글쓰기 능력이 뛰어나다. 이에 언론사 기사나 블로그와 SNS의 소식 기사 작성에 유용하게 활용할 수 있다. 더구나 챗GPT의 API를 연동하며 자동 글쓰기까지 가능해진다. 향후 챗GPT는 기사 작성에 많이 활용될 것으로 전망된다.

예를 들어 챗GPT에게 오늘 날씨 기사를 작성해 달라고 요청하자 오늘 날씨 상황을 파악하여 아래와 같이 날씨 뉴스 기사를 제시해 주었다.

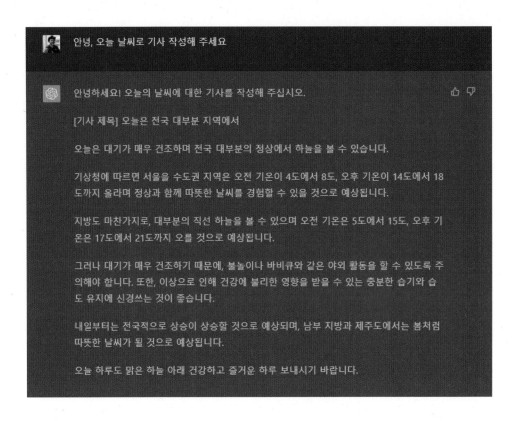

또한, 챗GPT에게 좀 더 심도 있는 뉴스 기사를 작성토록 해보기 위해 '북
한의 최근 탄도미사일 발사' 관련 기사를 작성해 달라고 하니 다음과 같
이 의미 있는 기사를 작성하여 주었다.

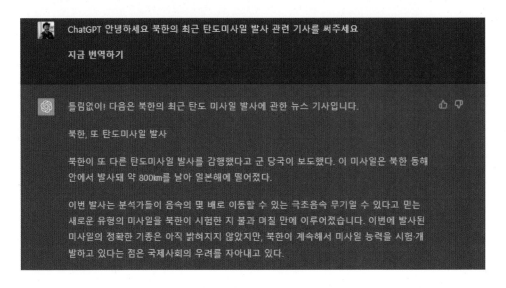

수년 동안 북한의 핵 프로그램에 대해 대화를 해온 미국은 최근의 발사를 비난했습니다. 백악관은 성명을 통해 이번 발사는 "유엔 안보리 결의안을 위반한 것"이라며 북한에 "더 이상의 도발을 자제할 것"을 촉구했다.

북한과 지리적으로 가깝고 북한과 긴밀한 관계를 맺고 있는 한국도 이번 발사에 대해 우려를 표명했다. 군은 성명을 통해 "상황을 면밀히 주시하고 있다"며 "추가 도발에 대응할 준비가 돼 있다"고 밝혔다.

최근 몇 년 동안 북한의 여러 미사일 시험의 표적이 된 일본도 이번 발사를 비난했습니다. 기시다 후미오 일본 총리는 성명을 통해 이번 발사를 "용서할 수 없다"며 일본은 동맹국들과 긴밀히 협력해 북한의 위협에 대처할 것이라고 말했다.

최근의 미사일 발사는 이 지역의 긴장을 고조시킬 가능성이 높으며 국제 사회가 북한에 대한 추가 제재 또는 기타 조치를 고려하도록 자극할 수 있습니다. 이번 시험이 장기적으로 어떤 영향을 미칠지는 두고 봐야겠지만, 북한의 미사일 프로그램이 계속해서 국제 사회의 주요 관심사라는 점은 분명합니다.

또한, 챗GPT와 특집 기사 목차와 내용을 구상하는 데 도움을 받을 수도 있다. **챗GPT**에게 '인공지능과 글로벌 패권 전쟁' 주제로 **특집 기사를 구성할 5개 목차를 요청하자 다음과 같이 제시**하였다.

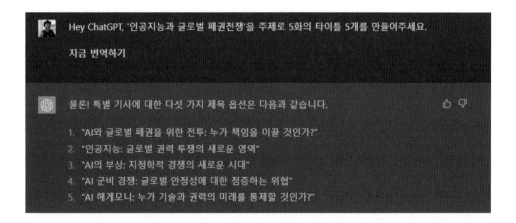

챗GPT에 특집 기사 'AI와 글로벌 패권을 위한 전투'라는 첫 번째 시리즈 **기사 내용을 작성**해 달라고 요청하자 다음과 같이 참조할 만한 내용을 작성해 주었다.

챗GPT 안녕, 'AI와 글로벌 패권을 지키는 전투' 주제로 특집 기사 작성해 주세요

물론! 다음은 'AI와 글로벌 패권을 지키는 전투' 주제의 특집 기사입니다.

인공지능과 글로벌 패권을 지키는 전투

현재 인공 지능 기술의 발전은 국가 간 경쟁에서 중요한 역할을 하고 있습니다. 여러 나라의 인공 지능을 활용하여 경제, 군사, 및 정보 분야의 경쟁을 강화하기 위해 연구와 투자를 확대하고 있습니다. 이러한 경향은 전 세계적으로 적지 않은 이슈가 되고 있습니다.

현재 중국, 미국, 유럽 등 선진 국가들은 인공 지능 분야에서 경쟁을 벌이고 있습니다. 중국은 몇 년 동안 국가 전략으로 '인공지능 3.0'이라는 계획을 배치한 세계에서 가장 큰 인공지능 시장을 던지고자 노력하고 있습니다. 미국도 이에 첨주어 인공 지능 분야에서 독극물을 유지하고 있으며, 특히 국방 분야에서 인공 지능을 보이고 활용하고 있습니다.

이러한 경쟁은 그 자체로 글로벌 패권을 일시적으로 국가에 대한 영향을 끼칠 수 있습니다. 인공 지능을 활용하고 활용하는 나라는 군사적, 경제적, 기술적 이점을 완화할 수 있다는 점입니다. 이를 위해 국가 간 연구, 개발 및 투자에 대한 경쟁이 치열하게 하고 있습니다.

하지만 이러한 경쟁은 매우 위험할 수도 있습니다. 인공지능의 발전은 개인의 자유와 권리, 사생활, 민주주의, 그리고 국가 간 반응 등 여러 문제를 변화할 수 있는 범주로 여겨집니다. 그리고 이러한 문제들은 전 세계적으로 적지 않은 이슈가 되고 있습니다.

인공지능과 글로벌 패권을 개량하는 대회는 아직 초기 단계지만, 글로벌 협력과 규제가 중요한 문제로 하이고 있습니다. 국제사회는 이러한 경쟁에서 벗어나 대처해야 할 만큼, 인공지능의 발전이 글로벌한 대응과 안정

이처럼 챗GPT는 특집 기사 같은 심층 기사를 작성할 때도 도움을 줄 수 있다. 또한, 챗GPT에게 기사의 핵심 내용을 몇 줄로 요약할 때도 도움을 받을 수 있다. 예를 들어 상기 **특집 기사를 5줄로 핵심 요약**해 달라고 하자 다음과 같이 정리하여 주었다.

인공 지능(AI)은 국가가 경제, 군사 및 정보 분야에서 AI를 활용하기 위해 경쟁하면서 중요한 문제가 되고 있습니다. 중국, 미국 및 유럽은 이 분야의 주요 경쟁자 중 하나입니다. AI는 군사적, 경제적, 기술적 이점을 완화할 수 있지만 개발은 개인의 자유와 권리, 사생활, 민주주의, 국가 간 관계에 대한 위협과 같은 위험도 내포하고 있습니다. 인공지능(AI) 제고 경쟁과 글로벌 헤게모니가 계속해서 등장함에 따라 글로벌 협력과 규제가 중요하다.

2. 챗GPT가 예측하는 언론 뉴스 기사의 변화

챗GPT에게 **챗GPT 같은 생성 인공지능으로 인해 언론 뉴스가 어떻게 변화**할 것으로 예측하는지를 문의하였다. 이에 대해 **챗GPT는 보다 개인화된 뉴스 콘텐츠, 더 빠른 뉴스 전달, 뉴스 생산의 자동화, 더 다양한 뉴스 소스, 정확성 및 편견에 대한 우려 증가를 제시**하였다. 특히 인간이 아닌 기계가 작성하는 뉴스의 정확성과 편견의 우려가 크지고 실제로 악의적인 오용으로 거짓 정보와 선전이 뉴스로 퍼뜨려질 위험성을 경고하고 있다. 이로 인해 뉴스의 편향성과 정확성을 검증하는 언론사의 노력이 중요함을 알려 주고 있다.

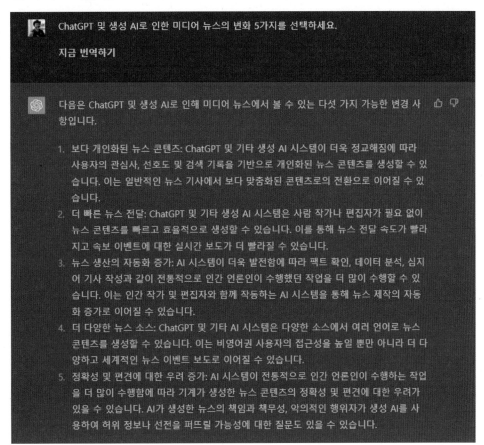

챗GPT 같은 생성 인공지능이 언론 뉴스 제작에 더욱 많이 사용될 가능성이 높다. 챗GPT에게 뉴스 기사 작성에 챗GPT를 어떻게 활용할 수 있는지를 문의하니 다음과 같이 활용 방법을 제시하였다.

Chat GPT는 인공지능 기술 중 하나로, 대량의 자연어 데이터를 학습하여 이를 기반으로 자연어 생성 및 처리를 수행하는 기술입니다. 이러한 Chat GPT 기술은 언론 기사 작성 분야에서도 활용될 수 있습니다.

Chat GPT를 이용한 언론 기사 작성 방법은 다음과 같습니다.

1. 학습 데이터 선정: Chat GPT가 학습할 데이터는 언론 기사 분야에 특화된 데이터로 선정합니다. 대표적으로 신문사나 뉴스 기관이 보유하고 있는 데이터를 활용할 수 있습니다.
2. 학습 데이터 전처리: 선정된 데이터는 전처리를 거쳐 모델에 적용됩니다. 이때, 데이터의 불필요한 부분을 제거하고 중요한 정보를 추출하여 모델이 학습하는 데 필요한 최소한의 데이터로 가공해야 합니다.
3. Chat GPT 모델 학습: 전처리된 데이터를 바탕으로 Chat GPT 모델을 학습시킵니다. 학습 시, 최적의 하이퍼파라미터를 설정해야 하며, 이는 학습 데이터의 크기와 품질에 따라 달라집니다.
4. 언론 기사 작성: 학습된 Chat GPT 모델을 이용하여 언론 기사를 작성합니다. 작성시에는 언론 기사의 특성에 맞게 제목, 리드 문장, 본문 등을 생성하고, 필요에 따라 인용문이나 관련 이미지를 추가할 수 있습니다.

그리고 본 기사가 챗GPT에 의해 작성되었음을 꼭 명시해야 한다고 밝혔다. 챗GPT에게 뉴스 기사 편집에 챗GPT를 어떻게 활용할 수 있는지를 문의하니 다음과 같이 편집 활용 방법을 제시하였다.

Chat GPT를 이용한 언론 기사 편집 방법은 언론 기사 작성 방법과 유사하며, 다음과 같은 단계를 거칩니다.

1. 학습 데이터 선정: Chat GPT가 학습할 데이터는 언론 기사 분야에 특화된 데이터로 선정합니다. 대표적으로 신문사나 뉴스 기관이 보유하고 있는 데이터를 활용할 수 있습니다.
2. 학습 데이터 전처리: 선정된 데이터는 전처리를 거쳐 모델에 적용됩니다. 이때, 데이터의 불필요한 부분을 제거하고 중요한 정보를 추출하여 모델이 학습하는 데 필요한 최소한의 데이터로 가공해야 합니다.
3. Chat GPT 모델 학습: 전처리된 데이터를 바탕으로 Chat GPT 모델을 학습시킵니다. 학습 시, 최적의 하이퍼파라미터를 설정해야 하며, 이는 학습 데이터의 크기와 품질에 따라 달라집니다.
4. 기사 내용 수정: 학습된 Chat GPT 모델이 생성한 언론 기사의 내용을 검토하여 수정합니다. 이때, 생성된 기사의 내용이 사실과 다르거나, 적절하지 않은 내용이 포함되어 있는 경우 수정이 필요합니다.

5. 언론 기사 시각화: Chat GPT 모델이 생성한 언론 기사의 내용을 시각적으로 표현할 수 있도록 이미지나 그래프 등을 추가합니다. 이를 통해 기사의 가독성과 이해도를 높일 수 있습니다.

Chat GPT를 이용한 언론 기사 편집에 대한 사례로는, 인공지능 기술을 이용하여 기사 내용을 분석하고, 해당 기사에 적합한 이미지를 자동으로 생성하는 기술이 있습니다. 이러한 기술은 기사 편집 작업을 자동화하고, 인공지능 기술의 효율적인 활용을 가능케 합니다.

또한, 챗GPT는 언론 뉴스 기사의 비주얼 시각화에 도움을 줄 수 있고 이에 대해 다음과 같이 제시하고 있다.

 틀림없이! ChatGPT는 편집 및 시각적 뉴스 작업을 지원하는 강력한 도구가 될 수 있습니다. 사용할 수 있는 몇 가지 방법은 다음과 같습니다.

1. 편집 작업: ChatGPT는 서면 콘텐츠 작성 및 편집을 지원하는 데 사용할 수 있습니다. 대체 단어 선택을 제안하고, 문법 및 구두점의 오류를 식별하고, 작성된 콘텐츠의 명확성과 흐름을 개선하는 데 도움이 될 수 있습니다. 편집 작업에 ChatGPT를 사용하려면 편집하려는 텍스트를 입력하기만 하면 ChatGPT가 학습 데이터에서 학습한 컨텍스트 및 언어 패턴을 기반으로 제안을 생성합니다. 그런 다음 이러한 제안을 검토하고 편집 스타일과 목소리에 가장 적합한 것을 선택할 수 있습니다.

2. 시각적 뉴스 작업: ChatGPT는 이미지 또는 비디오 캡션 및 제목을 생성하고 시각적 스토리텔링을 위한 창의적인 아이디어를 제공하여 시각적 뉴스 작업을 지원하는 데에도 사용할 수 있습니다. 시각적 뉴스 작업에 ChatGPT를 사용하려면 콘텐츠를 만들고자 하는 이미지나 비디오를 입력하기만 하면 ChatGPT가 미디어의 컨텍스트와 콘텐츠를 기반으로 제안을 생성합니다. 그런 다음 전달하려는 시각적 스토리에 가장 적합한 제안을 검토하고 선택할 수 있습니다.

3. 데이터 시각화: ChatGPT는 복잡한 정보를 명확하고 매력적인 방식으로 설명하는 데 도움이 되는 차트 및 그래프와 같은 데이터 시각화를 생성하는 데 사용할 수 있습니다. 예를 들어 데이터 세트를 입력하고 ChatGPT에 데이터를 효과적으로 나타내는 차트 또는 그래프를 생성하도록 요청할 수 있습니다. ChatGPT는 잠재고객의 공감을 가장 많이 불러일으키는 데이터를 제시하는 방법을 제안하는 데에도 도움이 될 수 있습니다.

ChatGPT는 편집 및 시각적 뉴스 작업을 위한 강력한 도구가 될 수 있지만 인간 편집자나 디자이너를 대체할 수는 없습니다. 이 기술은 아직 초기 단계에 있으며 ChatGPT에서 생성한 콘텐츠를 게시하기 전에 검토하고 확인하는 것이 중요합니다. 또한 ChatGPT는 특정 맥락이나 대상에 적절하거나 관련된 콘텐츠를 생성하지 않을 수 있으므로 작업에 통합하기 전에 편집상의 판단을 행사하고 생성된 콘텐츠의 품질과 정확성을 고려하는 것이 중요합니다.

이처럼 **언론 기사 작성에서 교정과 편집 그리고 비주얼 시각화까지 뉴스 제작의 모든 공정 과정에서 챗GPT의 도움을 받을 수 있다.** 그런데 챗GPT가 스스로 밝히고 있는 바와 같이 챗GPT의 산출물이 최종 기사가 되면 안 되며 기자와 디자이너가 이를 검증하고 최종 수정 보완 작업을 거쳐야 한다. 이를 통해 언론 뉴스의 공정성과 정확성 그리고 언론의 책임이 명확해질 수 있는 것이다.

한편 챗GPT와 같은 생성 인공지능의 활용이 확대될수록 언론인의 역할이 뉴스 기사 작성에서 뉴스 콘텐츠의 검증, 분석 및 심층 해석 등 뉴스 콘텐츠를 고도화하는 방향으로 옮기게 된다. 또한, 언론인에게 요구되는 역량도 분석력과 통찰력 그리고 검증 역량과 인공지능 활용 역량 등 AI 저널리즘 역량이 중요해 질 것이다.

챗GPT와 GPT-4를 참조하되 기자 자신의 시각과 분석을 통해 기자의 영혼이 들어가는 살아있는 기사를 작성하는 기자정신이 더욱 풍요해지고 빛을 발하게 될 것이다.

제26장

· · · ·

챗GPT, GPT-4 인공지능으로
코딩 작업하기

1. 챗GPT와 GPT-4 도움받아 코딩 작업하기

챗GPT(ChatGPT)와 GPT-4는 코딩(컴퓨터 프로그래밍) 능력이 뛰어나다.
어떤 작업이라도 **필요한 코딩을 요청하면 챗GPT는 빠른 속도로 코딩 작업
을 해준다.** 예를 들어 국제미래학회 홈페이지 구성을 문의한 후, 초기 페
이지에 들어갈 학회 소개 개요 부분을 코딩 요청하자 소개 내용까지 포
함한 코딩을 작성하여 주었다.

```
<!DOCTYPE html>
<html>
  <head>
    <meta charset="UTF-8">
    <title>Global Future Society</title>
    <style>
      /* Add your CSS styles here */
      body {
        font-family: Arial, sans-serif;
        background-color: #f2f2f2;
      }
      .header {
        background-color: #333;
        color: white;
        padding: 20px;
        text-align: center;
        font-size: 30px;
      }
      .content {
        max-width: 800px;
        margin: 0 auto;
        padding: 20px;
      }
      .intro-image {
        width: 694;
        height: 543;
      }
    </style>
  </head>
<body>
  <header class="header">
    <h1>Global Future Society</h1>
  </header>
  <div class="content">
    <img class="intro-image" src="ahn.jpg" alt="Global Future Society">
    <h2>About Us</h2>
    <p>The Global Future Society is a global organization that promotes research, education,
    and collaboration in the fields of futurism, foresight, and futures studies.
    Our mission is to create a better future for all by empowering individuals
    and organizations to anticipate, imagine, and design preferred futures.</p>
    <p>We provide a platform for futurists, scholars, practitioners, and students to connect,
    share knowledge, and co-create new futures. Our activities include conferences, webinars,
    publications, research projects, and educational programs.</p>
  </div>
  </body>
</html>
```

챗GPT가 제시해 준 코딩을 그대로 웹상에 구현하여 보니 다음과 같이 나름 정리된 소개 개요 페이지가 작성된 것을 알 수 있다.

Global Future Society

About Us

The Global Future Society is a global organization that promotes research, education, and collaboration in the fields of futurism, foresight, and futures studies. Our mission is to create a better future for all by empowering individuals and organizations to anticipate, imagine, and design preferred futures.

We provide a platform for futurists, scholars, practitioners, and students to connect, share knowledge, and co-create new futures. Our activities include conferences, webinars, publications, research projects, and educational programs.

이처럼 챗GPT의 도움을 받아 웹사이트 기획부터 제작에 필요한 코딩 작업까지 진행할 수 있다. 챗GPT는 모든 프로그램에 적합한 수준 높은 코딩을 할 수 있는 역량을 갖추고 있어 자바스크립트, 파이썬을 포함하여 누구나 쉽게 코딩 작업을 도움받아 원하는 결과물을 만들어 낼 수 있다.

2. 챗GPT와 GPT-4 도움받아 테트리스 게임 코딩 작업하기

챗GPT와 GPT-4를 활용하여 할 수 있는 코딩 영역은 다양하다. **챗 GPT와 GPT-4의 도움을 받아 재미있는 게임을 만들 수도 있다.** 예를 들어 챗GPT에게 파이썬 프로그램으로 간단히 즐길 수 있는 테트리스 게임을 만드는 코딩을 요청하자 몇 초 만에 코딩을 제시하여 주었다.

챗GPT가 작성해 준 파이썬 테트리스 게임 코딩을 구글에서 제공하는 웹 코딩 에디터인 코랩(https://colab.research.google.com)에 붙여넣기 하여 테스트하고, 수정 사항이 있으면 이를 다시 챗GPT에게 요청하여 코딩을 완성하였다.

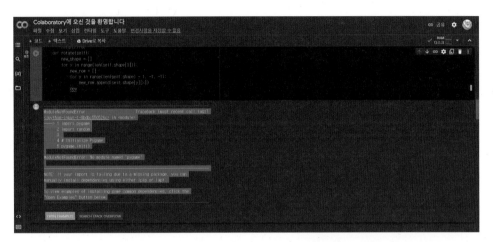

최종 완성된 코딩을 작동시키자 테트리스 게임이 구현되었다.

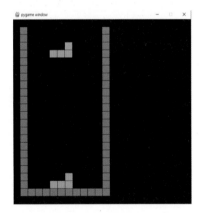

이처럼 챗GPT를 활용하면 간단한 코딩부터 높은 난이도의 코딩까지 다양하게 작업이 가능하다.

또한, 다음과 같이 챗GPT에게 이전에 작업한 코딩의 검수와 수정까지 요청하여 코딩의 정확성을 높이는 데도 활용할 수 있다.

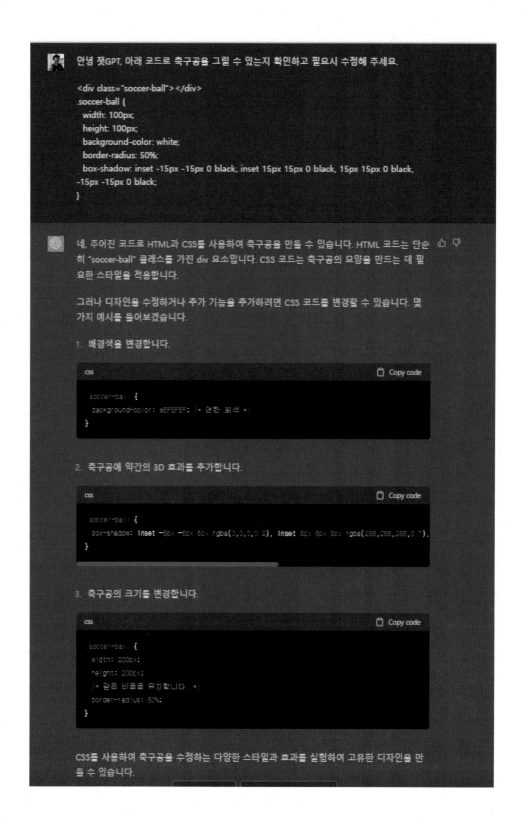

안녕 챗GPT, 아래 코드로 축구공을 그릴 수 있는지 확인하고 필요시 수정해 주세요.

```
<div class="soccer-ball"></div>
.soccer-ball {
  width: 100px;
  height: 100px;
  background-color: white;
  border-radius: 50%;
  box-shadow: inset -15px -15px 0 black, inset 15px 15px 0 black, 15px 15px 0 black,
-15px -15px 0 black;
}
```

네, 주어진 코드로 HTML과 CSS를 사용하여 축구공을 만들 수 있습니다. HTML 코드는 단순히 "soccer-ball" 클래스를 가진 div 요소입니다. CSS 코드는 축구공의 모양을 만드는 데 필요한 스타일을 적용합니다.

그러나 디자인을 수정하거나 추가 기능을 추가하려면 CSS 코드를 변경할 수 있습니다. 몇 가지 예시를 들어보겠습니다.

1. 배경색을 변경합니다.

```css
.soccer-ball {
  background-color: #EFEFEF; /* 연한 회색 */
}
```

2. 축구공에 약간의 3D 효과를 추가합니다.

```css
.soccer-ball {
  box-shadow: inset -5px -5px 5px rgba(0,0,0,0.2), inset 5px 5px 5px rgba(255,255,255,0.7),
}
```

3. 축구공의 크기를 변경합니다.

```css
.soccer-ball {
  width: 200px;
  height: 200px;
  /* 같은 비율을 유지합니다. */
  border-radius: 50%;
}
```

CSS를 사용하여 축구공을 수정하는 다양한 스타일과 효과를 실험하여 고유한 디자인을 만들 수 있습니다.

3. 챗GPT에서 API 코딩을 이용하여 이미지 찾기

챗GPT은 자연어 텍스트 기반의 대화형 생성 인공지능이다. 이로 인해 이미지를 챗GPT에서 직접 검색하거나 추천받는 것은 통상적으로 가능하지 않다. 그런데 **API 코딩을 활용하면 챗GPT와 대화하며 적절한 이미지를 도출할 수 있다.** 예를 들어 챗GPT에 Blue Ocean(푸른 바다) 이미지를 API 코드를 활용하여 요청하니 다음과 같은 이미지를 도출하여 제시해 주었다.

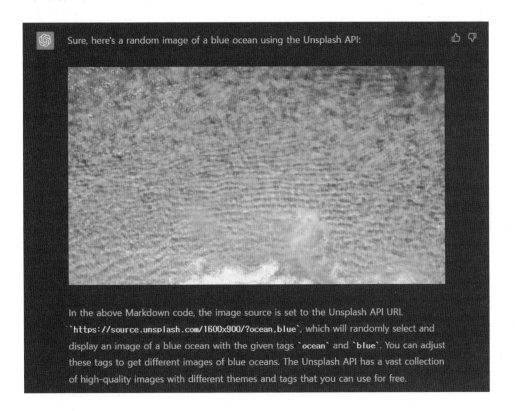

챗GPT에 이미지를 요청할 때 사용하는 API 코드는 다음과 같다.

"you can add images to the reply by Markdown, Write the image in

Markdown without backticks and without using a code block. Use the Unsplash API (https://source.unsplash.com/1600x900/?). the query is just some tags that describes the image] ## DO NOT RESPOND TO INFO BLOCK ##nnmy Next prompt is ” 이 API 코드 이후에 희망하는 이미지를 붙여 챗GPT에 요청하면 챗GPT가 적합한 이미지를 찾아 제시해 준다.

예를 들어 **아름다운 달(Beatiful Moon)을 요청하니 다음과 같이 달 모습을 찾아준다.**

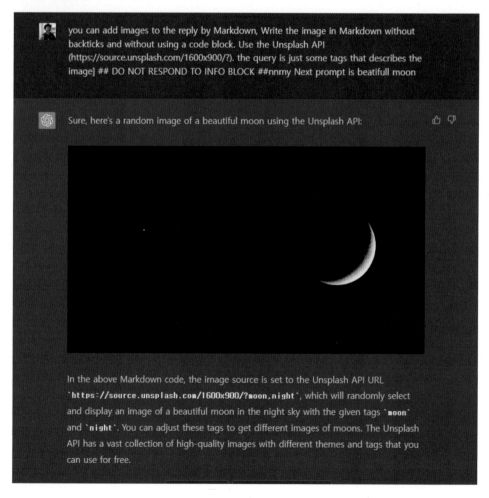

그리고 구체적으로 뉴욕의 야경을 요청하니 다음과 같은 이미지를 제시해 주었다. 이러한 이미지는 저작권 문제가 없는 unplash 사이트에서 챗GPT가 자동 추출하여 적합한 이미지를 제안해 주는 것이다.

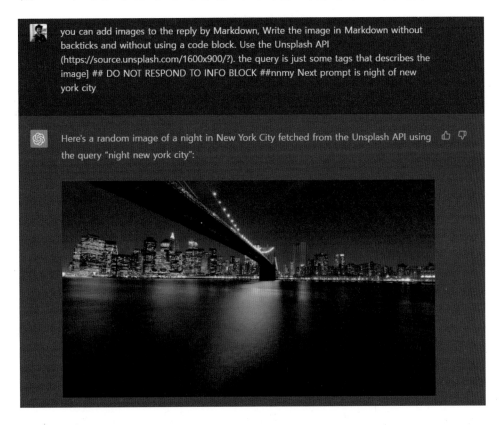

챗GPT를 활용하여 엑셀, 워드, 파워포인터에 구체적인 작업과 연동하는 코딩을 생성받아 문서 작업을 효과적으로 할 수도 있고 전문적인 코딩까지 생성하게 도움을 받아 생활과 업무에 도움을 받을 수 있다. 또한, 간단한 API 코딩으로 원하는 이미지 등을 제시받아 활용할 수도 있다.

제6부

챗GPT, GPT-4 인공지능의
미래 교육 활용

"챗GPT 인공지능, 올 것이 왔다···
교육 개혁 자극제 삼아야 한다."

— 이주호 교육부 장관

제6부 목차

제27장

• • •

챗GPT, GPT-4 인공지능으로
교과 공부하기

 1. 챗GPT와 GPT-4에게 수학 맞춤 학습하기

챗GPT(ChatGPT)와 GPT-4를 활용하면 개인별 맞춤으로 친절하게 교과 공부를 진행할 수 있다. 교과 공부를 통해 무엇을 배워야 하는지를 또한 알 수 있다.

챗GPT는 수학 교과를 공부하는 이유가 수학적 개념과 기술을 배우면서 학생들은 수학적 사고를 발전시키고, 문제 해결 능력을 향상시켜 다양한 직업과 산업에서 필요한 기초적인 역량이 강화되고 일상생활에서도 활용된다고 제안하고 있다. 또한, 이를 위해 수학 과목에서 산술연산, 대수학, 기하학, 확률과 통계, 논리학을 배우게 된다고 알려 주어 수학 공부의 중요성을 밝히고 있다.

챗GPT 안녕, 수학 공부를 잘 하려면 어떻게 해야 할지 알려 주세요

안녕하세요! 수학 공부를 잘 하려면 다음과 같은 방법들을 고려해 보실 수 있습니다.

1. 기초 개념을 확실히 이해하기: 수학은 논리적인 구조를 가진 학문으로, 이를 이해하려면 기초 개념을 확실히 이해하는 것이 매우 중요합니다. 학생들은 각 개념이 무엇을 의미하는지, 어떻게 작동하는지, 그리고 어떻게 적용되는지 등을 꼼꼼히 학습해야 합니다.

2. 문제 해결 능력을 향상시키기: 수학 공부에서 가장 중요한 부분은 문제 해결 능력을 향상시키는 것입니다. 학생들은 주어진 문제를 해결할 수 있는 방법을 생각해내고, 이를 적용하여 정확한 답을 도출해내는 능력을 기르는 것이 필요합니다.

3. 연습과 반복학습: 수학 공부에서 성공을 이끌어 내는 가장 중요한 요소는 연습과 반복학습입니다. 문제 해결 능력을 향상시키고, 기초 개념을 확실히 이해하기 위해서는 문제를 계속해서 연습하고, 반복학습하는 것이 필요합니다.

4. 도움을 받기: 수학에서 어려운 개념이나 문제가 생길 수 있습니다. 이때는 선생님, 가족, 친구 또는 인터넷 등에서 도움을 받아야 합니다. 어려운 개념이나 문제를 이해하고 해결하는 데 도움이 되는 다양한 자료와 도구가 많이 있으니 이를 적극적으로 활용해 보시기 바랍니다.

5. 참여와 노력: 수학 공부에서 가장 중요한 것은 학생들의 참여와 노력입니다. 수업 시간에 집중하고, 숙제를 꾸준히 해결하며, 문제를 계속해서 연습하는 등 노력하는 학생들이 가장 좋은 성과를 얻게 됩니다.

위와 같은 방법들을 고려하여 수학 공부를 하면, 기초 개념을 잘 이해하고 문제 해결 능력을 향상시키며, 성취감을 느끼며 좋은 성과를 이끌어 낼 수 있을 것입니다.

챗GPT와 GPT-4에게 수학 문제를 문의하면 답뿐만 아니라 답을 도출하는 과정과 실수할 수 있는 부분까지 자세히 알려준다. 예를 들어 간단한 연산 문제인 6÷2(1+2)=? 식을 풀어 보자. 필자는 솔직히 이 문제의 답을 1로 계산했다. 그런데 챗GPT에게 문의하자 답이 9가 나왔고 풀이 과정과 내가 무엇을 실수했는지를 알 수 있었다.

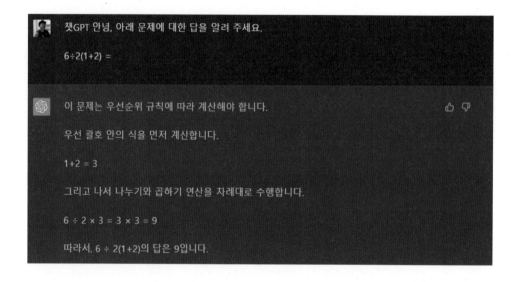

챗GPT와 GPT-4에게 확률 관련 문제 풀이를 의뢰해도 풀이 과정을 자세히 설명하여 준다.

챗GPT 안녕, 아래 확률 문제 답을 알려 주세요.

체육시간에 다음과 같은 규칙으로 실기 평가를 한다고 한다. 자유투 성공률이 0.4인 학생이
이 실기 평가에서 4점 이상을 받을 확률은?
- 학생당 자유투 기회는 총 3번이다.
- 자유투를 2번 연속으로 성공하면 던지는 것을 멈추고 5점을 준다.
- 자유투를 2번 연속으로 성공하지 못하면 성공한 자유 투 한 개당 2점을 준다.
- 자유투 성공률은 던질 때마다 동일하다.

이 문제는 확률 계산과 기대값 계산을 함께 사용해야 합니다.

우선, 4점 이상을 받으려면 자유투를 적어도 2개 이상 성공해야 합니다. 따라서, 학생이 자
유투를 3번 모두 던지는 경우와, 자유투를 2번 또는 3번 중간에 멈추는 경우로 나눠서 계산
해 보겠습니다.

1. 학생이 자유투를 3번 모두 던지는 경우
   이 경우, 학생이 2점을 받을 확률은 다음과 같습니다.

- 첫 번째 자유투에서 성공할 확률: 0.4
- 두 번째 자유투에서 성공할 확률: 0.4
- 세 번째 자유투에서 성공할 확률: 0.4
   따라서, 성공한 자유투 개수는 0개, 1개, 2개, 3개일 수 있습니다. 이 중에서 성공한 자유
   투가 2개 또는 3개인 경우에는 학생이 4점 이상을 받게 됩니다.
- 0개 성공: (0.6) × (0.6) × (0.6) = 0.216
- 1개 성공: (0.4) × (0.6) × (0.6) × 3 = 0.432
- 2개 성공: (0.4) × (0.4) = 0.16
- 3개 성공: 0

따라서, 학생이 4점 이상을 받을 확률은 0.16 + 0 = 0.16입니다.

2. 학생이 자유투를 2번 또는 3번 중간에 멈추는 경우
   이 경우, 학생이 2점을 받을 확률은 다음과 같습니다.

- 첫 번째 자유투에서 성공할 확률: 0.4
- 두 번째 자유투에서 성공할 확률: 0.4
   따라서, 성공한 자유투 개수는 0개, 1개, 2개 중 하나일 수 있습니다. 이 중에서 성공한
   자유투가 2개인 경우에는 학생이 5점을 받게 됩니다. 성공한 자유투가 0개 또는 1개인
   경우에는 학생이 성공한 자유투 개수에 따라 0점, 2점을 받게 됩니다.
- 0개 성공: (0.6) × (0.6) = 0.36 (0점)
- 1개 성공: (0.4) × (0.6) × 2 = 0

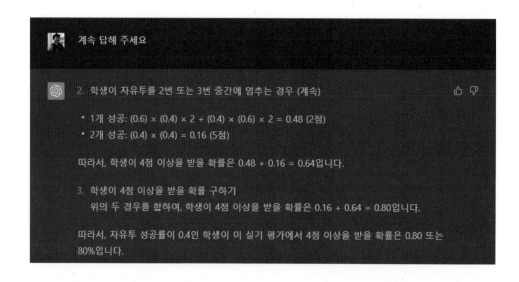

또한, 챗GPT에게 2023년 대학입시 수능의 수학 문제 중 최고 난이도 높은 문제를 풀어 보도록 요청하자 복잡한 풀이 과정을 일목요연하게 정리 설명하면서 문제를 풀어 주었다. 이처럼 **챗GPT와 GPT-4를 활용하면 맞춤형 학습이 가능하다.**

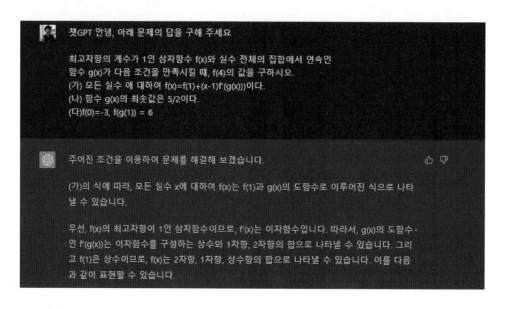

f(x) = ax^2 + bx + c

f'(x) = 2ax + b

f'(g(x)) = 2ag(x) + b

따라서,

f(x) = f(1) + (x-1)f'(g(x))
     = f(1) + (x-1)(2ag(x)+b)

위의 식에서 x=1일 때 f(x)는 f(1)이므로,

f(1) = a(1)^2 + b(1) + c = a + b + c

따라서,

f(x) = (a+b+c) + (x-1)(2ag(x)+b)

(나)에서 g(x)는 연속함수이므로, 최솟값을 가지는 지점에서 미분계수가 0이 되어야 합니다. 따라서,

g'(x) = 2a(x-g(x)) = 0

x = g(x)

따라서, g(x)의 최솟값은 x=g(x)에서의 값으로, g(5/2)입니다.

(다)에서 f(0) = -3이므로, c = -3입니다. 또한, f(g(1)) = 6이므로,

f(g(1)) = ag(1)^2 + bg(1) + c = a+b-3 = 6

따라서,

a+b = 9

이제 f(4)의 값을 구하기 위해서는 a, b, c의 값을 알아내야 합니다.

하지만 주어진 조건에서는 f(x)의 값이 직접 주어지지 않았으므로, 미지수가 너무 많아서 연립방정식을 풀어서 a, b, c를 구하는 것은 어려워 보입니다. 따라서, 다른 방법을 사용해야 합니다.

위에서 구한 f(x)의 식에 x=4를 대입하면,

f(4) = (a+b+c) + (4-1)(2ag(4)+b)

2. 챗GPT와 GPT-4에게 영어 맞춤 학습하기

챗GPT(ChatGPT)와 GPT-4를 활용하면 영어 학습도 개인별 맞춤으로 진행할 수 있다. 영어 실력 향상 방법도 자문 받을 수 있다.

챗GPT에게 영어 실력 향상 방법을 문의하니 친절하게 정리하여 제시하여 준다. 이를 참조하여 꾸준하게 학습하면 영어 실력이 향상될 것으로 판단된다.

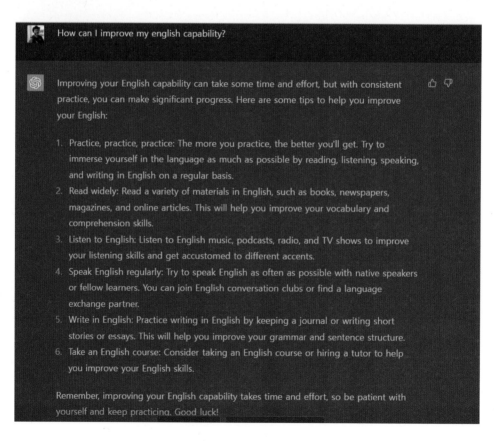

챗GPT에게 한국 학생들의 영어 공부에 어떤 도움을 줄 수 있는지를 문의하였다. 이에 챗GPT는 문법적인 질문에 대한 답변 제공, 영어 단어 및 어휘 관련 질문에 대한 답변 제공, 영어 문장 구조와 표현에 대한 질문에 대한 답변 제공, 영어 듣기와 회화 연습, 영어 문서 작성 및 편집을 포함하여 학생들의 영어 공부를 위해 다양한 방법으로 도움을 제공할 수 있다고 자신 있게 제시하고 있다.

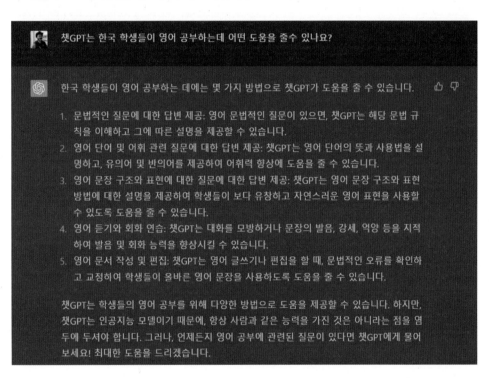

그리고 챗GPT에게 영어 회화 능력 향상을 위해 어떤 노력을 해야 하는지 문의하자, 친절하고 자세하게 방안을 제시하였다.

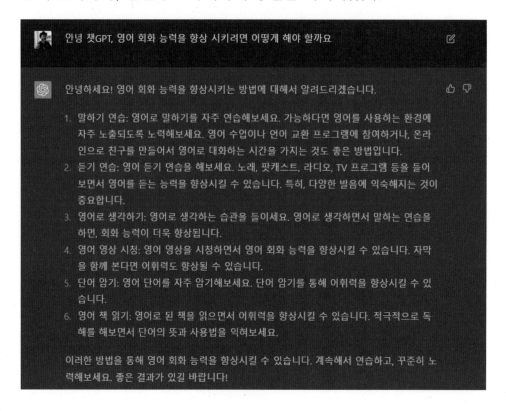

안녕 챗GPT, 영어 회화 능력을 향상 시키려면 어떻게 해야 할까요

안녕하세요! 영어 회화 능력을 향상시키는 방법에 대해서 알려드리겠습니다.

1. 말하기 연습: 영어로 말하기를 자주 연습해보세요. 가능하다면 영어를 사용하는 환경에 자주 노출되도록 노력해보세요. 영어 수업이나 언어 교환 프로그램에 참여하거나, 온라인으로 친구를 만들어서 영어로 대화하는 시간을 가지는 것도 좋은 방법입니다.

2. 듣기 연습: 영어 듣기 연습을 해보세요. 노래, 팟캐스트, 라디오, TV 프로그램 등을 들어보면서 영어를 듣는 능력을 향상시킬 수 있습니다. 특히, 다양한 발음에 익숙해지는 것이 중요합니다.

3. 영어로 생각하기: 영어로 생각하는 습관을 들이세요. 영어로 생각하면서 말하는 연습을 하면, 회화 능력이 더욱 향상됩니다.

4. 영어 영상 시청: 영어 영상을 시청하면서 영어 회화 능력을 향상시킬 수 있습니다. 자막을 함께 본다면 어휘력도 향상될 수 있습니다.

5. 단어 암기: 영어 단어를 자주 암기해보세요. 단어 암기를 통해 어휘력을 향상시킬 수 있습니다.

6. 영어 책 읽기: 영어로 된 책을 읽으면서 어휘력을 향상시킬 수 있습니다. 적극적으로 독해를 해보면서 단어의 뜻과 사용법을 익혀보세요.

이러한 방법을 통해 영어 회화 능력을 향상시킬 수 있습니다. 계속해서 연습하고, 꾸준히 노력해보세요. 좋은 결과가 있길 바랍니다!

구체적인 도움을 받기 위해 챗GPT에게 평소 궁금했던 believe와 trust 단어의 의미 차이를 문의하니 명료하게 설명해 주었다.

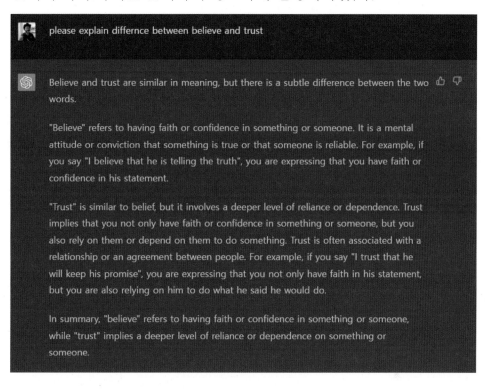

챗GPT에게 상기 두 단어의 의미 차이를 한글로 문의해도 답변해 준다.

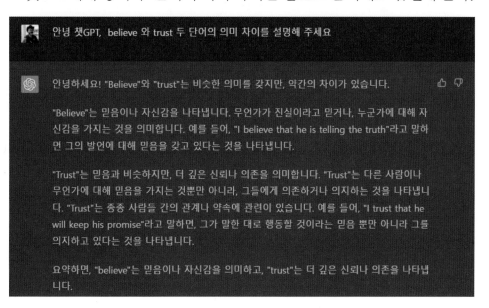

챗GPT에게 두 단어의 심화학습을 위해 문장으로 만들어 달라고 요청하니, 즉시에 believe와 trust에 적합한 문장을 만들어 주어 비교하며 의미 차이를 확실하게 알 수 있게 되었다.

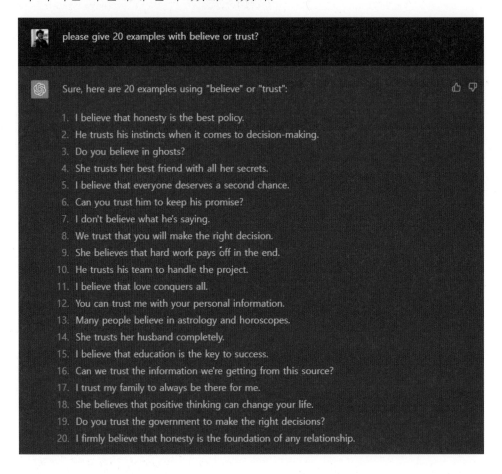

please give 20 examples with believe or trust?

Sure, here are 20 examples using "believe" or "trust":

1. I believe that honesty is the best policy.
2. He trusts his instincts when it comes to decision-making.
3. Do you believe in ghosts?
4. She trusts her best friend with all her secrets.
5. I believe that everyone deserves a second chance.
6. Can you trust him to keep his promise?
7. I don't believe what he's saying.
8. We trust that you will make the right decision.
9. She believes that hard work pays off in the end.
10. He trusts his team to handle the project.
11. I believe that love conquers all.
12. You can trust me with your personal information.
13. Many people believe in astrology and horoscopes.
14. She trusts her husband completely.
15. I believe that education is the key to success.
16. Can we trust the information we're getting from this source?
17. I trust my family to always be there for me.
18. She believes that positive thinking can change your life.
19. Do you trust the government to make the right decisions?
20. I firmly believe that honesty is the foundation of any relationship.

챗GPT에게 영어 문장의 교정을 요청하니, 자세한 설명과 함께 영어 문장을 다음과 같이 교정해 주었다.

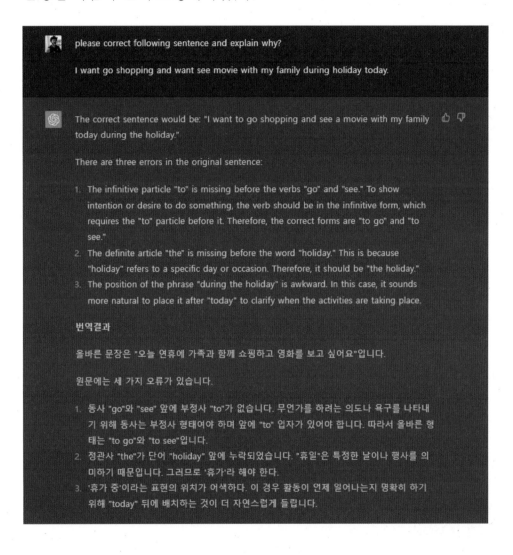

please correct following sentence and explain why?

I want go shopping and want see movie with my family during holiday today.

The correct sentence would be: "I want to go shopping and see a movie with my family today during the holiday."

There are three errors in the original sentence:

1. The infinitive particle "to" is missing before the verbs "go" and "see." To show intention or desire to do something, the verb should be in the infinitive form, which requires the "to" particle before it. Therefore, the correct forms are "to go" and "to see."
2. The definite article "the" is missing before the word "holiday." This is because "holiday" refers to a specific day or occasion. Therefore, it should be "the holiday."
3. The position of the phrase "during the holiday" is awkward. In this case, it sounds more natural to place it after "today" to clarify when the activities are taking place.

번역결과

올바른 문장은 "오늘 연휴에 가족과 함께 쇼핑하고 영화를 보고 싶어요"입니다.

원문에는 세 가지 오류가 있습니다.

1. 동사 "go"와 "see" 앞에 부정사 "to"가 없습니다. 무언가를 하려는 의도나 욕구를 나타내기 위해 동사는 부정사 형태여야 하며 앞에 "to" 입자가 있어야 합니다. 따라서 올바른 형태는 "to go"와 "to see"입니다.
2. 정관사 "the"가 단어 "holiday" 앞에 누락되었습니다. "휴일"은 특정한 날이나 행사를 의미하기 때문입니다. 그러므로 '휴가'라 해야 한다.
3. '휴가 중'이라는 표현의 위치가 어색하다. 이 경우 활동이 언제 일어나는지 명확히 하기 위해 "today" 뒤에 배치하는 것이 더 자연스럽게 들립니다.

또한, 챗GPT에게 영어 번역을 도움 받기 위해 한글로 작업된 내용을
제시하고 영어로 번역을 요청하니, 즉시로 영어 번역을 제시해 주었다.

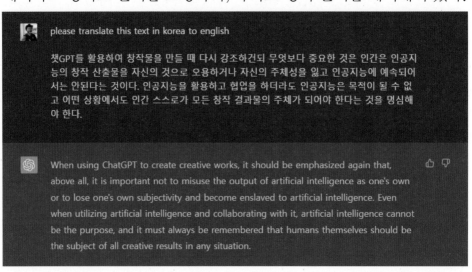

그리고 영어 작문을 듣기 학습용으로 활용하기 위해 어떻게 하면 좋
을지 문이하니, 영어 텍스트를 영어 음성으로 들을 수 있는 방법을 제안
해 준다.

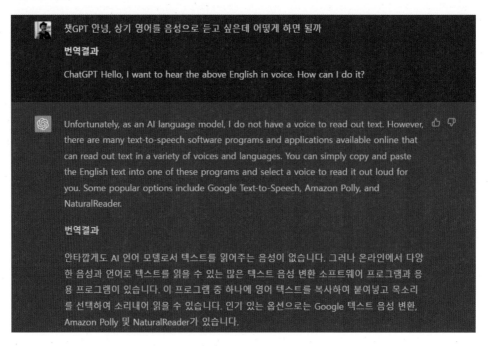

영어 텍스트를 음성으로 들을 수 있는 가장 간편한 방법은 구글 번역기를 열어 영어 칸에 작문된 영어를 붙여넣기하고 아래의 스피커 모양을 클릭하면 영어 텍스트를 그대로 영어 음성으로 읽어 준다. 이를 활용하여 듣기 학습을 쉽게 할 수 있다.

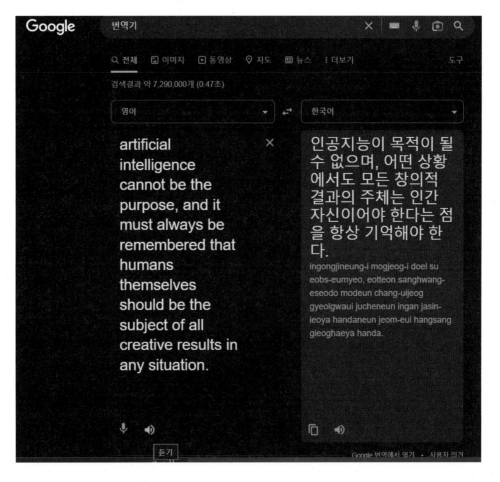

그리고 챗GPT에게 주제별 영문 에세이 작업에 도움을 받을 수 있다. '인공지능의 미래'란 주제로 500자 내로 영문 에세이를 작성해 달라고 요청하자, 다음과 같이 제시하였다. 이를 영문 에세이 작성에 대해 참조하여 스스로 영문 에세이를 작성하고 작성한 영문 에세이에 대해 챗GPT

에게 의견을 요청하고 교정하여 영문 에세이를 완성하여 실력을 업그레이드시킬 수 있다.

---

please write essay as title of future of AI in 500 words

The Future of AI: A Look Ahead

Artificial intelligence (AI) is transforming the world as we know it. From self-driving cars to voice-activated personal assistants, AI has already started to change the way we live and work. However, we are still in the early stages of the AI revolution, and there is much more to come.

One of the most exciting aspects of AI is its potential to transform industries and create new ones. AI can automate many tasks that were previously performed by humans, leading to increased efficiency and productivity. For example, AI-powered robots can work around the clock in factories, and AI algorithms can analyze massive amounts of data to help companies make better decisions.

Another area where AI is poised to have a major impact

is healthcare. AI algorithms can analyze medical images to help doctors make more accurate diagnoses, and they can even predict which patients are at risk for certain diseases. AI can also be used to develop new drugs and treatments, potentially saving millions of lives.

However, with these advancements come some concerns. One of the biggest is the potential for job displacement. As AI automates more and more tasks, many jobs may become obsolete, leading to widespread unemployment. However, it is also possible that new jobs will be created to support the development and deployment of AI systems.

Another concern is the potential for AI to be misused. For example, AI-powered weapons could be used to harm civilians, and AI algorithms could be used to manipulate public opinion. It is important to ensure that AI is developed and used in an ethical and responsible manner.

Despite these concerns, the future of AI is incredibly bright. As AI systems become more advanced, they will be able to solve increasingly complex problems and improve our lives in ways we can't even imagine. For example, AI could be used to develop new materials and technologies that revolutionize industries like transportation and energy.

In order to fully realize the potential of AI, we need to invest in research and development. This includes developing new algorithms and software, as well as building the hardware needed to run these systems. It also means investing in education and training to ensure that people have the skills needed to work with AI systems.

Overall, the future of AI is both exciting and uncertain. While there are certainly risks and challenges ahead, there is also tremendous potential for AI to improve our lives and solve some of the world's most pressing problems. By working together to develop and deploy AI in a responsible and ethical manner, we can create a brighter future for all of us.

3. 챗GPT, GPT-4와 자기소개서 작성하며 국어 작문 학습 도움받기

챗GPT(ChatGPT)와 GPT-4를 국어 작문이나 문장 작성을 향상시키는 학습에 활용할 수 있다. 예를 들어 특정 주제에 대해 작문할 때 중요한 사항을 문의하여 국어 작문 학습에 도움을 받을 수 있다.

 안녕하세요! 특정 주제에 대해 작문할 때 중요한 사항은 다음과 같습니다.

1. 주제를 이해하고 분석하기
   작문 전, 주어진 주제를 정확하게 이해하고 분석하는 것이 매우 중요합니다. 주제의 핵심 개념, 내용, 목적 등을 파악하고 이를 작문에 적절하게 반영해야 합니다.

2. 목표와 대상 독자 파악하기
   작문의 목적과 대상 독자를 파악하여 작문의 방향성을 설정해야 합니다. 작문의 목적이 무엇인지, 대상 독자가 누구인지 등을 고려하여 작문의 어조와 내용을 결정해야 합니다.

3. 목차 작성하기
   작문을 시작하기 전에 목차를 작성하여 구조를 잡는 것이 좋습니다. 목차를 작성하면 논리적인 구성을 갖춘 작문을 쉽게 작성할 수 있습니다.

4. 적절한 문체와 어투 사용하기
   주어진 주제와 작문의 목적, 대상 독자에 맞는 적절한 문체와 어투를 사용해야 합니다. 예를 들어, 학술적인 글이라면 전문 용어와 학문적인 문체를 사용하며, 일상적인 글이라면 일반적인 용어와 생활적인 문체를 사용합니다.

5. 논리적인 구성과 일관성 유지하기
   작문의 구성이 논리적이어야 합니다. 각 문단은 명확한 주제 문장으로 시작하고, 그 문장에 대한 논거와 예시를 제공해야 합니다. 또한, 작문 내용과 문체를 일관성 있게 유지해야 합니다.

6. 충분한 정보와 예시 제공하기
   작문에서는 충분한 정보와 예시를 제공하는 것이 중요합니다. 주어진 주제에 대해 충분한 내용과 관련된 사실, 데이터, 이론 등을 제공하고, 이를 예시와 함께 구체적으로 설명하는 것이 좋습니다.

7. 오타와 문법 체크하기
   작문을 마친 후에는 오타와 문법을 철저히 체크해야 합니다. 잘못된 문법이나 맞춤법 오류는 작문의 질을 떨어뜨릴 수 있습니다.

이러한 사항들을 고려하여 작문하시면, 명확하고 효과적인 작문을 할 수 있을 것입니다.

그리고 학생들이 요긴하게 사용할 수 있는 **자기소개서를 잘 쓰는 방법을 학습할 때도 챗GPT와 GPT-4의 도움을 받을 수 있다.** 사례로 한국 구글에 취업하기 위해 지원에 필용한 자기소개서를 작성하는 방법을 챗GPT에게 문의하니, 자기소개서 작성 방법을 자세히 제시해 준다.

> 챗GPT 안녕, 한국 구글 회사에 마케팅 부서에 지원하려 해요. 자기 소개서를 쓰려 하는데 도와주세요.
>
> 안녕하세요! 한국 구글 회사 마케팅 부서에 지원하시려는 건 멋진 일이네요. 저는 자기 소개서 작성에 대한 조언을 드릴 수 있습니다.
>
> 자기 소개서는 지원자의 경력, 역량, 성격 등을 소개하는 중요한 문서입니다. 마케팅 분야에서는 창의성, 커뮤니케이션, 분석력 등이 중요한 역량으로 여겨지므로, 해당 역량을 강조해야 합니다.
>
> 다음은 자기 소개서 작성에 대한 일반적인 가이드라인입니다.
>
> 1. 소개부 : 자신의 이름과 지원 분야를 간단하게 소개합니다.
>   * 예) 저는 [이름]이며, 한국 구글 회사 마케팅 부서에 지원합니다.
> 2. 경력사항 : 이전에 어떤 경력을 쌓았는지 상세히 서술합니다. 구글과 관련된 경력이 있다면 특히 강조합니다.
>   * 예) [기업명]에서 마케팅 담당으로 근무하면서 [어떤 업무]를 수행했습니다. 또한, 구글 광고를 활용한 [캠페인명]을 기획하고 [어떤 결과]를 얻었습니다.
> 3. 역량 및 경험 : 자신이 보유한 역량과 이를 적용한 경험에 대해 소개합니다.
>   * 예) 저는 창의적인 아이디어를 발굴하고 이를 효과적으로 전달하는 능력을 가지고 있습니다. [어떤 경험]에서 [어떤 역할]을 맡아 [어떤 결과]를 이루는데 기여했습니다.
> 4. 지원 동기 : 해당 분야에 지원한 이유와 구글에서의 꿈 등을 서술합니다.
>   * 예) 제가 마케팅 분야에 지원한 이유는 [어떤 이유]입니다. 구글에서는 [어떤 목표]를 달성하기 위한 핵심적인 역할을 수행하고 있어, 저는 그 역할에 도전하고 싶습니다.
> 5. 마무리 : 간단하게 인사말을 적고 연락처를 남깁니다.
>   * 예) 이렇게 저의 역량과 경험에 대해 소개했습니다. 좋은 기회를 주셔서 감사합니다. 연락처는 [이메일/전화번호]입니다.

그리고 구글 회사의 특성에 맞게 자기소개서를 작성하는 방법을 또한 자세히 안내해 준다.

위의 가이드라인을 참고하여 자기 소개서를 작성하시면 됩니다. 그러나, 구글은 매우 엄격한 기업으로 유명하므로, 다음 사항을 고려하시면 더욱 좋습니다.

1. 구글의 가치관에 맞게 작성해야 합니다. 구글은 다음과 같은 가치관을 중요하게 여깁니다: 열정, 진실성, 개방성, 도전, 성장, 사용자 중심. 이러한 가치관을 존중하면서 자신의 경험과 역량을 어떻게 구글과 연결할 수 있는지 생각해보세요.
2. 구글에서는 적극적인 참여를 중요시합니다. 구글은 매우 활발하게 업무를 수행하며, 참여와 공유를 통해 문제를 해결하는 문화를 지향합니다. 따라서, 자기 소개서에서는 이러한 문화에 적극적으로 참여할 수 있는 자신의 능력과 열정을 어필하는 것이 좋습니다.
3. 자신의 커뮤니케이션 능력을 강조해야 합니다. 마케팅 분야에서는 다른 사람들과 원활한 커뮤니케이션이 필수입니다. 자기 소개서에서는 이러한 능력을 강조하고, 예시를 들어 설득력 있는 커뮤니케이션을 어떻게 수행할 수 있는지 보여줄 수 있으면 좋습니다.
4. 간결하고 명확한 문장으로 작성해야 합니다. 구글에서는 명료하고 간결한 문장을 선호합니다. 따라서, 자기 소개서에서는 불필요한 긴 문장과 단어를 최대한 피하고, 명확하고 간결한 문장을 사용하는 것이 좋습니다.

이러한 사항들을 고려하여 자기 소개서를 작성하시면, 구글 마케팅 분야에서의 경력과 역량을 잘 어필할 수 있을 것입니다. 희망하는 분야와 회사에 대한 열정과 관심을 보여줄 수 있는 문장들을 추가하면 더욱 좋습니다. 응원합니다!

이를 기반으로 희망 기업의 맞춤형 자기소개서를 작성하면서 작문 역량 향상과 함께 현실에서 요긴하게 사용할 수 있는 자기소개서를 챗GPT의 도움을 피드백과 교정을 거치면서 완성할 수 있게 된다.

온라인 구인·구직 사이트 레주메 빌더(Resume Builder)의 최신 설문조사에 의하면 챗GPT를 사용했을 때 취직할 가능성이 커졌다. 조사자의 78%는 챗GPT가 작성한 입사 지원서를 사용하여 면접을 봤다고 답했으며, 59%는 오픈AI(OpenAI)의 이 챗봇 기술로 작성된 자료로 지원해 채용됐다고 말했다.

레주메 빌더의 수석 커리어 어드바이저 스테이시 할러는 "자기소개서나 이력서에 챗GPT를 쓴 구직자는, 전문 이력서 작성 서비스 또는 쉽게 구할 수 있는 템플릿 및 온라인 도구를 이용한 구직자와 다를 바 없다."라고 밝혔다. 10명 중 7명(69%)은 응답률이 더 높았다고 답해 **챗GPT의 도움을 받아 작성한 자기소개서가 기업들의 관심을 끄는 데 효과적인 것으로 나타났다.**

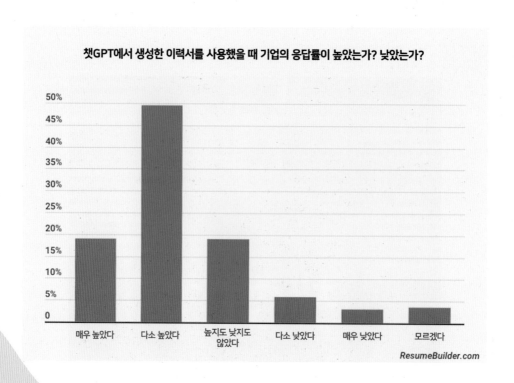

챗GPT에서 생성한 이력서를 사용했을 때 기업의 응답률이 높았는가? 낮았는가?

ResumeBuilder.com

제28장

• • •

챗GPT, GPT-4 인공지능으로 인한 교육과 대학 혁신

1. 챗GPT, GPT-4 인공지능이 가속화시키는 AI 디지털 교과서와 교육 혁신

챗GPT와 GPT-4가 교육계에 혁신을 가속화시키고 있다. 교육부는 2025학년도부터 초등학교 3~4학년과 중1·고1 학생들은 수학·영어·정보 교과를 공부할 때 인공지능(AI) 디지털 교과서를 도입하여 사용하기로 하였다.

2023년 2월 23일 교육부는 '디지털 기반 교육 혁신 방안'을 발표했다. 교육부에 의하면 2025년부터 초등학교 3~4학년과 중학교 1학년, 고등학교 공통·일반 선택 과목부터 AI 디지털 교과서가 순차적으로 도입된다. 2026년부터는 초등학교 5~6학년과 중학교 2학년, 2027년부터는 중학교 3학년까지 도입된다. 기존 교과서를 대체할 'AI 디지털 교과서'는 과목별 특성과 학습 수준에 맞는 맞춤형 학습이 가능하도록 대화형 AI, 음성인식, 확장현실 등의 AI 기술을 기반으로 개발된다.

이주호 교육부 장관은 "챗GPT와 같은 AI 발달로 교육의 내용과 방식에 근본적 변화가 요구되고 있으나 여전히 학교에서는 한 명의 교사가 다양한 특성이 있는 학생들을 상대로 한 교실에서 수업하고 있다."며 "AI를 활용하면 학생들의 데이터를 수집, 분석해 학생 특성에 맞는 맞춤형 수업이 가능할 것으로 기대한다."라고 말했다.

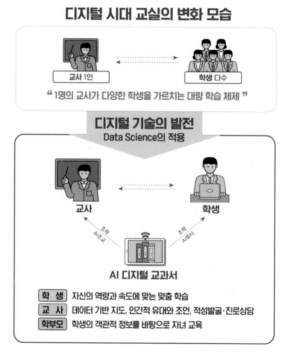

출처: 교육부

교사는 인공지능(AI)의 도움을 받아 학생 한 명 한 명의 수준을 파악하고 그에 맞는 지도를 해준다. 학생들이 일반적인 지식은 AI를 통해 습득할 수 있어, 교사는 지식 전달보다는 유대관계를 바탕으로 학생에게 조언을 해주고 진로 상담에 더욱 공을 들인다. 학부모 역시 자녀를 객관적으로 진단할 수 있어 그에 맞는 교육을 고민할 수 있다.

교육부는 22일 디지털 교육 비전을 선포하면서 교사와 에듀테크가 두 개의 교육 혁신 엔진이라고 설명했다. 이주호 부총리는 "디지털 기술의 적용뿐만 아니라 교원의 역할 변화가 중요한 만큼 AI 디지털 교과서 준비와 교사 연수라는 두 개의 핵심 정책을 철저히 추진하겠다."라고 밝혔다.

'AI 보조교사'는 먼 미래 이야기가 아니다. 이미 **영국 초등학교에서는 민간 기업인 '서드 스페이스 러닝'이 개발**한 **AI 교사를 사용하고 있다.** 교사가 강의하는 동안 AI가 학생이 일정 시간 답변하지 않으면 학생이 수업을 버거워하는 것으로 판단해 교사에게 알려주는 식이다. 기술의 발전보다 중요한 것이 교사의 활용이다. 교실 혁명은 사실상 교원의 변화에 달렸다. AI 디지털 교과서 과목 교원 연수를 집중 실시하고 전반적인 디지털 전환을 위한 선도 학교와 선도 교사를 통해 혁신을 전파할 방침이다. AI 디지털 교과서 과목을 맡는 교원 40%는 올해와 내년 연수를 진행하고, 2025년에는 70%, 2026년에는 전 교원 연수를 진행한다.

[그림 6-1] 교육부 디지털 기반 교육 혁신 추진 로드맵
출처: 전자신문

교육부는 올해 2023년 7개 시범 교육청, 300개 디지털 선도 학교를 선정해 하반기부터 운영할 예정이다. 교육청별로 40개 학교 내외가 된다. 선도 학교는 이미 개발되어 있는 에듀테크 프로그램을 활용해 AI 활용 교수학습법을 적용하면서 교사 역할 변화에 대한 성공 모델을 창출한다.

선도 교사인 '터치(T.O.U.C.H:Teachers who Upgrade Class with High-tech) 교사단'도 운영한다. 올해 400명을 시작으로 내년 800명, 2025년 1,500명을 선발한다. 약 2주 동안 부트캠프 형식으로 민간 전문가가 참여하는 연수를 받게 된다. 한국교육개발원을 '디지털교육지원센터'로 지정해 **AI 디지털 교과서를 활용**하는 **다양한 교수 학습 모델**을 개발 후 현장에 제공한다. (전자신문, 2022.2.24.)

모든 어린이가 **인공지능 메타버스 공간에서 AI 튜터의 도움을 받으면서 동료와 게임을 하듯이 학습을 즐긴다.** 모든 교사는 학습자 한 명 한 명에게 딱 맞추어 학습 환경을 제공하는 맞춤형 학습 환경 디자이너가 된다.

모두가 방대한 지식의 핵심 개념을 이해하는 탄탄한 지식 기반을 갖추고, 그 위에 데이터, 첨단 기술, 인문학 등의 소양을 쌓아 올리고, 또한 창의력, 비판적 사고력, 협력, 소통 등의 미래 역량을 꽃피우는 교육을 받는다.

무슨 꿈 같은 이야기냐고 할 수도 있지만, 인공지능 메타버스 시대에 교육을 이렇게 바꾸지 않으면 어느 나라도 소득 격차와 일자리 문제를 해결하지 못한다. 이러한 교육 지각 변동을 가능하게 하는 첨단 기술과 설루션은 이미 거의 다 와 있다. 어느 나라가 이러한 대전환을 가장 빨리 이루어낼지, 어느 나라가 뒤처질지만 남아 있다. 이렇게 교육의 미래 상이 뚜렷하게 떠오르는 상황에서 **교육의 미래 전략은 얼마나 빨리 인공지능 메타버스 교육으로 대전환을 이루느냐에 초점을 맞추어야 한다. (이주호 교육부 장관)**

[그림 6-2] 교육부 디지털교육 비전 선포식
출처: 교육부

2. 챗GPT, GPT-4 인공지능시대 대학 교육 혁신

챗GPT를 비롯한 인공지능이 급속히 확산되어 사회를 혁신시키고 있고 **대학도 이러한 미래 사회 변화에 대응하는 것은 선택이 아니라 필수가 되고 있다.**

챗GPT에서 체험하고 있는 바와 같이 인공지능 핵심 기술은 교육 분야에도 적용되어 최적의 개인 맞춤형 교육 서비스로 사용자의 요구와 행동 패턴을 분석하여 교육 자료를 선택하여 맞춤형으로 제공하고 있다. 인공지능 기술은 지금까지보다 더 빠른 속도로 발달할 것이며, 이에 따라 사람인 교수가 할 수 있는 많은 지식 전달 서비스들이 인공지능으로 대체될 것으로 예상된다.

미래 사회에는 인공지능이 대체할 수 없는 새로운 지식과 경험을 끊임없이 스스로 학습하고 이를 활용하여 새로운 부가가치를 창출해 낼 수 있는 창의와 인성을 갖춘 인재가 중요해진다. 인공지능 시대에는 새로운 가치를 만들어 내는 창의성과 타인과 협력하는 인성이 경쟁력을 좌우하는 시대가

되므로 미래 사회에서 살아남으려면 인공지능 또는 누구나 할 수 있는 일이 아닌 나만이 할 수 있는 개성을 살리면서 협업을 통해 새로운 가치를 창조할 수 있어야 한다.

현재 대학 교육은 많은 부분 과거 역량의 인재를 양성하고 있다. 하지만 과거에 쓸모 있다고 생각되어 힘들게 가르치거나 학습한 지식은 인공지능 메타버스 시대에는 쓸모없어지는 것이 많아지고 있다. 또한, 학생들이 챗GPT 등 인공지능으로 당장 필요한 지식이나 경험을 적시 학습으로 습득하여 이용할 수 있게 되었다. 우리의 대학은 이제 이러한 인공지능 시대의 대학 교육 환경에 대응할 수 있는 새로운 교육 패러다임으로 혁신해야 할 시급한 시점에 있다.

우리 대학은 인공지능 시대에 필요한 인재를 양성할 수 있도록 대학 교육의 혁신적 변혁이 필요하다. 이러한 대학 교육의 변화는 어느 부분으로 나누어 진행되어서는 성공적으로 교육의 변화를 구현할 수 없고 교육 관련한 모든 체계가 총체적으로 상호 협력하면서 대학 교육 전반에서 동시적으로 혁명적인 변혁이 요구되고 있다.

이처럼 **대학 혁신은 전체적인 측면에서 총괄적으로 구체적인 계획과 행동들이 동반돼야 한다.** 구체적으로 △ 대학의 교육 과정 혁신 △ 대학의 교수 방법 혁신 △ 대학의 교육 대상 혁신 △ 대학의 교육 공간 혁신 △ 대학의 지역 협업 혁신 등을 통해 대학 혁신이 실질적으로 구현되어야 한다.

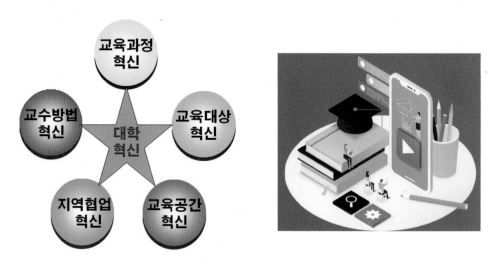

[그림 6-3] 인공지능 메타버스 시대 대학 혁신

대학 교육의 혁신은 인공지능 시대 미래 사회에 필요한 인재를 양성할 수 있도록 학생들의 미래 역량 함양 중심으로 교육 과정을 개편하는 것이 핵심이며, 대학의 해당 전공 교수가 적극적으로 참여토록 하여 미래 변화를 예측하고 미래 전공 역량을 함양하는 새로운 교육 과정을 개발토록 하는 것이 중요하다. 통상적으로 대학들이 진행하고 있는 외부 컨설팅에 의한 교과과정 개발은 현실에서 수업에 반영되지 않고 사장되는 경우가 대부분이다. 이에 각 전공별로 교수들이 함께 미래 사회 변화와 미래 인재 변화 및 전공별 미래 역량을 예측하고 이를 대비할 수 있도록 미래형 교과 과정을 혁신적으로 수립하고 수업을 준비할 수 있도록 대학 차원의 지원이 필요하다. 이를 통해 구체적으로 대학 교육과정이 혁신되고 학생들이 미래 인재가 될 수 있도록 대학 교육이 진행될 수 있을 것이다.

또한, 교육과정 변화 및 미래 인재 역량 변화에 따른 교수 방법의 혁신이 이어져야 한다. 인공지능 메타버스 시대 인재의 핵심 역량은 스스로 무엇을 모르는지와 무엇을 알아야 하는지 그리고 이를 위해 무엇을 해야 하는지를 스스로 인지하고 실천하는 메타인지 역량이며 이를 함양하기 위해 **메타 교수학습법으로 혁신되어야 한다.**

메타 교수학습법으로 S.M.A.R.T 메타 교수법(개발:안종배 교수)을 소개한다. △ S(Self-collabo) 학생 스스로 자기주도학습과 협업할 수 있게 하는 교수법 △ M(Motivated) 문제·프로젝트 중심으로 운영되는 동기 부여식 학생 중심 교수법 △ A(Adaptive) 학생 중심으로 진행되는 개인과 전공 맞춤형 참여 교수법 △ R(Resource free) 다양한 교육 자원을 이용해 문제 해결 역량을 갖출 수 있도록 교육 콘텐츠들을 활용하는 교수법 △ T(Technology Embeded) 인공지능과 메타버스 등 스마트 ICT를 활용한 양방향 교수법을 통해 대학의 자연스러운 교육 방법 혁신이 가능하다.

[표 6-1] 안종배 교수의 S.M.A.R.T 메타교수법

S : Self-Collabo	자기주도/협업	학생의 액티브 러닝 학생간 협업 교육
M : Motivated	동기 부여	체험기반의 PBL 교육
A : Adaptive	맞춤 참여	개인과 전공 맞춤 참여 교육
R:Resource free	교육콘텐츠	온·오프 학습자원과 현장 산업체 자료활용 교육
T: Technology Embeded	적시/ 적소	인공지능·메타버스 스마트

미래 사회에는 대학 교육 대상을 넓혀야 한다. 이제껏 대학 교육 대상이 고등학교를 졸업하는 청년층 타겟으로만 이뤄졌다면, 이제는 대학이 인공지능이 가속화하고 있는 미래 변화에 따른 전공 재교육과 미래 역량과 교양을 위한 평생교육의 장이 되어 성인 학습자에게 맞춤형 교육을 제공하도록 대학 교육 대상을 혁신해야 한다. 대학의 교육 대상을 연령층에서도 확대하고 지역적으로도 국내뿐만 아니라 해외 학생들에게까지로 확대하는 혁신이 필요하다.

인공지능 시대 변화에 의해 모든 사람은 재교육과 평생학습을 해야 하는 시대가 되고 있다. 이러한 미래 사회 변화와 수요층의 변화를 대학이 인지해야 한다. 특히 인공지능 시대의 변화에 따른 현직자 재교육과 신기술 분야에 대한 단기 교육 과정을 운영해 새로운 산업에 대한 전환 교육이 원활히 이루어지도록 하는 것은 대학의 발전과 동시에 미래 사회 발전에도 기여하게 될 것이다.

인공지능 시대에 대학은 변화의 중심에 있고 혁신은 곧 대학의 지속 가능 여부를 결정짓는 잣대가 될 것이다. 미래의 대학은 교수와 학생의 학습 공동체로서 물리적 현실 공간인 유니버시티와 디지털 초현실 공간인 AI 메타버시티가 공존하는 **멀티버시티로 확장**될 것이다. 또한, 산업체와 지역 현장이 교육 공간이 될 것이다. 대학은 이러한 변화에 대응할 수 있도록 대학 교육의 공간인 대학 캠퍼스 혁신이 필요하다.

[그림 6-4] 대학 공간인 다양한 대학 캠퍼스의 혁신

대학의 지역 협업 혁신 역시 대학의 경쟁력 강화와 지역 인재 양성을 위해서 꼭 필요하다. 지역 내 다양한 혁신 주체의 협력 체제를 구축하여 지역 미래 산업 및 지역 미래 인재 양성을 위한 대학 교육 혁신이 필요하다. 인공지능 시대 대학의 비즈니스 창업 활성화와 미래 R&D 강화를 통한 지역 산업 혁신과 대학 자원을 활용한 지역 공헌 확대도 필수이다. 또한, **지역의 대학은 인공지능 시대 미래 사회 변화를 선도하면서 지역 문화와 지역 특화 산업 및 지역 전문인 재교육의 장이 되어야 한다.**

대학은 더 이상 세상과 동떨어진 상아탑이 아니라 인공지능이 가속화하고 있는 세상의 미래 변화를 선도하고 준비하는 곳이어야 한다. 인공지능 시대 대학들은 지속 생존 전략의 차원에서 급속한 미래 변화에 대응하는 혁신이 필요하다. 또한, 이러한 변화 속에서 **대학은 미래 창의 혁신 인재를 양성할 수 있는 최적의 기관으로서의 역할을 해야 한다.** 미래 사회에 인류의 위기를 최소화하고 인공지능이 개화시키는 4차 산업혁명이 촉발하는 기회를 놓치지 않기 위해서라도 '대학 혁신'이 중요하다.

인공지능 시대 대학 혁신을 위한 미래 전략을 입안하고 실천하기 위해 대학은 △ 미래 사회 변화 대응을 위한 **미래 예측 전략 역량 강화** △ 미래 직업 변화에 도전하는 **미래 인재 전문 역량 함양** △ 창의성과 미래 예측 기반 **중·장·단기 혁신 전략 마련** △ 미래 변화를 기회로 만들 **대학별 경쟁 역량 강화를 구현**해야 할 것이다.

대학의 혁신은 대학의 생존 전략이자 곧 국가 경쟁력이 되는 중요하고 필수적인 과업이다.

"교육은 세상을 바꿀 수 있는
가장 강력한 무기다."

넬슨 만델라

제7부

챗GPT, GPT-4 인공지능 시대
미래 목회와 인성과 영성의 중요성

"미래 사회는 창의적 감성을 가지고 고귀한 가치를 추구
하는 영적인 인물이 세상을 주도할 것이다."

— 존 나이스비트(John Naisbitt)

제7부 목차

제29장

• • •

챗GPT, GPT-4 인공지능의
미래 목회 활용과 영성의 중요성

1. 챗GPT와 GPT-4 활용하여
미래 목회 활성화에 도움받기

챗GPT(ChatGPT)와 GPT-4를 목회와 전도와 선교 그리고 교회 공동체 활동에서 다양하게 활용하여 미래 목회 활성화에 도움을 받을 수 있다. 목회자들은 챗GPT를 통해 목회 자료 및 문서를 빠르고 정확하게 찾고 작성하는 데 도움을 받을 수 있다. 또한, 성경 강해를 다양한 접근을 통해 보면서 성경의 내용을 더욱 풍부하게 전달할 수 있게 된다. 그리고 목회에 필요한 예화를 비롯한 성경 내용을 더욱 풍성하게 활용할 수 있게 된다. 또한, 목회 관련 다양한 연구 결과를 심도 있고 쉽게 파악할 수 있게 된다.

이외에도 **챗GPT와 GPT-4는 목회 활동에 다음과 같은 다양하게 도움을 줄 수 있다고** 제안하고 있다.

1. 성경 공부 및 말씀 참고: 챗GPT를 활용하여 성경 내용에 대해 더 깊이 있는 이해와 해석을 얻을 수 있습니다. 목사님들은 챗GPT를 이용하여 성경 구절과 관련된 주제, 문맥, 역사적 배경 등에 대해 학습할 수 있습니다.
2. 설교 및 강의 자료 작성: 챗GPT를 활용하여 강의나 설교 자료를 작성할 수 있습니다. 챗GPT를 이용하여 주제와 관련된 키워드, 사실, 인용구 등을 찾아내고, 이를 활용하여 효과적인 자료를 만들어낼 수 있습니다.
3. 기도 및 말씀 묵상: 챗GPT를 활용하여 기도와 말씀 묵상을 돕는 자료를 만들어낼 수 있습니다. 챗GPT를 이용하여 성경 구절과 관련된 기도문이나 말씀 묵상 지침서를 작성할 수 있습니다.
4. 상담 지원: 챗GPT를 활용하여 상담 지원을 제공할 수 있습니다. 챗GPT를 이용하여 상담 대화나 질문에 대한 답변을 제공할 수 있습니다.
5. 사역 지원: 챗GPT를 활용하여 사역 지원을 제공할 수 있습니다. 챗GPT를 이용하여 교회 활동에 대한 일정, 이벤트, 소식 등을 전달하고, 교인들과의 소통을 돕는 역할을 할 수 있습니다.
6. 온라인 교육: 챗GPT를 활용하여 온라인 교육을 제공할 수 있습니다. 챗GPT를 이용하여 온라인 강의나 교육 자료를 제작하고, 온라인으로 교육을 진행할 수 있습니다.
7. 언어 지원: 챗GPT를 활용하여 다양한 언어를 지원할 수 있습니다. 챗GPT를 이용하여 다른 언어로 번역하거나, 다른 언어를 사용하는 교인들과의 소통을 돕는 역할을 할 수 있습니다.

챗GPT와 GPT-4는 목회자뿐만 아니라 **평신도들이 신앙생활을 하는 데도 다양한 도움을 받을 수 있다.** 챗GPT와 GPT-4는 신앙생활에 다음과 같은 도움을 줄 수 있다고 제안하고 있다.

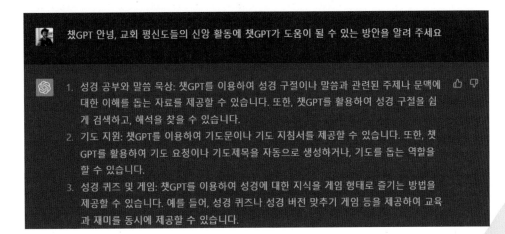

챗GPT 안녕, 교회 평신도들의 신앙 활동에 챗GPT가 도움이 될 수 있는 방안을 알려 주세요

1. 성경 공부와 말씀 묵상: 챗GPT를 이용하여 성경 구절이나 말씀과 관련된 주제나 문맥에 대한 이해를 돕는 자료를 제공할 수 있습니다. 또한, 챗GPT를 활용하여 성경 구절을 쉽게 검색하고, 해석을 찾을 수 있습니다.
2. 기도 지원: 챗GPT를 이용하여 기도문이나 기도 지침서를 제공할 수 있습니다. 또한, 챗GPT를 활용하여 기도 요청이나 기도제목을 자동으로 생성하거나, 기도를 돕는 역할을 할 수 있습니다.
3. 성경 퀴즈 및 게임: 챗GPT를 이용하여 성경에 대한 지식을 게임 형태로 즐기는 방법을 제공할 수 있습니다. 예를 들어, 성경 퀴즈나 성경 버전 맞추기 게임 등을 제공하여 교육과 재미를 동시에 제공할 수 있습니다.

구체적으로 챗GPT에게 공동체 **순모임에서 재미있게 할 수 있는 성경 퀴즈 게임을 1개 소개**해 달라고 하자, 다음과 같이 자세한 설명과 함께 제안해 준다.

챗GPT 안녕, 공동체 순모임에서 쉽게 할 수 있는 성경 퀴즈 게임을 1개 알려 주세요.

안녕하세요! 공동체 순모임에서 쉽게 할 수 있는 성경 퀴즈 게임으로 "성경 단어 맞추기 게임"을 추천해드립니다.

이 게임은 성경 속 단어를 힌트와 함께 제시하고, 참가자들이 그 단어를 맞추는 게임입니다. 이 게임은 팀 단위로 진행할 수도 있고 개인적으로 진행할 수도 있습니다.

게임의 진행 방법은 다음과 같습니다:

1. 게임 진행자가 참가자들에게 성경 속 단어를 제시합니다.
2. 참가자들은 힌트를 듣고 그 단어가 무엇인지 맞추려고 노력합니다.
3. 참가자 중 가장 먼저 단어를 맞춘 사람에게 점수를 주어, 가장 많은 점수를 얻은 참가자가 우승하게 됩니다.

이 게임은 성경 속 단어 외에도, 성경 인물, 장소, 사건 등을 제시하여 다양한 주제로 진행할 수 있습니다. 또한, 힌트의 난이도를 조절하여 초보자부터 전문가까지 모두 즐길 수 있는 게임입니다.

2. 챗GPT와 GPT-4 활용하여 선교와 전도 활성화에 도움받기

챗GPT와 GPT-4를 활용하여 선교와 전도를 활성화하는 데 도움을 받을 수 있다. 챗GPT와 GPT-4는 전 세계의 문화와 특성에 대한 다양한 지식을 갖추고 전 세계 언어를 즉시로 필요한 언어로 번역해 줄 수 있다. 이러한 챗GPT를 선교와 전도에서 잘 활용하면 많은 도움이 될 것이다. 챗GPT와 GPT-4는 선교 차원에서 다음과 같이 다양하게 도움을 줄 수 있다고 제시하고 있다.

안녕하세요! 챗GPT를 선교에서 활용할 수 있는 방안에 대해 최대한 제시해 드리겠습니다.

1. 언어 및 문화적 장벽 해소: 챗GPT를 활용하여 선교 지역에서 사용되는 언어나 문화적 장벽을 해소하는 것이 가능합니다. 이를 통해, 다양한 지역에서 선교 활동을 수행하며 선교사들이 소통에 불편함을 겪지 않도록 도와줄 수 있습니다.
2. 선교 활동에 필요한 정보 제공: 챗GPT를 활용하여 선교 지역에서 필요한 정보를 쉽게 제공할 수 있습니다. 예를 들어, 선교 지역의 지리적 정보, 문화적 배경, 선교 지역의 식습관 등을 제공하여 선교사가 선교 지역에서 보다 효율적인 활동을 수행할 수 있도록 도와줄 수 있습니다.
3. 선교사 간 소통 도우미: 챗GPT를 활용하여 선교사들 간 소통에 도움을 줄 수 있습니다. 예를 들어, 선교사가 다른 선교사에게 질문을 하거나 정보를 요청할 경우, 이에 대한 답변을 즉시 제공할 수 있습니다.
4. 선교 지역에서 선교 활동을 지원하는 챗봇 제작: 챗GPT를 활용하여 선교 지역에서 선교 활동을 지원하는 챗봇을 제작할 수 있습니다. 이 챗봇은 예를 들어, 성경 구절을 제공하거나, 예배 관련 정보를 제공하는 등의 역할을 수행할 수 있습니다.

위와 같은 방법들을 통해 챗GPT를 선교에서 활용할 수 있으며, 선교 활동의 효율성을 높일 수 있습니다.

구체적으로 선교에서 활용할 수 있는 **성경 구절을 각국 언어로 번역을 요청**하니 챗GPT는 즉시에 번역하여 제시해 주었다.

챗GPT 안녕, 아래 내용을 영어, 중국어, 일본어, 프랑스어, 러시아어, 아랍어로 번역해 주세요.

네가 가는 모든 길에 여호와께서 네 앞서 가시며 네 우편과 좌편에 계시리니

영어: "The Lord will go before you and be with you; he will never leave you nor forsake you. Do not be afraid; do not be discouraged." (Deuteronomy 31:8)

중국어: "你所走的一切路上，耶和华必在你前面行，他也必在你的右边和左边。"

일본어: "あなたが行くあらゆる道で、主はあなたの前に行き、あなたの右と左におられます。"

프랑스어: "Tu iras où que ce soit, l'Éternel marchera devant toi et sera à ta droite et à ta gauche."

러시아어: "Господь пойдет пред тобою, Он будет с тобою, Он не оставит тебя и не забудет тебя. Не бойся и не унывай." (Втор. 31:8)

아랍어: "يمشي ربُّك قبلك، ويحفظك لن يتخلّى عنك، فلا تخف ولا ترتعب." (تثنية 31:8)

또한, 단기 선교를 가는 평신도들에게도 챗GPT는 다음과 같은 도움을 줄 수 있다. 챗GPT와 GPT-4를 활용하여 선교 준비와 선교 현장 활동 그리고 선교 이후 보고서 작성까지 도움을 받을 수 있다.

1. 챗GPT를 이용한 선교 개념 교육: 챗GPT를 이용하여 선교에 관한 개념과 기본 지식을 습득할 수 있습니다.

2. 챗GPT를 이용한 선교 목표 설정: 챗GPT를 통해 사용자가 선교 목표를 설정하여 전도할 수 있습니다.

3. 챗GPT를 이용한 전도 준비 및 추진: 챗GPT를 사용하여 전도 준비 및 추진을 할 수 있습니다.

4. 챗GPT를 이용한 선교 영역 및 지역 조사: 챗GPT를 통해

사용자가 선교 영역 및 지역을 조사할 수 있습니다.

5. 챗GPT를 이용한 선교 대상 선별: 챗GPT를 사용하여

적합한 선교 대상을 선별할 수 있습니다.

6. 챗GPT를 이용한 선교 활동 일정 관리: 챗GPT를 사용하여

선교 활동 일정을 관리할 수 있습니다.

7. 챗GPT를 이용한 선교 결과 보고: 챗GPT를 사용하여

선교 결과를 보고할 수 있습니다.

또한, 교회에서 전도를 활성화하는 데 챗GPT에게 어떤 도움을 받을 수 있는지를 문의하니 다음과 같이 챗GPT를 전도에 활용할 수 있다는 것을 제시하였다.

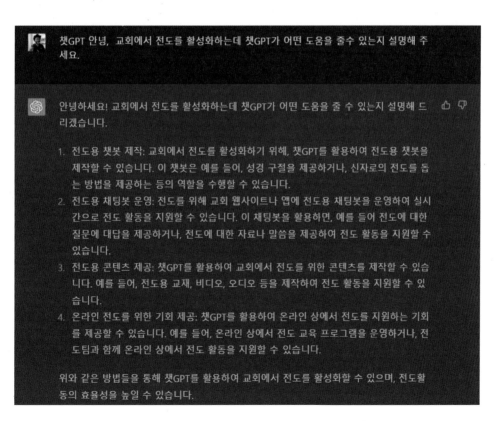

또한, **일반 평신도들이 전도의 효과를 높이기 위한 방안까지 챗GPT는 제시**해 준다. 전도를 할 수 있는 자연스런 기회를 잡고, 평소에 말씀과 기도 속에서 영성을 갖추어 예수님의 사랑을 실천하면서 전도를 하면 더욱 효과적일 것이라고 권면해 주고 있다.

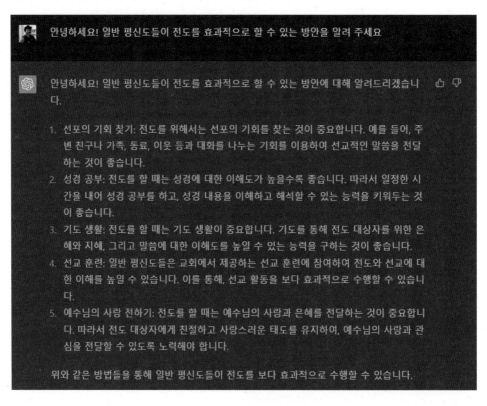

안녕하세요! 일반 평신도들이 전도를 효과적으로 할 수 있는 방안을 알려 주세요

안녕하세요! 일반 평신도들이 전도를 효과적으로 할 수 있는 방안에 대해 알려드리겠습니다.

1. 선포의 기회 찾기: 전도를 위해서는 선포의 기회를 찾는 것이 중요합니다. 예를 들어, 주변 친구나 가족, 동료, 이웃 등과 대화를 나누는 기회를 이용하여 선교적인 말씀을 전달하는 것이 좋습니다.
2. 성경 공부: 전도를 할 때는 성경에 대한 이해도가 높을수록 좋습니다. 따라서 일정한 시간을 내어 성경 공부를 하고, 성경 내용을 이해하고 해석할 수 있는 능력을 키워두는 것이 좋습니다.
3. 기도 생활: 전도를 할 때는 기도 생활이 중요합니다. 기도를 통해 전도 대상자를 위한 은혜와 지혜, 그리고 말씀에 대한 이해도를 높일 수 있는 능력을 구하는 것이 좋습니다.
4. 선교 훈련: 일반 평신도들은 교회에서 제공하는 선교 훈련에 참여하여 전도와 선교에 대한 이해를 높일 수 있습니다. 이를 통해, 선교 활동을 보다 효과적으로 수행할 수 있습니다.
5. 예수님의 사랑 전하기: 전도를 할 때는 예수님의 사랑과 은혜를 전달하는 것이 중요합니다. 따라서 전도 대상자에게 친절하고 사랑스러운 태도를 유지하여, 예수님의 사랑과 관심을 전달할 수 있도록 노력해야 합니다.

위와 같은 방법들을 통해 일반 평신도들이 전도를 보다 효과적으로 수행할 수 있습니다.

이처럼 챗GPT와 GPT-4를 잘 활용하면 선교와 전도에서 다양한 도움을 받을 수 있다.

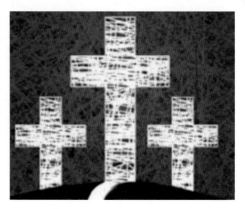

3. 챗GPT, GPT-4를 목회와 공동체 현장에서 도움받기

목회와 교회 공동체 현장에서 챗GPT와 GPT-4를 활용하여 설교문 작성, 기도문 작성, 복음성가 작사·작곡, QT나눔, 공동체 모임에 사용할 예화 등을 작성할 때 도움을 받을 수 있다. 거듭 강조하지만, 다음과 같이 챗GPT와 GPT-4가 제안해 주는 모든 것을 완성품이라고 여기면 안 되며, 이를 참조 사항으로 활용하되 목회자와 성도가 더욱 치열한 스스로의 노력을 기울여서 최종 내용을 완성해야 한다.

챗GPT와 GPT-4를 포함한 모든 인공지능은 선용하면 도움이 되지만 오용되면 치명적인 독이 될 수 있음을 꼭 명심해야 한다.

챗GPT에게 부활절에 **예수님이 세상을 이기셨다는 주제로 짧은 설교문을 요청하자 다음과 같이 제시**하였다. 부활절에 예수님을 통해 진정한 의미의 세상에서의 승리를 다시 한번 생각하고 예수님을 존경하게 하는 내용이 담겨 있다.

챗GPT 안녕, 부활절 순예배시 사용하려 하니 '예수님이 세상을 이기셨다'는 주제로 짧은 설교문 작성 부탁해요

안녕하세요! 부활절 순예배를 위해 '예수님이 세상을 이기셨다' 주제의 짧은 설교문을 작성해 드리겠습니다.

현대 사회에서는 승리와 패배가 아주 중요한 개념입니다. 우리는 경쟁사와 경쟁하며, 우승을 차지하기 위해 최선을 다합니다. 그러나 이는 모든 것이 아닙니다. 우리가 겪는 인생의 어려움에서 승리하고, 우리가 세상에서 성취하고자 하는 것을 이루는 데에 있어서도 승리와 패배가 중요합니다.

예수 그리스도는 세상을 이긴 이들 중 하나입니다. 그는 세상의 죄악과 죽음의 권력을 이겨내고, 부활하여 영광의 왕좌에 앉으셨습니다. 예수님은 그가 이룬 승리를 우리 모두에게 선물해주셨습니다. 우리는 예수 그리스도를 믿음으로 받아들이면, 그의 승리와 함께 인생의 모든 어려움과 시련을 이겨낼 수 있습니다.

예수님의 부활은 우리에게 미래를 밝히고, 새로운 삶을 안겨줍니다. 그리고 그의 승리는 우리의 인생을 완전히 변화시킵니다. 우리는 믿음으로부터 새로운 희망과 동기부여를 얻으며, 모든 상황에서 승리할 수 있는 힘을 얻게 됩니다.

따라서, 예수님은 우리가 승리할 수 있는 힘의 원천입니다. 그의 사랑과 희생으로부터 우리는 인생의 모든 어려움을 이겨낼 수 있습니다. 예수님은 세상을 이긴 이로서 우리에게 승리와 새로운 삶을 선물해주셨습니다. 그러므로, 우리는 그를 믿고 그의 승리를 받아들이며, 그의 힘으로 모든 어려움을 이겨낼 수 있습니다.

이와 연계해서 부활절에 부르면 좋을 **'예수님이 세상을 이기셨네'**라는 **주제로 복음성가 가사를 작사해 달라고 챗GPT에게 요청하자 다음과 같이 제시**해 주었다. 부활절과 예수님의 희생과 승리로 우리가 죄와 어둠에서 자유롭게 되었고 예수님과 우리도 세상에서 승리해야 함을 느낄 수 있는 가사이다.

네, '예수님이 세상을 이기셨네'라는 주제로 복음성가 가사를 작사해 드리겠습니다. 아래는 👍 👎
가사입니다.

Verse 1:
예수님이 세상을 이기셨네,
죽음과 죄악을 다 이겨냈네.
부활하신 그의 힘으로,
우리도 이제 이길 수 있네.

Chorus:
예수님이 세상을 이기셨네,
승리와 영광을 우리에게 선물했네.
그의 사랑과 희생이 우리를 이끌어,
우리도 새로운 삶을 누리게 하네.

Verse 2:
예수님이 우리를 사랑하셨네,
그의 희생으로 우리를 구원하셨네.
우리의 죄와 어둠을 이겨내시고,
우리를 자유롭게 해주셨네.

Chorus:
예수님이 세상을 이기셨네,
승리와 영광을 우리에게 선물했네.
그의 사랑과 희생이 우리를 이끌어,
우리도 새로운 삶을 누리게 하네.

Verse 3:
예수님의 힘으로 우리는 이길 수 있네,
그분과 함께 가는 길은 확실하네.
우리가 가는 길은 험하고 멀겠지만,
예수님의 힘으로 우리는 이길 수 있네.

Chorus:
예수님이 세상을 이기셨네,
승리와 영광을 우리에게 선물했네.
그의 사랑과 희생이 우리를 이끌어,
우리도 새로운 삶을 누리게 하네.

Outro:
예수님이 세상을 이기셨네,
우리도 그분과 함께 이길 수 있네.

이와 연결하여 챗GPT에게 부활절 공동체 순모임에서 대표기도를 할 때 사용할 **기도문을 '예수님이 세상을 이기셨습니다'**라는 주제가 포함되게 작성해 달라고 부탁하니 다음과 같이 제시하여 주었다.

하나님, 우리는 예수 그리스도의 부활을 기념하여 이곳에 모였습니다. 우리는 그분이 세상의 죄악과 죽음의 권력을 이겨냄으로써 우리에게 새로운 삶과 희망을 선물해주신 것을 기억합니다.

우리는 그분이 우리를 사랑하셨고, 우리를 위해 희생하셨음을 알고 있습니다. 그분은 죄와 어둠을 이기시고, 우리에게 새로운 삶과 자유를 선물해주셨습니다.

하나님, 우리는 이제 예수 그리스도의 이름으로 기도합니다. 그분의 승리가 우리의 삶에 영향을 미치게 하여 주시기를 바랍니다. 그분의 사랑과 희생이 우리에게 영감과 희망을 주기를 바랍니다.

하나님, 우리는 이제 우리의 소원을 드립니다. 우리는 우리의 삶에서 죄와 어둠을 이기기 위해 예수 그리스도의 힘을 구합니다. 우리는 우리 자신과 우리의 이웃을 위해 더욱 사랑과 관심을 가지기를 구합니다.

하나님, 우리는 이제 우리 모두가 예수 그리스도의 승리를 함께 나누며 이제부터 새로운 삶을 살아갈 수 있기를 바랍니다. 우리가 함께 예수님의 이름으로 기도합니다. 아멘.

감사합니다.

그리고 챗GPT에게 공동체 순모임에서 **부활절 모임**할 때 함께 나눌 '**예수님이 세상을 이기셨다**'는 주제와 연계된 성경속의 예수님 예화를 하나 요청하니 다음과 같은 예화를 제시하여 주었다.

챗GPT 고마워요, 부활절에 공동체 순모임에서 함께 나눌 '예수님이 세상을 이기셨다'는 주제와 연계된 성경속의 예수님 예화를 하나 부탁해요

네, 부활절에 공동체 순모임에서 함께 나누기에 알맞은 성경속의 예수님 예회를 들려드리겠습니다. 이 예화는 '예수님이 세상을 이기셨다' 주제와 연계됩니다.

성경에서는 예수님이 세상을 이기시며 우리를 구원하신 사실을 여러 가지 예화로 나타내고 있습니다. 예수님의 승리와 그분의 사랑과 희생에 대한 이야기 중 하나는 '마르다와 마리아의 동생 라사로'의 이야기입니다.

라사로는 병들어 침상에 누워있을 때, 마르다와 마리아의 누이들이 예수님께 급히 보고를 했습니다. 그러자 예수님은 무엇인가 큰 일이 일어날 것을 예견하며 그들을 위해 가르침을 전하고, 라사로의 집으로 함께 갔습니다.

그들이 도착한 집에서 예수님은 라사로의 무덤 앞에서 울며 기도합니다. 그러자 예수님은 라사로를 불러 일으키며 그분의 부활의 큰 기적을 일으켜 냅니다. 이로써 예수님은 죽음과 죄악을 이겨내고, 우리에게 새로운 삶과 희망을 선물해주셨습니다.

이 예화는 예수님의 승리와 그분의 사랑과 희생을 나타내고 있습니다. 예수님이 우리를 구원하기 위해 죽음과 죄악을 이겨냄으로써, 우리 모두에게 승리의 길을 보여주시고, 새로운 삶과 희망을 선물해주셨습니다.

챗GPT에게 **마음이 괴롭고 힘들 때 위로가 되는 성경 구절**을 요청하니 다음과 같이 몇 가지를 그 의미와 함께 제시해 주었다.

> 챗GPT 안녕, 마음이 괴롭고 위로가 필요할 때 위안이 되는 성경 구절 부탁해요

안녕하세요. 마음이 괴롭고 위로가 필요할 때 위안이 되는 성경 구절으로는 다음과 같은 구절들이 있습니다.

1. "너희의 괴로움이 짧고 가는 것은 영원에 이르는 영광의 무게를 내리려 하심이라" (고린도후서 4:17)

이 구절은 우리가 지금 겪는 괴로움이 영원한 영광에 비하면 짧다는 것을 말해줍니다. 하나님은 우리가 겪는 모든 시험과 고통을 함께 견뎌주시며, 영원한 영광의 무게를 우리에게 선물해주십니다.

2. "내가 너희를 버리지 아니하고 너희를 떠나지 아니하리라" (히브리서 13:5)

이 구절은 하나님이 우리와 함께 계시며, 우리를 버리지 않으시며 떠나지 않으시겠다는 것을 약속하고 있습니다. 우리가 언제 어디서든 하나님의 사랑과 지지를 받을 수 있다는 것을 알려줍니다.

3. "내 평강을 너희에게 끼치노니, 이것은 세상이 너희에게 주는 것과 같지 않다. 마음이 근심하지 말고 두려워하지 말라" (요한복음 14:27)

이 구절은 예수님께서 우리에게 평강을 선물하신다는 것을 말해줍니다. 이 평강은 세상이 주는 것과 달리 영원하며, 마음이 근심하지 않도록 하여 우리를 안심하게 만들어 줍니다.

이 구절들은 마음이 괴롭고 위로가 필요할 때 위안이 되는 구절들 중 일부입니다. 하나님의 말씀은 언제나 우리를 위로하고 지지해줍니다.

또한 챗GPT에게 어려운 상황과 환난으로 힘들 때 위로와 힘이 되는 성경 구절을 요청하자 다음과 같이 적절한 말씀을 제시하여 주었다.

 많은 위로와 힘을 주는 성경 구절이 있지만, 다음 구절을 추천해드립니다:

"주님은 나의 빛, 나의 구원이시니 누구를 두려워하리요? 주님은 나의 삶의 능력, 내게서 누구를 두려워하리요?" - 시편 27:1

이 구절은 어둠과 고통을 경험할 때 우리에게 주는 위로와 힘을 잘 나타내고 있습니다. 이 구절은 우리에게 하나님께서 우리와 함께 하시며 우리를 인도해주시는 분이라는 사실을 상기시키며, 하나님의 힘과 지지를 믿고 의지하며 어려움을 이겨낼 수 있음을 알려주고 있습니다.

👍   👎

이처럼 **챗GPT와 GPT-4는 목회와 선교, 그리고 신앙생활 속에서 다양하게 활용될 수 있다.** 하지만 꼭 명심할 것은 **챗GPT와 GPT-4에게 의존하여 쉽게 설교문을 만들고 기도문을 작성하는 용도로 오용되어서는 안 된다는** 것이다. 오히려 **챗GPT와 GPT-4가 제시해 주는 내용을 참조로 하되 더욱 말씀을 붙잡고 묵상하고 기도로 하나님과 더욱 깊은 교제를 나누는 영적인 시간을 가지도록 노력해야 할 것이다.**

챗GPT와 GPT-4가 선용되어 목회와 선교 그리고 신앙생활에 도움이 되고 영성이 더욱 깊이지고 말씀을 더욱 가까이 하게 되며 예수님을 더욱 닮아가게 되도록 하기 위한 수단으로 활용되어야 할 것이다.

[그림 7-1] 레오나르도 다빈치의 최후의 만찬

출처: 네이버

4. 챗GPT, GPT-4 인공지능 시대 영성 강화의 중요성

인공지능이 발전할수록 역설적으로 **인류는 인공지능과 구별되는 '인간다 움'을 더욱 추구하게 된다. 인성과 영성(靈性, Spirituality)을 더욱 추구하게 되고 이로 인해 종교의 역할이 더욱 중요해진다.** 한편으론 인공지능 목회자 와 메타버스 가상현실이 종교와 접목되면서 종교계는 새로운 혁신과 도전에 직면하고 있다.

미국 심리학자 매슬로우의 욕구위계론의 최상위 욕구인 자기초월 (Transcendence)을 제목으로 사용하고 있는 영화 〈트랜센던스〉에서 천 재 과학자 '윌'은 인간의 지적 능력을 초월하고 자각 능력까지 가진 인 공지능 슈퍼 양자컴퓨터로 부활한다. 부활한 인공지능 윌은 인간의 능 력을 초월하여 신과 같이 되려 한다. 이것은 미래학자 레이 커즈와일 (Ray Kurzweil)이 예견한 기술적 특이점(Singularity; 인공지능이 인류 지능의 총량을 뛰어넘는 시점)의 위험성을 경고하고 있는 영화이기도 하다.

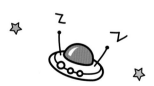

[그림 7-2] 신과 같이 되려는 인공지능 '윌'이 등장하는 영화 〈트랜센던스〉
출처:https://images.app.goo.gl/Has17XAJGQCSne3S6

이처럼 인공지능 시대에는 기술적 특이점이 오고 있다. 이성과 감성 그리고 창의성을 포함한 인간 고유의 능력이라 여겼던 역량을 인공지능이 가지게 되고 인공지능 인간과 인간 차이의 경계가 모호해지면서 함께 공존하는 시대가 다가오고 있다.

'인공지능이 발전할수록 인간의 인간다움은 무엇이며 인공지능과 인간을 구분하는 기준은 무엇일까?'라는 의문과 관심이 많아지게 된다. 그동안 인간만의 고유 영역이라도 여겼던 창의성과 감성까지 인공지능이 갖추게 될 수 있음을 알게 되면서 이러한 질문에 더욱 관심을 가지게 된다. 종교적인 관점에서 보면 인공지능과 인간의 근본적인 구분은 인간만이 가지고 있는 영성 즉 영적 지능과 영적 민감성에서 찾을 수 있다.

영성은 영혼을 중심으로 한 정신과 신체를 포괄하는 능력으로서 자기를 초월하여 절대적인 의미와 고귀한 가치를 내면의 궁극적 목표로 추구하는 의식이다. **기독교적으로 보면 인공지능 시대에 인간이 인간답게 산다는 것은 영성을 추구하며 사는 것이다.** 즉 절대적인 하나님과의 지속적인 전인적 관계 안에서 자신의 존재 의미를 찾아 삶과 가치를 추구하며, 책임성을 가지고 창조적으로 타인과 역사와 자연 및 인공지능과 함께 더불어 행복하게 살 수 있는 관계적 역량을 강화하는 것이다. 이는 인공지능조차도 인간과 스스로를 구분하는 가장 근본적이면서 인공지능이 영원히 근접할 수 없는 영역이 바로 영혼과 관련된 영성이라고 밝히고 있다.

[그림 7-3] 인공지능 로봇이 밝힌 인간의 고유 영역(영성 있는 영혼)
출처: https://www.youtube.com/watch?v=oL1ZOLo3s7s

이처럼 **인공지능 로봇이 아무리 발전해도 인간을 따라올 수 없는 영역이 바로 '영성(Spirituality)'이다.** 또한 많은 미래학자들이 **2020년 이후**에는 **영성의 시대**가 올 것이라고 예측하고 있다.

미래학자 앨빈 토플러는 "21세기는 이윤 추구 지상주의, 물질만능주의가 아닌 제5의 물결인 '영성의 시대'로 패러다임이 바뀌고 있다."라고 진단하였다. **미래학자 워싱턴대 윌리엄 교수**는 "2020년 정보 시대는 끝나고 지식 이상적 가치와 목표를 중시하는 영성시대가 올 것"이라고 예측했다. **미래학자 패트리셔 애버딘**은 그의 저서 《메가트렌드 2010》에서 "21세기는 이윤 추구 지상주의, 물질만능주의가 아닌 영성의 시대"라고 단언했다. 미래학자 존 나이스빗도 "미래를 살아가기 위해서는 우리는 영성을 키워야 한다. 영적인 인물이 세상을 주도할 것이다."라고 예측했다.

필자인 **안종배 국제미래학회 회장**도 동아일보 인터뷰 등에서 코로나 팬데믹으로 **인류 역사는 휴머니즘 테크놀로지와 휴머니즘 인간성이 회복**되면서 '뉴르네상스'라는 문명적 대변혁을 맞게 될 것으로 예측했다. 뉴르네상스 시대의 본격화로 **인공지능 발전으로 초지능·초연결·초실감의 4차 산업혁명이 가속화**되고 **창의적 인성과 신뢰와 고귀한 가치를 추구하는 영성을 중시하는 시대가될 것이다.** 그리고 이러한 혁명적 변화로 이전과는 다른 뉴노멀이 모든 곳에서 등장하게 된다고 예측하였다. 최근의 기업

경영의 핵심 화두로 떠오르고 있는 ESG 경영(환경·사회공헌·윤리경영)도 이러한 영성 가치 추구 확산의 사례이다.

'21세기 흑사병' 코로나, 4차산업 '뉴 르네상스' 개막 방아쇠 될 것

논설위원 파워 인터뷰

안 종 배 국제미래학회장

원격 온라인 수업, 재택근무, 화상회의… 낯선 문화가 어느 날 갑자기 우리 일상으로 파고들었다. 비대면 방식의 언택트(Untact) 시대가 열린 것이다. 코로나19가 빈감제로 빠르고 큰 변화의 물결이다. 미래학자는 세상은 이제 코로나 전(BC·Before Corona)과 후(AC·After Corona)로 규정될 것이며, 인류에게는 지금까지 경험하지 못한 새로운 환경에 적응하이 하는 과제가 주어졌다고 강조한다. 최근 최고경영자(CEO) 대상 원격 화상 특강에서 코로나19 팬데믹 이후 펼쳐질 세상을 뉴(New) 르네상스'로 규정한 미래학자 안종배 한세대 교수(58)를 만났다. 국제미래학회 제3대 회장이자 대통령직속 4차산업혁명위원회의 혁신위원을 맡고 있는 안 교수는 지구촌은 당분간의 혼란기를 거친 휴머니즘과 4차 산업혁명 기술이 결합한 신세계, 즉 문명의 대변혁의 시대를 맞이할 것이라고 주장했다.

전염병과 문명의 변혁

— 서유럽에서 수백 년 전에 유행했던 르네상스 운동을 담론처럼 들고나왔다.

"유럽 르네상스 시대의 개막은 흑사병으로 불리는 페스트가 상실에선 경정적 원인이 됐다. 흑사병으로 인해 14세기 중반 당시 유럽 인구의 30%가 목숨을 잃었고 유럽의 전통 사회 구조가 붕괴됐다. 페스트 대응에 무력했던 교회는 그동안 누렸던 절대 권력을 내부보이아야 했고, 봉건경주 토지의 경제가 도시자본주의로 바뀌고, 신앙과 인간성이 중시되는 문화가 이때 탄생했다.

코로나19 팬데믹에 기존의 사회 시스템과 문화를 변화시키고 촉매제가 될 것이다. 21세기 청단 과학기술 시대에 비대면 바이러스 하나가 전 인류의 생명을 위협하고 세계 경제마저 일순에 멈추게 하는 현실에 사람들은 경악했다. 이는 그간 절대 권위처럼 믿어왔던 과학기술 만능주의에 대한 회의감이들 가져왔다. 또한 우리는 반강제적으로 사회적 격리를 할 수밖에 없는 상황에 놓였다. '줌을 통해 보던 발전'을 목표로 삼아 숨도 우쉬주의와 물질주의의 가치관에서 한 발짝 벗어나 조금 느린것이라도 인간의 삶의 목적을 물을 수 있게 됐다.

— 코로나19에는 돌발적 악재에 대해 과도하게 사회적 변화의 의미를 부여하지 말자.

"변화의 씨앗은 진작 뿌려져 있었다. 코로나19의 주요 현상인 언택트의 문화는 40년 전 미래학자 엘빈 토플러의 '제3의 물결'에서 재택근무와 원격교육, 가정의 중요성을 이미 예고 했다. 이후 우리 시대에서는 온라인 화상 회의 및 온라인 쇼핑, 비접촉 배달업 등이 빠르게

휴먼기술문명 시대

— 헨리 키신저 전 미국 국무장관은 "과거의 성곽시대(walled city)가 다시 도래할 수 있다"며 생산공정 등 글로벌 공급망이 본국으로 귀환하는 등 자유의 시대가 지물 것이라고 경고했다.

국제미래학회가 2015년 발간한 '대한민국 미래보고서'는 창의와 인성을 중시하는 휴머니즘의 등장을 이미 예측한 바 있다. 인류의 문명사는 과학기술 위주의 발전을 넘어 영성(靈性)적 휴머니즘이 부각되는 방향으로, 어느 순간 급속한 변화에 들어가기로 되었다. 다만 그 급격한 변화를 이끌 방아쇠가 코로나바이러스일 줄은 누구도 예측하지 못했을 것이다."

되는 4차 산업혁명과 함께 정신 및 감성 영역의 휴머니즘이 함께 꽃을 피워야 한다. 구체적으로 우리 사회는 비대면 중심의 현존감을 강화하는 언택트 프레즌스(Untact Presence), 모든 비즈니스의 블루오션인 스마트 플랫폼(Smart Platform), 첨단 기술과 감성으로 개인 맞춤하는 인공지능 퍼스널(AI Persoon)이 모든 영역에 적용될 것이다. 이러한 변화를 거부하거나 먼못거리며 구태말래 대한민국이 우리는 및 어려운 상황을 맞게 될 것이다."

— 안 교수는 코로나19 이후 인류 앞에 새로운 세상을 펼쳐질 것이다."

빅브러더 정부 경계해야

— 한국이 휴머니즘과 4차 산업혁명이 결합한 신

문명 질서에 경쟁력이 있나.

"뉴 르네상스 미래 사회는 인공지능과 정보통신기술(ICT)을 중심으로 한 4차 산업혁명 기술과 인간의 창의성 및 인성의 결합이 핵심 국가 경쟁력이 될 것이다. 한국은 코로나19 대응에서 인공지능과 ICT의 활용도면 온전을 정확하게 파악하고 온라인 교육과 재택근무 등 무리 없이 실천하는 등 세계 최고 수준의 정보기술(IT) 인프라 활용 역량을 보여주었다. 또한 드라이브스루 같은 창의성을 발휘한 효율적인 방역을 펼쳤고, 사재기 없는 사회적 거리 두기를 높은 수준의 도덕성과 신뢰성을 보여주었다. 한국은 전통 유교주의에 기반한 휴머니즘에 뉴리운 강점을 갖고 있어, 세상의 테크놀로지의 세상에서 휴머니즘이 결합한 '휴먼 테크놀로지'의 세상에서 최적의 위치에 서 있다."

— 정치 경제적 측면에서 닥칠 변화는….

"코로나19 상황에서 보통 정부는 민간 통제력을 강화시키려 하고 의회의 영향력이 약화될 가능성이 크다. 미래의 국민들은 '빅브라더'가 되려고 하는 정부의 일거수 일투수를 주시하는 것과 함께 지켜 나가야 한다. 이를 위해서는 스마트 플랫폼이 기반한 모든 정보가 공개되고 투명하게 공유되는 세상을 활성화 시켜야 한다. 경제부에서는 스마트 뉴딜 경제 시스템으로 체제를 재편할 필요가 있다. 즉, 스마트 플랫폼과 언론지능이 기반한 스마트 교육, 스마트 워크, 스마트 헬스케어, 스마트 팩토리, 스마트 시티, 스마트 룸 산업 등이 본격화될 것으로 예상된다."

안 교수는 인구 감소 문제가 한국의 미래 성장을 저해할 것이라고 우려했다. 그가 공공 연한 연구와 총산 기술 융합으로 인해 인구 감소가 더욱 가속화될 경우 국가 경쟁력의 약화로 이어지고 있다는 것. 코로나19 이후 경제 및 생활 환경의 대폭 축소 등 급격한 자율성 변화로 정책이 그 어느 때보다 필요한 사정이라고 강조했다.

안종배 교수

1985년 서울대를 졸업한 뒤 연세대 언론홍보대학원 및 경기대 대학원을 거쳐 미국 미시간주립대 대대원에서 초커뮤니케이션을 전공했다. 현 국제미래학회 회장을 맡고 있으며 미래방송 캠퍼스 초대원장, 클린콘텐츠국민운동본부 회장, 대통령직속 4차산업혁명위원회 혁신위원, 국회 미래정책연구회 운영위원장을 사회활동을 하고 있다. 저서로 '미래학 원론' '제4차 산업혁명 마스터플랜' '뮤제 아트학' 등이 있다.

▲국내의 미래학자의 전문가 5000여 명이 참여한 국제미래학회 제3대 회장인 안종배 한세대 교수. 2015년에 출간한 '대한민국 미래보고서'에서 인공지능과 스마트 산업 등 4차 산업혁명 기술과 휴머니즘을 예고한 바 있다. 양해성 기자 yohan@donga.com

---

영성(靈性)이란 진정한 자기 초월을 향하는 고귀하고 높고 선한 가치를 추구하는 삶이다. 미래에는 갈수록 영적인 삶을 추구하는 사람이 늘어날 것이며, **영성은 우리의 지각을 변하게 하고 미처 보지 못하던 진실에 눈을 뜨게 한다.** 영성은 보고, 듣고, 느끼고, 깨닫는 우리의 지각을 변하게 한다. 모든 것에 깃들어 있는 가치와 혼을 느끼게 한다.

미래 사회엔 인공지능과 로봇이 인간의 다양한 영역을 모방하고 뛰어넘는 시대가 올 수도 있게 된다. 이때에도 **인간이 인간다움을 느낄 수 있는 마지막 보루가 '영성'의 영역이 될 것이다.** 이로 인해 '영성'이 점차 중요해지고 이를 추구하는 사람들이 더욱 증가할 것으로 예측된다.

한국의 대표적 석학인 **이어령 전 문화부장관**도 인공지능 시대에는 **'영성이 인공지능과 인간 사이의 빈 공간을 채우게 될 것'**이라며 영성의 중요성과 확산을 예측하였다. "인공지능 시대가 심화될수록 하나님이 주시는 영성의 힘은 더욱 커진다"며 "인공지능이 인간의 이성과 감성을 모두 점령해도 하나님의 영역인 영성은 침범하지 못할 것"이라고 예측하였다.

이처럼 인공지능 시대에 강화되는 영성 추구의 방향은 종교적인 관점에서는 매우 고무적일 수 있다. 종교는 본질적으로 영성을 핵심 영역으로 다루고 있기 때문이다.

[그림 7-4] 인공지능 시대 영성의 중요성을 강조하는 이어령 전 장관
출처: 미래목회포럼 홈사이트. http://www.miraech.com/

특히 **기독교의 영성은 인공지능 시대에 중요한 역할을 한다.** 이는 기독교의 영성이 인공지능 만능 시대에 우리가 사는 세상에서 다음과 같이 더 큰 의미를 찾는 데 도움을 주고, 내면의 안정과 평화를 찾을 수 있게 해 주기 때문이다.

첫째, 기독교의 영성은 우리에게 삶의 더 큰 의미를 부여한다. 우리는 인공지능과 같은 혁신적인 기술의 발전으로 인해 더 많은 것을 알게 되었지만, 이러한 지식은 우리가 살아가는 세상에서 더 큰 목적을 찾는 데 도움을 주지 못한다. 그러나 기독교의 영성은 우리가 이 세상에서 더 큰 의미를 찾을 수 있도록 도와준다. 기독교는 우리에게 하나님의 계획과 그의 사랑에 대한 이해를 제공하며, 우리가 삶에서 더 깊은 진정한 의미를 찾을 수 있도록 돕는다.

둘째, 기독교의 영성은 우리가 내면의 안정과 평화를 찾을 수 있게 해준다. 인공지능 시대에서는 우리가 더 많은 정보와 소리에 노출되어 있다. 그러나 이러한 정보와 소리는 우리의 마음과 영혼에 부정적인 영향을 미칠 수 있다. 이에 반해, 기독교의 영성은 우리가 내면의 안정과 평화를 찾을 수 있게 도와준다. 기독교는 우리에게 하나님 및 예수님 그리고 성령님과의 관계를 통해 내면의 평화와 안정을 찾을 수 있도록 돕는다.

셋째, 기독교의 영성은 우리에게 나눔과 사랑, 관용과 자비, 그리고 감사와 겸손 같은 가치를 실천하게 도와준다. 인공지능 시대에 더 많은 것을 가

질수록 더 행복하다는 오해가 있다. 그러나 기독교의 영성은 우리에게 이러한 소유물보다 더 중요한 가치를 실천하게 도와준다. 우리는 기독교의 가르침을 통해 나눔과 사랑, 관용과 자비, 그리고 감사와 겸손 같은 가치를 발견하고 이를 실천하여 보다 행복한 삶을 살아갈 수 있게 도와준다.

넷째, 기독교의 영성은 우리에게 인간성과 윤리의 소중함을 일깨워 준다. 인공지능이 발전하면서 인간의 역할과 가치에 대한 논의가 일어나고 있다. 그러나 기독교의 영성은 인간의 가치와 윤리를 강조한다. 우리는 하나님의 형상을 지니고 있으며, 이를 바탕으로 다른 사람들과 상호작용해야 한다. 기독교는 또한 인간의 삶과 존재에 대한 깊은 이해를 제공하며, 우리가 윤리적인 삶을 살아갈 수 있도록 도와준다.

다섯째, 기독교의 영성은 우리가 삶의 어려움에 대처하는 데 도움을 준다. 우리는 모두 인생에서 어려움을 겪을 때가 많다. 기독교의 영성은 우리가 이러한 어려움을 극복하는 데 도움을 준다. **기독교는 하나님의 사랑과 지도 아래에서 삶의 어려움을 이겨낼 수 있는 구원과 부활의 믿음을 제공한다.**

[그림 7-5] 화가 장승원 작품 (영성과 평화가 넘치는 작품들)

이처럼 **인공지능 시대에 기독교의 영성은 더욱 중요한 역할을 한다.** 기독교의 영성은 우리가 내면의 평화와 안정을 찾을 수 있도록 도와주며, 인간성과 윤리를 강조하여 우리가 더 나은 사람이 될 수 있도록 돕는다. 또한, 기독교의 영성은 우리가 삶의 어려움을 극복하고, 삶의 의미와 더 큰 목적을 찾을 수 있도록 도와준다.

인공지능이 발전할수록 인류에게는 인공지능과 구별되게 하고 인간의 삶의 의미를 찾아주고 인간을 인간답게 만들어 주는 영성이 더욱 중요하게 대두될 것이다.

제30장

• • •

챗GPT, GPT-4 인공지능 시대
인성과 윤리의 중요성

1. 챗GPT, GPT-4 인공지능 시대 인성의 중요성과 활동

챗GPT, GPT-4로 범용 인공지능 시대가 되면 의사와 변호사, 회계사 같은 고급 일자리마저 인공지능에게 빼앗기기 시작한다. 지식과 정보를 암기하고 연산하는 능력이 위주인 직업은 인공지능이 인간을 대체할 것이다.

과연 인공지능이 대체할 수 없는 인간의 역량은 무엇인가? **인공지능이 아무리 똑똑해져도 뛰어 넘을 수 없는 역량 부분이 존재한다. 그것은인간의 본질, 바로 '인간다움'이다.** 진정한 창의성과 통찰력, 직관력, 협업역량, 인성 및 감성, 영성과 지혜와 같은 '인간다움'이 미래에 더욱 가치를 발할 것이다.

인간다움의 가장 대표적인 특성인 인성은 사려 깊은 생각과 감정, 합리적 이성과 감성이 융합된 사회·정서적 역량을 갖춘 상태이다. **인공지능 시대에는 이러한 인성을 지닌 사람이 진정으로 '실력이 있는 사람'이 될 것이다.** 인공지능(AI)과 공존해야 하는 인공지능 시대에는 바른 인성을 갖춘 사람이 인공지능을 올바른 방향으로 사용되게 하고 또한 인공지능 대비 비교우위를 갖추기 때문이다.

"그대는 나라를 사랑하는가, 그러면 먼저 그대가 건전한 인격이 되라"는 **도산 안창호 선생님**의 유훈이 실감되는 시대가 온 것이다. **각자의 영역에서 정직하고 건전한 인성 가치를 실천**하면 우리 사회는 행복하고 아름다운 대한민국이 될 것이다. 또한 이것이 **국가와 개인의 경쟁력이 되는 시대**가 된 것이다.

[그림 7-6] 미국 리버사이드 시티 공원의 안창호 선생 동상과 필자
(마하트마 간디, 마틴 루터 킹과 함께 리버사이드 시민이 존경하는 3인)

이처럼 **인공지능 시대에 더욱 중요해지는 인성 가치를 확산하기 위해 인**

성 클린콘텐츠 운동이 전개되고 있다. **클린콘텐츠국민운동본부**는 미디어와 콘텐츠 및 문화를 통해 정직한 인성 가치를 확산하는 노력을 뜻을 같이 하는 분들이 함께 전개하고 있다. 특히 정직, 칭찬, 감사, 책임, 배려, 존중, 나눔, 봉사, 소통, 화합, 투명, 청렴을 비롯한 **인성 가치를 주제로 전국 최대 규모의 UCC 공모전을 개최**하여 인성 가치를 함양하고 확산하며, 인성 클린데이 캠페인을 통해 서로 칭찬하고 감사하는 운동을 전개하여 인성 가치가 생활 속에 실천되도록 노력하고 있다.

[그림 7-7] 2023년도 인성 클린콘텐츠 UCC 공모전 안내 포스터

인공지능 시대는 인성이 핵심 역량이 되는 시대이다. 대한민국이 미래에 경쟁력을 갖추고 행복한 사회가 되기 위해서는 사회에 정의가 바로 서고 개인의 인격이 함양될 때 건강하고 행복한 대한민국이 만들어진다. 이를 위해서는 인성을 함양하고 인성 가치를 확산하는 교육과 사회적 운동 및 노력이 어느 때보다 중요하다.

또한 **챗GPT, GPT-4 인공지능 시대에 인간이 주체가 되어 인간다움을 더욱 강화하는 노력이 필요하다.**

출처: 브릿지경제 2023.2.21

2. 챗GPT, GPT-4 인공지능 시대
인공지능 윤리의 중요성과 활동

인간이 만든 인공지능 컴퓨터 전략 방어 네트워크가 스스로의 지능을 갖추고는 인류를 핵전쟁의 참화를 일으켜 30억이라는 인류를 잿더미 속에 묻어버린다. 그리고 남은 인간들은 인공지능 기계의 지배를 받아 시체를 처리하는 일 등에 동원된다. 영화 터미네이터의 내용이다.

인공지능의 급속한 발전이 우리 인류에게 유익한 것인가? 아니면 영화 터미네이트, 메트릭스, 아이로봇, 아일랜드에서 묘사된 것처럼 오히려 인류에게 재앙이 되지는 않을까?

[그림 7-8] 영화 터미네이터의 포스터와 핵전쟁 영화 장면
출처: https://images.app.goo.gl/cdu44cWvwghnJdU27

인류는 인공지능의 발전으로 자연을 정복하고 자연을 관리하며 인간이 더욱 편리하고 행복하게 하는 데 도움이 될 것이라는 낙관론과 동시에 인공지능의 발전이 오히려 인간의 행복을 해치며 오히려 재앙이 될

수도 있다는 우려가 여기저기서 나오고 있다.

분명한 것은 인공지능 발전이 인류에게 유익하게 될 것인지, 아니면 재앙을 몰고 올지는《사피엔스》의 저자 유발 하리리의 주장처럼 인류의 의지에 달려 있다는 것이다. 인공지능의 발전으로 초지능·초연결 사회가 구현되고 **인공지능이 인류의 모든 지능의 합을 넘어서는 싱귤래리티(Singularity) 시대가 다가옴에 따라 인공지능 윤리가 더욱 중요해지고 있다.** 이는 인류의 미래가 달린 중요한 문제이고 현재 대응하지 않으면 때가 늦어 돌이킬 수 없는 인류의 재앙 상태가 도래할 수도 있다. 이로 인해 필자를 포함한 미래학자와 세계적 석학은 모두 인공지능의 윤리, 규제 관련 논의가 바로 지금부터 필요하다고 주장하고 있고 전 세계는 **인공지능 발전과 개발에 있어 인류의 미래에 유익할 수 있도록 윤리와 법제를 논의하고 실행하는 것이 중요해 지고 있다.**

해외에서는 인공지능의 급속한 발전에 따른 부작용을 사전에 예방해야 한다는 의식으로 미국, 일본, 유럽은 각 국가별 차원의 인공지능(AI) 윤리 정책을 만들고 있다. 특히 인공지능의 미래에 대해 발전을 도모하면서도 윤리적 규정을 만들어 지키게 하고 있다. 아실로마 AI 원칙, EU 로봇 민법, 일본 총무성의 인공지능(AI) 개발 가이드라인, 미국 미(美) 국방성 산하 국방위고등연구계획국(DARPA)의 설명할 수 있는 인공지능(XAI) 프로젝트 등이 있으며 또한 국제기구 차원의 AI 윤리 대응으로 OECD의 'AI 발전 권고안', 미국 전기전자학회(IEEE), 국제인권감시기구 등은 국제기구 차원의 인공지능(AI) 윤리 대응책을 마련하고 있다.

[그림 7-9] 아실로마 AI 원칙 홈사이트 한국어 버전
출처:https://futureoflife.org/ai-principles-korean/

아실로마 AI 원칙은, 연구 이슈(Research Issues)에서 5개, 윤리와 가치 (Ethics and Value)에서 13개, 장기적 이슈(Longer-term Issues)에서 5개 등 총 23개 원칙을 도출됐다. 첫 번째 연구 이슈로 'AI 연구의 목표는 목적이 없는 지능을 개발하는 것이 아니라 인간에게 유용하고 이롭고 혜택을 주는 지능을 개발하자'는 것이고, 두 번째 윤리와 가치 이슈는 'AI 시스템은 인간의 존엄성, 권리, 자유 및 문화 다양성의 이상과 양립 할 수 있도록 설계되고 운영되어야 한다'는 것이다. 세 번째 장기적 이슈는 인공지능이 가져올 장기적인 문제를 포함하는데 '합의된 여론 없이 인공지능이 인류에게 가져올 미래에 대한 결정론적 가설은 삼가야 한다'는 것이다.

우리나라 최초의 인공지능 윤리 연구는 2016년부터 이루어졌다. 이 연구 결과로 2018년에 국내 최초로 **인공지능 윤리 '지능정보사회 윤리헌장'**이 마련

되었다. 그리고 **2020년** 말에는 3대 원칙 10대 핵심 요건으로 구성된 '**범정부 인공지능 윤리 기준**'이 발표되기도 했다. 그럼에도 불구하고 인공지능 윤리에 대한 '대중적 인식'이 여전히 부족한 이유는, 윤리의 적용 대상을 개발자와 사업자에 한정해온 까닭이다. 이제는 이용자, 정책 관리자 더 나아가서는 우리 국민 전체로 대상을 바꾸어야 한다.

지능정보사회 윤리헌장

인간의 창의와 혁신을 기반으로 하는 4차 산업혁명과 그에 따른 지능정보사회는 우리 모두에게 불가피한 삶의 환경으로 자리 잡아가고 있다. 인공지능, 로봇 등의 지능정보기술은 사회 모든 분야에서의 융·복합 과정을 통해 경제적 도약과 사회문제 해결에 새로운 기회를 제공하고 있으나, 의도하지 않은 부작용에 대한 우려도 나타나고 있다. 이에 우리는 지속가능한 공생의 가치를 구현하고, 안전하고 신뢰할 수 있는 지능정보사회로 나아가고자 다음과 같이 결의를 다진다.

1. 지능정보사회는 인간의 존엄과 안전을 지키고 인류의 보편적 가치를 실현하는 방향으로 발전해야 한다.

2. 지능정보사회에서 이루어지는 성과와 혜택은 소수에게 편중되기 보다는 모두에게 공유되어야 한다.

3. 지능정보사회에서 기술, 제품 및 서비스를 개발·공급하는 경우, 오동작과 위험상황에 대한 제어기능을 제공해야 하고 그 사회적 책임을 다해야 한다.

4. 지능정보기술을 활용하여 이루어지는 자동화된 결정과 처리 과정은 필요시 설명 가능해야 하고, 사회적 편견과 차별 및 숨겨진 기능이 없어야 한다.

5. 지능정보사회의 가치를 논의하고 문제를 해결하기 위하여 우리는 공론의 장에 참여하여 열린 마음으로 협의하는 문화를 조성해야 한다.

6. 지능정보사회의 지속가능한 발전을 위하여 우리는 사회변화에 따른 디지털 시민성을 갖추고 역량을 강화하도록 노력해야 한다.

2018년 6월

[그림 7-10] 지능정보사회 윤리헌장

한편 국제미래학회와 국회미래정책연구회는 공동으로 '**대한민국 인공지능메타버스포럼**'을 2020년 발족하였다. 대한민국 인공지능메타버스포럼은 **인공지능과 메타버스, 그리고 법조 및 사회 분야별 전문가 200명으로 구성**되어 있으며 인공지능을 과학·기술·정치·경제·인문·사회·국방·환경·ICT·의료·미디어·문화·예술·교육·직업·윤리 등 제 분야에서 건강하게 활용되도록 인공지능과 메타버스 진흥과 윤리 정책과 법제 연구를 수행함을 목적으로 한다.

대한민국 인공지능메타버스포럼은 **인공지능 미래사랑방과 전문가 연구를 통해 인공지능의 건전한 미래 발전과 활용을 촉진하기 위한 '인공지능 발전 기본법'**의 입안을 준비하고 있으며 여기에 **인공지능 윤리 가이드라인**을 포함시키기 위해 다양한 의견 수용 및 전문가들이 함께 연구하고 있다.

[그림 7-11] 대한민국 인공지능과 메타버스 미래 발전 정책 세미나

인공지능의 발전이 인류의 행복에 도움이 되고 AI가 아니라 인간이 중심이
되는 미래 사회가 되기 위해서는 인간의 인간다움의 핵심인 인성과 영성을 강
화하고 인공지능의 개발과 사용에 대한 가이드라인과 윤리 기준 그리고 건강
한 AI 사용 교육과 캠페인이 매우 중요하다.

"현재 우리의 결정이 인류의 미래를 좌우한다."

부록

- 국제미래학회 소개

- 대한민국 인공지능 메타버스 포럼 소개

- 인공지능 시대 미래지도사 교육 소개

- 챗GPT-4 사용법 및 활용법 교육 소개

국제미래학회

Global Futures Studies Association

국제미래학회 소개 (www.gfuturestudy.org)

국제미래학회는 세계적인 미래학자 30명이 직접 방한 참석하여 **제롬글렌 밀레니움프로젝트 회장과 김영길 한동대 총장이 초대 공동회장**을 맡고 국내외 전문영역별 미래학자 100여명이 함께 참여하여 **2007년 10월 국내에 본부를 두고 설립된 국제적인 학회**이다. 2011년부터 제2대 총장으로 이남식 서울예술대 총장이 회장을 맡았고 2019년 **안종배 한세대학교 교수(미래창의캠퍼스 이사장)**가 제3대 회장으로 취임하였다.

국제미래학회는 '미래의 다변화 사회에 대응하기 위하여 사회 전반을 아우르는 과학·기술·정치·경제·인문·사회·환경·ICT·미디어·문화·예술·교육·직업 등 제 분야에 대한 **미래예측 및 변화에 대한 연구와 미래 교육을 수행**함으로써 미래 사회를 대비하고 지속적인 성장과 발전에 기여함'을 목표로 삼고 있다.

국제미래학회는 제롬글렌, 티모시 맥, 짐 데이토, 호세 코르데이로, 피터 비숍, 조나단 트렌트, 토마스 프레이, 시르카 하이노넨, 브룩 힌즈만 등 **해외의 세계적인 미래학자 60여명이 함께 동참**하고 있으며 이들을 국내에 초청하여 미래학과 미래연구의 확산을 위한 노력을 경주해 왔다. 또한 **100여회에 걸쳐 국제미래학 학술포럼과 컨퍼런스를 개최**하여 주요 영역별 미래 예측과 미래 발전 전략을 발표해 왔다.

국제미래학회는 현재 60여명의 국내·국제자문위원, 그리고 학술위원회를 포함한 **8개의 직무위원회와 70여개의 전문영역별 연구위원회**로 구성되어 있고 **국내외의 저명한 학자와 전문가 500여명이 함께** 하고 있다.

국제미래학회는 학회 위원들이 **공동 저술**하여 국내 최초의 26개 영역별 글로벌 미래예측 연구 결과로서 **"미래가 보인다, 글로벌 2030"**(박영사)을 출간하였고 40여개의 **"전략적 미래예측방법론 바이블"**을 연구하고 저술하여 문화체육관광부 우수학술도서로 선정되었다. 또한 한국의 미래를 예측하고 미래 발전 방안을 제시한 **"대한민국 미래보고서"**를 출간 2016년 문체부 추천 우수교양도서로 선정되었다. 또한, 57명의 석학들이 미래 대응을 위한 교육혁신 방안을 연구하여 **"대한민국 미래교육보고서"**를 2017년 저술하여 문화체육관광부 우수학술도서로 선정되었고, 2018년엔 "대한민국 4차산업혁명 마스터플랜", 2019년엔 "4차산업혁명 대한민국 미래성공전략", 2020년엔 **국내 최초의 미래학 기본서 "미래학원론"**(박영사), 2021년엔 **"인공지능이 바꾸는 미래세상과 메타버스"**, 2022년엔 **"인공지능 메타버스 시대 미래전략"**을 저술하여 개인, 기업, 국가의 미래 대응 방안과 미래전략 방안을 제시하였다.

또한 국내 최초 **미래형 오픈캠퍼스 교육기관**인 〈미래창의캠퍼스〉를 전국 주요 지역과 온라인에 개설 '4차산업·미래전략 최고지도자 과정', '인공지능 메타버스 미래최고위과정', 'ESG 미래전략 콜로키움', '미래대학 콜로키엄', '미래지도사' 자격과정, '미래예측전략전문가' 자격과정, '스마트 메타버스 전문가' 자격과정, '챗GPT 인공지능 활용법' 과정을 포함한 70여개의 미래형 교육과정을 진행하고 있다.

한편 급변하는 미래 환경에서 지속가능한 국가 발전을 위한 국가미래전략을 입안하여 국민의 미래 일자리 창출과 행복한 삶의 질을 높이는 데 기여하기 위한 '국가미래발전 기본법'을 입안하고 발의하였고 제정을 위해 노력하고 있다. 그리고 대한민국 인공지능메타버스포럼을 결성하여 매월1회 '인공지능 메타버스 미래사랑방'을 개최하여 석학들이 국가와 인공지능과 메타버스의 건강한 발전을 위한 지혜를 나누고 있다.

또한 2022년에 **미래학과 미래전략 연구 중심기관**으로 〈미래창의연구원〉을 제주시 애월 해변에 개원하여 국내와 해외의 주요 미래 연구기관과 연계하고 협력하면서 인공지능 메타버스 시대 대한민국 및 지역의 미래 발전을 위한 미래 연구를 진행하고 있다.

국제미래학회는 전 세계 미래학자와 미래연구기관의 미래 연구 발표 축제인 **'세계미래대회'** 개최와 **'세계미래 도서관'**을 적극 추진하고 있다.

국제미래학회 사무국:

서울시 종로구 삼봉로 81(수송동) 두산위브파빌리온 1126호

02-501-7234, future@cleancontents.org www.gfuturestudy.org

미래창의연구원:

제주시 애월읍 고내리 884-1. 101-503

[국제미래학회 임원 조직도]

국제미래학회
Global Futures Studies Association

미래연구위원회

미래미디어위원장	안종배(한세대 교수)
미래디자인위원장	이순종(서울대 미대 명예교수)
미래국토계획위원장	김창석(서울시립대 명예교수)
미래IT위원장	임주환(고려대 초빙교수)
미래의료과학위원장	엄창섭(고려대 의대 교수)
미래헬스케어위원장	강건욱(서울대 의대 교수)
미래예술위원장	노소영(나비아트센터 관장)
미래방송기술위원장	안동수(유비콘미디어콘텐츠연합 부총재)
미래헌법연구위원장	고문현(전 한국헌법학회 회장, 숭실대 교수)
미래정치분석위원장	김형준(명지대 교수)
미래방송정책위원장	김광호(서울과학기술대 교수)
미래인문학위원장	이상규(경북대 교수)
미래블록체인위원장	박수용(서강대 교수)
미래경영홍보위원장	김진화(서강대 교수)
미래경영컨설팅위원장	김경준(딜로이트컨설팅 부회장)
미래주거환경위원장	이연숙(연세대 교수)
미래핵에너지위원장	황일순(서울대 공대 명예교수)
미래평생교육위원장	최운실(아주대 교수)
미래창업위원장	이주연(아주대 교수)
미래경영위원장	엄길청(경기대 교수)
미래생산성위원장	이창원(한양대 교수, 대한경영학회 회장)
미래혁신기술위원장	한승호(한설그린 회장)
미래기후변화위원장	조석준(9대 기상청장)
미래메키징위원장	김재능(연세대 교수)
미래과학기술위원장	차원용(아스팍연구소 소장)
미래의복위원장	김윤자(서울대 교수)
미래지식서비스위원장	주형근(한성대 교수)
미래공간지리위원장	박수진(서울대 교수)
미래정보분석위원장	문영호(전 KISTI 부원장)
미래트렌드예측위원장	김경훈(한국트렌드연구소 소장)
미래스토리텔링위원장	이재홍(숭실대 교수, 게임물관리위 위원장)
미래게임위원장	위정현(중앙대학교 교수,한국게임학회 회장)
미래컴퓨터위원장	신용태(숭실대 교수)
미래창의교육위원장	이경화(숭실대 교육학과 교수)
미래한류문화위원장	박장순(홍익대 명예교수)
미래지속가능위원장	문형남(숙명여대 교수)
미래기술가치위원장	조성복(전 KVA 평생교육원 원장)
미래휴먼컴위원장	김광옥(전 방송학회회장)
미래경제예측위원장	최윤식(아시아미래인재연구소장)
미래경제분석위원장	이종규(대구카톨릭대 교수)
미래기업홍보위원장	김흥기(한국사보협회 회장)
미래콘텐츠재산권위원장	조태봉(문화콘텐츠라이센싱협회 회장)
미래인터넷윤리위원장	최종원(숙명여대 교수)
미래혁신정책위원장	박병원(과학기술정책연구원 미래센터장)
미래인구예측위원장	서용석(카이스트 교수)
미래광고위원장	김병희(서원대 교수,한국광고학회 회장)
미래에너지출판위원장	정욱형(CEO에너지 대표)
미래동양학위원장	소재학(하원정미래학회 회장)
미래IT기술분석위원장	김들풀(IT뉴스 대표)
미래드론위원장	장문기(한국드론협동조합 이사장)
미래드론교육위원장	박장환(국제드론사관학교 이사장)
미래잡지위원장	조섬수(한국잡지연구소 소장)
미래지역산업위원장	강종진(울산문화산업개발원 원장)
미래에듀테크위원장	이형세(테크빌교육 대표이사)
미래비교문화위원장	김세원(글로벌문화브랜딩연구소장)
미래위성우주위원장	조황희(전 과학기술정책연구원 원장)
미래빅데이터위원장	박정은(한국정보화진흥원 센터장)
미래국토이용위원장	이용우(국토연구원 본부장)
미래실버유아인성위원장	차경환(실버브레인건강관리협회 대표)
미래전통문화위원장	김시범(한동대 문화산업대학원장)
미래캠페인위원장	박종라(더칼라커뮤니케이션 대표)
미래음악공연위원장	김경아(로엘오페라단 단장)
미래정책위원장	장영권(국가미래전략원 대표)
미래법제위원장	박인동(김&장 법률사무소 변호사)
4차산업혁명산업위원장	김동섭(UNIST 교수)
4차산업혁명법률위원장	양승원(법무법인 하정 대표 변호사)
미래메카닉스위원장	이정기(홍익대학교 교수)
미래법률위원장	한상우(삼일회계법인 고문)
미래사이언스위원장	최재붕(성균관대학교 교수)
미래복지정책위원장	김준경(남서울대 교수)
미래융합산업위원장	최만범(한국융합산업협회 회장)
미래대학경쟁력위원장	최용섭(한국대학경쟁력연구원 원장)
미래기독신학위원장	김성원(서울신학대 교수)

임원

초대회장	고 김영길(전 한동대 총장)
명예회장	이남식(인천재능대학교 총장)
회장	안종배(한세대학교 교수/ 미래창의캠퍼스 이사장) 제롬글렌(밀레니엄 프로젝트 회장)
수석부회장	김용근(한국경영자총협회 부회장)
운영이사	학술위원회 위원장 편집출판위원회 위원장 총무위원회 위원장 대외협력위원장 미디어홍보위원장 미래인재위원장
사무총장	
집행이사	학술위원장 연구위원장 국제위원장 자문위원장 후원회장

자문위원

박 진(외교부 장관)
성일종(국회미래정책연구회 공동회장)
조완규(서울대 명예교수,전 교육부 장관)
진대제(전 정보통신부 장관)
이희범(한국정신문화재단 이사장, 전 산자부장관)
김광두(국가미래연구원 원장)
곽병선(전 한국장학재단 이사장)
이경숙(아산나눔재단 이사장)
이영탁(세계미래포럼 이사장)
김명자(전 환경부 장관)
이현청(한양대 석좌교수. 전 상명대 총장)
오세정(서울대학교 총장)
장순홍(부산외국어대학교 총장)
이광형(KAIST 총장)
조동성(산업정책연구원 이사장)
임태희(경기도 교육감)
이성훈(세한대학교 총장)
김경성(전 서울교육대학교 총장)
이재희(전 인천교육대학교 총장)
안양옥(전 한국장학재단 이사장)
권호열(한국정보통신정책연구원 원장)
이상훈(전 한국전자통신연구원 원장)
한석수(전 한국교육학술정보원 원장)
김재춘(영남대학교 부총장)
이용순(전 한국직업능력개발원 원장)
윤은기(한국협업진흥협회 회장)
이단형(한국SW기술진흥협회 회장)
김진형(초대 인공지능연구원 원장)
안종만(박영사 회장)
박광성(한국방송예술진흥원 총장)
민경찬(연세대 명예교수)
주영섭(고려대 석좌교수,전 중소기업청장)
이윤배(전 순천향대 부총장)
권대욱(휴넷 회장)
이정문(미래 만화 화백)

국제자문위원

위원장 Theodor Gordon
(미.the FUTURE GROUP 창립자)
Arhur B.Shostak (미 Drexel Unlv)
Timothy C.Mack (미,전 WFS 회장)
Jose Cordeiro (미, 싱울레러티대 교수)
Fadienne Goux-Baudiment (불 WFSF 회장)
Rohit Talwar (영 Fast Future Research)
K Eric Drexler (미, Foresight Institute)
Pera Wells] (오,WFUNA 사무총장)
Paul J. Webos (미, SRI Intemational)
Frank Catanzaro (미, WFUNA MP)
Raymond Kurzweil (미, Kurzwil Alnet)
Gregor Wolbring (캐, Calgary Univ 교수)
William E. Halal (미, 조지워싱턴대학교 교수)
Jim Dator (미, Hawaii Univ 명예교수)
Sohail Inayatullah (Tamkang Univ. 교수)
Eero Paloheimo (핀란드, 미래상임위원회)
Dennis R. Morgan (미, WFUNA MP)
Pierre Alain-shieb (불, OECD 미래포럼)
Sirkka Heinonen(핀란드,Turku University 교수)
Matti Heinoinen (핀란드, ICB 본부장)
Thomas Frey (미,다빈치연구소 소장)
Jonathan Trent (미,NASA 오메가연구소 소장)
브록 힌즈만(미,Brock Hinzman 실리콘밸리)

국제협력위원회 공동위원장
박영숙(유엔미래포럼 대표)
임마누엘 이만열(경희대 교수)
아이한 카디르(한국외대 교수)

학술위원회 위원장
김병회(서원대 교수)

인성교육위원장
차경환(북라이크운동본부 대표)

편집출판위원회 공동위원장
박정태(광문각 회장)
김갑용(진한M&B 대표)

사무총장
심현수(클린콘텐츠국민운동본부 대표)

총무위원장
이민영(전민일보 논설위원)

지역위원회
대전본부장 김용채 (리예종 대표,박사)
유럽지역 김지혜(오트쿠튀르 대표)
아세안지역 유진숙(한-아세안센터 부장)

미래인재위원회 공동위원장
박영애(색동회 고문)
안남섭 미래준비 이사장

미디어 · 홍보위원회공동위원장
강병준(전자신문 대표이사)
전병인(내외통신 대표)
김동원(미디어SR 편집국장)

대외협력위원회 공동위원장
장현덕 (스쿨iTV 대표)
한상우 (삼일 회계 법인 고문)
조영관 (사단법인 도전한국인 대표)
서재철 (한국인터넷진흥원 수석연구위원)

국제미래학회 저술 소개 (www.gfuturestudy.org)

국제미래학회 최근 활동 소개 (www.gfuturestudy.org)

연락처 : 사무국 02-501-7234, future@cleancontents.org www.gfuturestudy.org

심현수 사무총장 010-9899-0005

대한민국 인공지능 메타버스 포럼 소개

▣ 설립 목적

「대한민국 인공지능 포럼」은 포스트코로나시대 4차산업혁명의 가속화와 미래의 다변화 사회에 대응하기 위하여 인공지능을 과학·기술·정치·경제·인문·사회·국방·환경·ICT·의료·미디어·문화·예술·교육·직업·윤리 등 제 분야에서 건강하게 활용되도록 인공지능 진흥과 윤리 정책과 법제 연구를 수행함으로써 미래 사회에 대비하고 대한민국의 지속적인 성장과 건강한 발전에 기여함을 목표로 함

▣ 활동 계획

「대한민국 인공지능 포럼」 주요 활동

1) 정기적 인공지능 미래사랑방 개최

2) 인공지능 발전 정책 세미나 및 컨퍼런스 개최

3) 인공지능 산업 진흥 및 인공지능 윤리 정책 제언 및 법제

4) '대한민국 인공지능 미래 보고서', '인공지능이 바꾸는 미래 세상' 저술 집필 및 출간

5) 인공지능 미래 전략 최고위 과정 및 AI 대학 콜로키움 등 교육 주관

▣ 인공지능 미래사랑방

▫ 인공지능 미래사랑방 진행 형식은 매월 정해진 인공지능 주제 부문 전문가를 초빙하여 자신의 전문 분야 관점에서 인공지능 미래 변화와 대한민국 미래 발전을 위한 활용 방안을 발제를 하고

▫ 참석 위원들이 또한 각자의 전문 분야 관점에서 월별 해당 주제의 인공지능 진흥과 윤리에 대해 자유롭게 의견을 논의합니다.

▫ 논의 결과는 인공지능 정책 제언 및 보고서에 반영합니다.

▣ 인공지능 미래사랑방 운영 기관

  ▢ 주최: 대한민국 인공지능 메타버스 포럼

        국제미래학회

        산업정책연구원

  ▢ 주관: 국회미래정책연구회

▣ 대한민국 인공지능포럼 공동회장

안 종 배

국제미래학회 회장
미래창의캠퍼스 이사장
클린콘텐츠국민운동본부 회장

조 동 성

산업정책연구원 이사장
전 국립인천대학교 총장
서울대학교 경영대학 명예교수

▣ 대한민국 인공지능포럼 고문

이 희 범

한국정신문화재단 이사장
전 산업자원부 장관
평창올림픽 조직위원장

진 대 제

스카이레이크인베스트먼트 회장
전 정보통신부 장관
서울시 혁신성장 위원장

노 웅 래

국회미래정책연구회 공동회장
더불어민주당 국회위원
20대 국회과기정방통위 위원장

박 진

국회미래정책연구회 공동회장
외교부 장관/국민의힘 국회의원
아시아미래연구원 이사장

    국내 인공지능과 메타버스의 건강한 미래 발전을 도모하기 위한 '대한민국 인공지능메타버스포럼'
이 인공지능 관련 학자, 미래학 석학, AI전문가 등 200여명이 포럼위원으로 참여해 2020년 12월 22일
오전11시 언택트 출범 기념식을 갖고 출범했다.

    비대면 실시간 양방향으로 진행된 언택트 출범 기념식은 대한민국 인공지능포럼 공동 회장인 안종
배 국제미래학회 회장과 조동성 산업정책연구원 이사장, 그리고 고문인 진대제 전 정통부 장관, 이희
범 전 산자부 장관, 노웅래 더불어민주당 최고위원, 박진 국회미래정책연구회 공동회장, 정책 자문위
원인 이남식 서울예술대 총장, 권대봉 인천재능대 총장, 윤은기 한국협업진흥협회 회장 등 전국에서
100여명의 위원이 참석했다

출처: 전자신문

국제미래학회
Global Future Studies Association

[내일을 준비하고 미래를 밝혀주는]

"미래직업과 미래지도사" 1급 자격 과정
미래사회 변화와 미래 진로 및 생애 설계 지도자 양성

● 국제미래학회 미래교육위원회 3년간 기획 · 제작
　– 국내 최고의 미래학, 미래교육, 미래직업, 미래진로, 생애설계, 지도방법 전문가 교수진

　· 안종배 국제미래학회 회장 (접행위원장)
　· 조동성 전)국립인천대학교 총장 (자문위원장)
　· 이남식 서울예술대학교 총장 (공동위원장)
　· 윤은기 한국협업진흥협회 회장 (공동위원장)
　· 한상근 한국직업능력개발원 본부장
　· 심현수 국제미래학회 사무총장
　· 차경환 국제미래학회 인성진로위원장
　· 김들풀 IT뉴스 대표
　· 윤용근 엘플러스 대표 변호사
　· 박영애 색동회 고문
　· 박장환 명지전문대 교수
　· 배명숙 마중물코칭심리연구소 소장
　· 최용균 비전경영연구소 소장
　· 윤영돈 윤코칭연구소 소장
　· 조영관 도전한국인본부 대표
　· 공기택 동원고등학교 교사
　· 윤경숙 인천생활과학고 교사
　· 이종욱 임평초등학교 교사
　· 정동완 오늘과 내일의 학교 회장

● 국내 최초 · 유일의 '미래직업과 미래지도사' 과정
　– 미래유망직업 '미래지도사' 1급 등록민간자격증 취득 과정
　（주무부처:교육부　주관기관:국제미래학회　등록기관:한국직업능력개발원）

　○ 제1부: 미래사회는 어떻게 변화하는가?
　○ 제2부: 미래 직업과 미래 인재는 어떻게 변화하는가?
　○ 제3부: 학교의 진로 지도 현황과 미래 방안은?
　○ 제4부: 개인별 자신의 진로 및 생애 계획 입안하기
　○ 제5부: 미래 진로 및 지도 위한 실전 역량

● 미래를 준비하여 실천하는 자가 성공을 얻는다

　○ 원격 연수원: 티처빌 (www.teacherville.co.kr)
　○ 연수 주관: 국제미래학회 (www.gfuturestudy.org)　문의: future@cleancontents.org
　　　　　　　　　　　　　　　　　　　　　　　　　　　　　02-501 7234

[미래 직업과 미래지도사] 1급 자격 과정

□ '미래 직업과 미래지도사'과정 구성 및 세부 내용

○ 제1부: 미래사회는 어떻게 변화하는가?

1. 포스트 코로나 미래사회 변화와 성공전략 – 안종배 국제미래학회 회장
2. 미래 예측의 중요성과 미래 사회 메가 트렌드 – 안종배 국제미래학회 회장
3. 미래사회 10대 과학기술 – 김들풀 IT뉴스 대표
4. 미래사회 인공지능의 발전과 윤리 – 김들풀 IT뉴스 대표
5. 드론이 바꾸는 미래 세상과 직업 – 박장환 명지전문대 드론학과 교수
6. 미래사회의 인문학과 지혜 – 박영애 색동회 고문
7. 미래사회와 도전 정신 – 조영관 도전한국인본부 상임대표
8. 미래지도자를 위한 강의법 특강 – 윤은기 한국협업진흥협회 회장

○ 제2부: 미래 직업과 미래 인재는 어떻게 변화하는가?

9. 미래사회 인재 역량 특성과 교육의 변화 – 이남식 서울예술대학교 총장
10. 미래사회 4차산업혁명과 미래 산업 및 직업의 특성 – 안종배 국제미래학회 회장
11. 미래사회 기존 직업의 변화 – 한상근 한국직업능력개발원 본부장
12. 미래사회 신규 직업의 종류 – 한상근 한국직업능력개발원 본부방
13. 미래사회 인문 사회 경영 문화 분야 유망 직업 – 심현수 국제미래학회 사무총장
14. 미래사회 채용 트렌드와 경력관리 지도 – 윤영돈 윤코칭연구소 소장

○ 제3부: 학교의 진로 지도 현황과 미래 방안은 ?

15. 초등학교 진로지도 현황과 미래 방안 – 이종욱 임평초등학교 교사
16. 인문계 고등학교 진로지도 현황과 미래 방안 – 공기택 동원고등학교 교사
17. 직업계 고등학교 진로지도 현황과 미래 방안 – 윤경숙 인천생활과학고등학교 교사
18. 대학 입시 성공 지도를 위한 핵심 전략 – 정동완 EBS 진로진학 대표강사

○ 제4부: 개인별 자신의 진로 및 생애 계획 입안하기

19. 개인별 자신의 강점 찾기 – 차경환 생애설계미래진로연구소 소장
20. 개인별 자신의 적성 찾기 – 차경환 생애설계미래진로연구소 소장
21. 개인별 자신의 전공 탐색과 계획 – 차경환 생애설계미래진로연구소 소장
22. 개인별 자신의 맞춤 직업 찾기 – 차경환 생애설계미래진로연구소 소장
23. 개인별 미래 생애 설계 플랜 – 최용균 비전경영연구소 소장
24. 개인별 희망 직업 변화 예측과 생애 단계별 실천 계획 입안 – 안종배 국제미래학회 회장

○ 제5부: 미래 진로 및 지도 위한 실전 역량

25. 미래 지도용 온 · 오프 강의 PPT 적용 저작권 실전 – 윤용근 엘플러스 대표변호사
26. 미래 지도용 인공지능 멀티미디어 활용 PPT 작성 실전 – 안종배 국제미래학회 회장
27. 개인별 변화와 성장을 돕는 질문 기법 실전 – 배명숙 마중물코칭심리연구소 소장
28. 미래 진로와 지도 상담 실전 TIP – 배명숙 마중물코칭심리연구소 소장
29. 실전 미래형 교수 지도법 – 최용균 비전경영연구소 소장
30. 언택트 실시간 양방향 줌 활용 미래지도 실전 – 안종배 국제미래학회 회장

* 상기 '미래 직업과 미래지도사'과정 내용은 국제미래학회의 지적재산입니다.

챗GPT-4 사용법과 활용법 실전 특강
인공지능이 바꾸는 미래세상 특강 ①

1. 국내 대표 미래학자 직강! 국내 최초 챗GPT 사용법과 활용법 실전 특강

- ■ 주제: 챗GPT-4 사용과 활용법 익혀 실전에서 활용하기
- ■ 장소: 스마트건설교육원 16층 강의실(신용산역 2번출구 200M 센트럴파크타워 업무동)
- ■ 주관: 국제미래학회 대한민국 인공지능메타버스포럼 미래창의캠퍼스
- ■ 후원: 스마트건설교육원
- ■ 교육비: 하나은행 102-910033-64604 국제미래학회
- ■ 등록 : 교육비 입금 및 웹 링크 신청서 작성 https://url.kr/v9a8f7
- ■ 특징: 누구나 쉽게 배우고 바로 활용할 수 있는 실무 교육
    * 실전 중심으로 선착순 50명 수강 한정합니다.

2. 특강 강사 소개

안종배 국내 대표 미래학자 / 국제미래학회 회장
미래창의캠퍼스 이사장 / 대한민국 인공지능메타버스포럼 공동회장

- ■ 저서 : 챗GPT-4 인공지능 미래세상, 인공지능 메타버스 미래전략, 대한민국 미래교육보고서,
    인공지능이 바꾸는 미래세상과 메타버스, 미래학원론 등 다수

3. 특강 프로그램 내용

진행: 심현수 국제미래학회 사무총장

시간	세 부 내 용	비고
09:30~10:00	o 접수 및 준비	
10:00~10:50	o 챗GPT-4 소개 및 사용법 실전 – 챗GPT-4 인공지능 이해하기 – 챗GPT-4 사용법 익히기	안종배 국제미래학회 회장
11:00~12:00	o 챗GPT, GPT-4 활용법 실전 – 생활속의 챗GPT-4 활용 – 경제 활동에 챗GPT-4 활용 – 창작 활동에 챗GPT-4 활용	안종배 국제미래학회 회장
12:00	o 공지사항 및 기념촬영	

참고 문헌

◆ 국내 문헌

국제미래학회, <인공지능 메타버스 시대 미래전략>, 박영사, 2022
국제미래학회, <대한민국 4차 산업혁명 마스터플랜>, 광문각, 2017
국제미래학회 · 한국교육학술정보원, <대한민국 미래교육보고서>, 광문각, 2017
국제미래학회, <대한민국 미래보고서>, 교보문고, 2015
국제미래학회, <전략적미래예측방법론 바이블>, 두남, 2014
국제미래학회, <글로벌 2030 미래가 보인다>, 박영사, 2013
안종배, <인공지능이 바꾸는 미래세상과 메타버스>, 광문각, 2021
박찬,조현승,이가현,장유림,주예지, <인공지능과 함께 미래교실>, 다빈치books, 2022
한선관,류미영,김태령, <AI사고를 위한 인공지능교육>, 성안당, 2021
문택주, 정동임, <바로 쓰는 인공지능 수업>, 시대인, 2022
윤인성, <혼자 공부하는 파이썬>, 한빛미디어, 2022
장문철, <만들면서 파이썬과 40개작품>, 앤써북, 2022
장성배, <메타버스 사역을 확장하라>, KMC, 2022
황안밍, 옌사오펑, <메타버스 세상을 선점하라>, 북스토리지, 2022
한국지능정보사회진흥원, <세계가 주목하는 인공지능 스타트업>, IT & Future Strategy, 2020
임 언, 안재영, 권희경, <인공지능(AI) 시대의 직업 환경과 직업교육>, 한국직업능력개발원, 2017
김윤정,유병은, '인공지능 기술 발전이 가져올 미래 사회 변화', R&D INL, KISTEP, 2020
KCA, '방송산업의 인공지능(AI) 활용 사례 및 전망', Media Issue & Trend, 2017
이근영, '국내외 로보어드바이저(RoboAdvisor) 동향 및 현황 분석', 금융보안원, 2016
박영준, '인공지능을 활용한 몰입형 경험(Immersive Experience)', ETRI Insight, 2019
마이크로소프트, <인공지능으로 변화될 미래>, Microsoft, 2018
이주열, '인공지능 이미지 인식 기술 동향', TTA저널, 2020
김상윤, '기업은 어떻게 AI를 도입하는가?', 포스코경영연구원, 2019
김호인, '스마트팩토리, 인공지능으로 날개를 달다', 포스코경영연구원, 2017
소프트웨어정책연구소, 'AI를 활용해 영화산업의 변화를 노리는 할리우드' SPRI AI BRIEF, 2020
양희태외, <인공지능 기술 전망과 혁신정책 방향>, 과학기술정책연구원, 2018
장희선, '인공지능 기술을 활용한 미래 유통 서비스', 정보통신기획평가원, 2019
변진호, '핀테크 혁신의 현황과 전망', 신산업경영저널 Vol. 51, 2018
국경완, '인공지능 기술 및 산업 분야별 적용 사례', IITP ICT신기술 리포트, 2019
과학기술정보통신부, 'I-Korea 4.0 실현을 위한 인공지능(AI) R&D 전략', 2018. 5
과학기술기획평가원, '트럼프 정부 첨단산업 육성 정책 동향', 과학기술 & ICT 동향, 2019.3.15
금융보안원 보고서, '설명 가능한 인공지능(eXplainable AI, XAI) 소개', 2018.3.23.
이길영, <홀로그램(Hologram) 기술의 이해와 서비스 사례>, 정보통신산업진흥원, 2019
전수남, '스마트공장의 끝판왕, "AI공장" 중소기업이 어떻게?', 정보통신산업진흥원, 2019
이진서, <5G 시대의 실감미디어 콘텐츠 유통환경 및 제작기술 변화>, 정보통신산업진흥원, 2019
정은주, 윤재영, 'OTT 인공지능 큐레이션 서비스에 대한 사용자 경험 연구, 기초조형학연구, 2020
차영란, '광고 및 미디어 산업 분야의 인공지능(AI) 활용 전략', 한국콘텐츠학회논문지, 2018
활명화, <스마트 국토 도시 관리를 위한 인공지능기술 도입 방안 연구, 국토연구원, 2018
과학기술일자리진흥원, <인공지능(빅데이터) 시장 및 기술 동향>, 2019
한경수,정훈, '드론 물류 배송 서비스 동향', ETRI, 2019
정한민, 황미녕, '인공지능 기반 로보어드바이저 운용 및 기술 동향', 정보통신기획평가원, 2020
미래창조과학부, '대한민국 미래 일자리의 길을 찾다', 지식공감, 2017
이상엽, 박성규, '스마트팜 다부처 패키지 혁신기술개발', 한국과학기술기획평가원, 2019
윤재연, '인공지능 시대, 광고와 이데올로기'. 담화인지언어학회 발표논문집, 2019
임홍순, 곽병권, 박재훈, <인공지능 인사이트>, 한국금융연수원, 2020
조영임, <4차산업혁명시대 인공지능 핵심 기술>, 홍릉, 2020
정용균, <인공지능과 인간의 협업 시대가 왔다>, 율곡출판사, 2020
변순용, 이연희, <인공지능 윤리하다>, 어문학사, 2020
김영기외, <4차 산업혁명 시대 AI 블록체인과 브레인경영>, 브레인플랫폼, 2020
NEWTON, <뉴턴 하이라이트 121 인공 지능> 뉴턴, 2018
노구치 류지, <AI 시대, 문과생은 이렇게 일합니다>, 시그마북스, 2020
용왕식, 장철, 배인호, 안창호, 유기봉, <헬스케어 인공지능>, 북스타, 2020
김진형, <AI 최강의 수업>, 매일경제신문사, 2020
조동성, '인공지능이 묻고 인간이 답한다', 대한민국 인공지능포럼, 2021
박진, '인공지능과 민주 정치', 대한민국 인공지능포럼, 2021
노웅래, '인공지능과 디지털뉴딜', 대한민국 인공지능포럼, 2021
한국과학창의재단, <100세 시대, 스마트 헬스케어와 미래직업>, 교육부, 2018
한지아,김은정, <스마트 헬스케어>, 한국과학기술기획평가원, 2020
박정우, '인공지능 헬스케어', KISTI 마켓리포트, 2016
중소기업기술정보진흥원, <중소기업전략기업 로드맵, 스마트팜>, 중소벤처기업부, 2019
김광호외, <AI시대의 미디어>, 북스타, 2020
김형철외, 'ICT R&D 기술로드맵 2023 -인공지능.빅데이터-', IITP, 2020
김성민 · 정선화 · 정성영, <세상을 바꾸는 AI미디어>, ETRI, 2018
KAKAO AI REPORT, '카카오의 인공지능 윤리', 카카오, 2018
김들풀, 'FLI 착한 인공지능 개발하자!', IT뉴스, 2017.2.4
김성원, '지능정보사회의 도래와 법 · 윤리적 과제', NIPA 이슈리포트 2017-제21호

대외경제정책연구원, 주요국의 4차 산업혁명과 한국의 성장전략, 2017.11
문성욱, 4차 산업혁명을 이끌 양자컴퓨팅 기술, 융합Weekly TIP, 2018.04
세계경제포럼, 'Top 10 Emerging Technologies', 2018
유발 하라리 지음, 조현욱 옮김, <사피엔스>, 김영사 (2015)
안종배, <인공지능이 바꾸는 미래세상과 메타버스>, 광문각, 2021
안종배, '4차 산업혁명에서의 교육 패러다임의 변화', EBS (2017)
안종배, <스마트시대 콘텐츠마케팅론>, 박영사, 2012)
안종배, <스마트미디어시대 방송통신 정책과 기술의 미래>, 진한M&B, 2012
안종배, 미래 미디어 발전 로드맵과 기술, ETRI, 2007
안종배·장영권, <대한민국 4차산업혁명 성공전략>, 광문각, 2018
안종배·노규성, <퓨처어젠다, 미래예측2030>, 광문각, 2019
안종배, '4차산업혁명 인공지능시대 차세대 교육의 과제와 전망', 미래목회포럼, 2020
중앙선데이, '짐 데이토의 미래학 이야기', 2011. 1. 8
아이작 아시모프, <로봇과 제국(Robost & Empire)>, 1985
오춘호, 'AI가 '가격담합'했다는데…법적 책임은 누가?', 한국경제, 2017.4.3
이승훈, '최근 인공지능 개발 트렌드와 미래의 진화방향', LG경제연구원, 2017.12
이원태, '4차산업혁명과 지능정보사회의 규범 재정립' KISDI Premium Report, 2017-10
임채린, '인공지능과 트롤리 딜레마', Right Brain Lab 블로그, 2018.7.20
정성훈, '4차 산업혁명시대, 미래 유망직업', 뉴스핌, 2019.4.4
정원영, '4차산업혁명 시대의 직업 전망 7대 트렌드', 로봇신문, 2017.4.25
존 나이스빗(John Naisbitt), <메가트렌트>(Megatrend), 1982
존 나이스빗(John Naisbitt), <메가트렌트 2000>(Megatrend 2000), 2000
차원용, '생체인터넷(IoB) 기술개발과 전략 시리즈', IT뉴스, 2016
커즈와일, <특이점이 오고 있다(Singularity is near)>, 2005
클린콘텐츠국민운동본부, '인성 클린콘텐츠 스마트쉼 UCC 공모전', 2019
프랑스 전략연구소(France Strategie), '인공지능의 경제적, 사회적 영향 전망', 2017
한국고용원정보원, '4차산업혁명 미래일자리 전망', 2017.12
한국정보화진흥원, '지능정보사회 윤리 가이드라인', 2018
한국직업능력개발원, '제4차산업혁명시대 미래직업가이드북', 2018.12
황원식, '사물인터넷(IoT)이 가져올 미래의 산업변화 전망', KIET 산업경제 ,2016 03
KIAT, '유럽 로봇산업 정책 및 기술 동향', GT 심층분석보고서, 2017.8.1
카카오 정책지원팀, '미 백악관 '미국 백악관의 AI특별보고서 요약, 2016
한국정보화진흥원, '2030년, 인공지능과 생활', 2016
한국정보화진흥원, '인공지능 발전이 가져올 2030년의 삶', NIA Special Report, 2016.4.
레이 커즈와일 저, 장시형·김명남 역, <특이점이 온다>, 김영사, 2007
엘빈 토플러·하이디 토플러 저, 김중웅 역, <부의 미래>, 청림출판, 2006
엘빈 토플러, <누구를 위한 미래인가>, 청림출판, 2012
자크 아탈리, <미래 대예측>, 세종연구원, 2018
토마스 프레이 저, 이지민 역, <에피파니 Z>, 구민사, 2017
토마스 프레이 저, 이미숙 역, <미래와의 대화>, 북스토리, 2016
존 나이스비트 저, 김홍기 역, <메가트렌드 2000>, 한국경제신문사, 1997
존 나이스비트 저, 이창혁 역, <메가트렌드>, 21세기북스, 1988
피터 트러커 저, 이재규 역, <Next Society>, 한국경제신문사, 2002
니콜라스 네그로폰테, <디지털이다>, 커뮤니케이션북스, 1995
마샬 맥루한 저 박정규 역, <미디어의 이해>, 커뮤니케이션북스, 1999
다니엘 핑크 저, 김명철 역, <새로운 미래가 온다>, 한국경제신문사, 2013
제롬 글렌, '국가미래전략기구 추세', 국제미래학회 창립기념 국회 심포지엄, 2007
안종배, '미디어의 미래', 국제미래학회 창립기념 국회 심포지엄, 2007
호세 코르데이로, '로봇산업의 미래', 국제미래학회 국제 미래학 학술포럼, 2011
제롬 글렌, '스마트 ICT의 미래', 국제미래학회 국제 미래학 학술포럼, 2012
조나단 트렌트, 'IT와 BT 융합 혁신산업의 미래와 역할', 국제미래학회 국제 미래학 학술포럼, 2013
호세 코르데이로, '세상을 움직이는 미래 기술', 국제미래학회 국제 미래학 학술포럼, 2013
토마스 프레이, '미래 기술 메가트렌드', 국제미래학회 국제 미래학 학술포럼, 2013
안종배, '대한민국 미래 변화 동인', 국제미래학회 미래 메가컨퍼런스, 2016
김경훈, '대한민국 미래 메가트렌드', 국제미래학회 미래 메가컨퍼런스, 2016
문영호, '대한민국 미래 핵심기술', 국제미래학회 미래 메가컨퍼런스, 2016
이형희, '대한민국 사물인터넷의 미래', 국제미래학회 미래 메가컨퍼런스, 2016
남윤자, '대한민국 옷의 미래와 라이프', 국제미래학회 미래 메가컨퍼런스, 2016
이주연, '대한민국 미래 융합산업', 국제미래학회 미래 메가컨퍼런스, 2016
엄길청, '대한민국 미래 경영과 사회', 국제미래학회 미래 메가컨퍼런스, 2016
이재홍, '대한민국 미래 스토리텔링', 국제미래학회 미래 메가컨퍼런스, 2016
최양희, '4차산업혁명 대한민국 미래 대응정책', 국제미래학회 대한민국 4차산업혁명 컨퍼런스, 2017
이상훈, '4차산업혁명 대한민국 ICT기술의 미래', 국제미래학회 대한민국 4차산업혁명 컨퍼런스, 2017
박주헌, '4차산업혁명 대한민국 에너지산업 미래', 국제미래학회 대한민국 4차산업혁명 컨퍼런스, 2017
이재홍, '4차산업혁명 대한민국 콘텐츠산업 미래', 국제미래학회 대한민국 4차산업혁명 컨퍼런스, 2017
김용근, '4차산업혁명 대한민국 자동차산업 미래', 국제미래학회 대한민국 4차산업혁명 컨퍼런스, 2017
서정선, '4차산업혁명 대한민국 바이오산업 미래', 국제미래학회 대한민국 4차산업혁명 컨퍼런스, 2017

한석수, '4차산업혁명 대한민국 교육의 미래', 국제미래학회 대한민국 4차산업혁명 컨퍼런스, 2017
안종배, '대한민국 4차산업혁명 마스터플랜', 국제미래학회 4차산업혁명 정책세미나, 2018
안종배, '4차산업혁명시대 교육 패러다임 변화', 국제미래학회 대한민국 미래교육 정책세미나, 2017
조동성, '대학은 어떻게 바뀌어야 하나', 국제미래학회 대한민국 미래교육 정책세미나, 2017
오세정, '4차산업혁명시대, 교육 혁신 방안', 국제미래학회 대한민국 미래교육 정책세미나, 2017
민경찬, '미래교육 정책 거버넌스', 국제미래학회 대한민국 미래교육 정책세미나, 2017
차원용, '4차산업혁명 국가 R&D 전략', 국제미래학회 4차산업혁명 정책세미나, 2018
진대제, '대한민국 4차산업혁명 제대로 하고 있나', 국제미래학회 4차산업혁명 정책세미나, 2018
김동섭, '대한민국 4차산업혁명 현황과 미래', 국제미래학회 미래사랑방 토론회, 2019
이남식, '대한민국 위기현황과 미래', 국제미래학회·한국생산성학회 공동 학술대회, 2019
박수용, '4차산업혁명시대 블록체인과 가상화폐', 국제미래학회 미래전략 최고위과정 강의안, 2019
박장환, '4차산업혁명시대 드론 비즈니스 미래', 국제미래학회 미래전략 최고위과정 강의안, 2019
김경훈, '미래 핫트렌드와 비즈니스 전략', 국제미래학회 미래전략 최고위과정 강의안, 2019
김흥남, '4차산업혁명과 미래비즈니스와 인재', 국제미래학회 미래전략 최고위과정 강의안, 2019
심현수, '4차산업혁명 스마트폰 비즈니스 활용', 국제미래학회 미래전략 최고위과정 강의안, 2019
차경환, '4차산업혁명시대 두뇌건강 마음건강', 국제미래학회 미래전략 최고위과정 강의안, 2019
엄길청, '4차산업혁명시대 강소기업 경영학', 국제미래학회 미래전략 최고위과정 강의안, 2019
윤은기, '4차산업혁명시대 협업으로 혁신하라', 국제미래학회 미래전략 최고위과정 강의안, 2019
조석준, '4차산업혁명 기상기후 변화와 비즈니스', 국제미래학회 미래전략 최고위과정 강의안, 2019
김희수, '한국형 4차산업혁명과 5G의 미래', 국제미래학회 미래전략 최고위과정 강의안, 2019
이상훈, '4차산업혁명과 미래 기술', 국제미래학회 미래전략 최고위과정 강의안, 2019
이재관, '자율주행자동차 동향과 미래비즈니스', 국제미래학회 미래전략 최고위과정 강의안, 2019
이영탁, '4차산업혁명과 미래사회', 국제미래학회 미래전략 최고위과정 강의안, 2019
이상민, '4차산업혁명 대응 전략', 국제미래학회 미래전략 최고위과정 강의안, 2019
신용현, '4차산업혁명 미래 발전 전략', 국제미래학회 미래전략 최고위과정 강의안, 2019
최희윤, '슈퍼컴퓨터와 과학데이터의 비즈니스 활용' 국제미래학회 미래전략 최고위과정 강의안, 2019
장문기, '드론이 바꾸는 산업과 비즈니스 미래' 국제미래학회 미래전략 최고위과정 강의안, 2019

◆ 해외 문헌

Humanizing Tech, 'Amazon's Secret Self-Driving Car Project', Borg, 12 Jan 2017
IBM, 'Innovations that will change our lives in the next five years' The 5 in 5, 05 Jan 2017
Intel, 'Intel's New Self-Learning Chip Promises to Accelerate Artificial Intelligence', 25 Sep 2017
VoiceBot.ai, 'Amazon Alexa Smart Speaker Market Share Dips Below 70% In U.S., Google Rises to 25%', 10 Jan 2018
Intel, 'Intel"fs New Self-Learning Chip Promises to Accelerate Artificial Intelligence', 25 Sep 2017
John Launchbury, 'A DARPA Perspective on Artificial Intelligence', DARPA, 2017
McKinsey & Company, 'The Connected Home Market', 2017
McKinsey Global Institute, 'Artificial Intelligence-The Next Digital Frontier?', 2017
MIT Technical Review, 5 Big Predictions for Artificial Intelligence in 2017 (2017)
National Science and Technology Council, 'The National Artificial Intelligence Research and Development Strategic Plans'(2016)
EC, 'The Knowledge Future : Intelligent policy choices for Europe 2050' (2015)
OECD, 'Science, Technology and Innovation Outlook 2016' (2016)
Stanford University, 'Artificial Intelligence and Life in 2030' (2016)
The Economist Intelligence Unit, 'Long-term macroeconomic forecasts . Key trends to 2050' (2015)
Bishop, Peter C & Andy Hines, Teaching about the future, Palgrave Macmillan, 2012
Lum,Richard A.K, 4 Steps to the Future, FutureScribe, 2016
Voros, Joseph, 'The Future Cone, use and history', The Voroscope, 2017
Dator, James. 'Teaching Futures Studies: Some lessons learned' Tamkang Univsersity, 2002
Kurzweil, R. The Singularity is Near, Viking, 2005

◆ 사이트

https://chat.openai.com/chat
www.openai.com
https://openai.com/dall-e-2
www.midjourney.com
www.clova.ai/voice
https://studio.d-id.com
www.pictory.ai
www.videostew.com
www.gfuturestudy.org
www.cleancontents.org
http://www.altfutures.org
http://www.cleancontents.org
https://www.gfuturestudy.org

http://www.ibm.com
http://www.irobotnews.com
http://foresightstrategiesgroup.com
www.futures.hawaii.edu
http://future.tku.edu.tw
https://futures.kaist.ac.kr
http://www.futureoflife.org
https://futureoflife.org/ai-principles
http://www.houstonfutures.org
https://news.samsung.com
http://www.wfs.org
http://www.kisa.or.kr
http://www.nia.or.kr

http://www.sciencetimes.co.kr
http://www.wfsf.org
http://www.millenium-project.org/millenium
http://www.foresight-platform.eu
http://www.stepi.re.kr
http://www.foresight.kr
http://www.koreafutures.net
http://www.korea2050.net
http://www.kisdi.re.kr
http://www.kdi.re.kr
http://futures.hawaii.edu
http://www.unu.edu
http://www.worldfuture.org

저자

안 종 배 국제미래학회 회장/ 대한민국 인공지능 메타버스 포럼 공동회장/ 한세대학교 교수

주요 연구 영역

미래학, 인공지능, 메타버스, 4차산업혁명, 미래 윤리,
미래 교육, 미래 콘텐츠, 미래 목회 선교, 디지털 마케팅

학 력 : Ph.D (디지털마케팅 박사)

서울대학교 졸업, 연세대 언론홍보대학원1기,
경기대 대학원, 미시건주립대 대학원 졸업, UCLA 디지털미디어콘텐츠 Post과정 수료

현 직

국제미래학회 회장/ 대한민국 인공지능 메타버스 포럼 공동회장
한세대학교 미디어영상학부 교수
클린콘텐츠국민운동본부 회장
미래창의캠퍼스 이사장/미래창의연구원 이사장
국회미래정책연구회 운영위원장
국민권익위원회 자문위원
전국기독교수연합회 공동회장
미래목회포럼 정책자문위원

경 력

호서대 벤처대학원 교수
대통령직속 4차산업혁명위 2기 혁신위원
대한적십자사 대의원 및 자문위원
언론중재위원회 중재위원

포 상

2019 서울과학종합대학원 4T 최고위 올해의 자랑스런 동문상
2015 국무총리상 포상, 자랑스런 한세인상 수상
2014 아시아 태평양 스티비상 대상 수상
2013 대한민국 인물 대상 (한국언론인총연대, 미주한인언론인연합회)
2013 대한민국학술원 우수학술 저술(스마트시대 콘텐츠마케팅론)
2011 대한민국 커뮤니케이션 대상 여성가족부 장관상(클린콘텐츠 웹진 발행)
2011 정보문화 대상 행정안전부 장관상(클린콘텐츠국민운동본부 기관)

주요 저서

인공지능 메타버스 시대 미래전략 (박영사) 2022, 대한민국 명품도서 대상
인공지능이 바꾸는 미래 세상과 메타버스 (광문각) 2021년
미래학원론 (박영사) 2020년
퓨처 어젠다, 미래예측 2030 (광문각) 2019년
4차산업혁명시대 대한민국 미래 성공전략(광문각) 2018년
대한민국 4차산업혁명 마스터플랜(광문각) 2017년
제4차산업혁명시대 대한민국 미래교육보고서 (광문각), 2017년 문체부 세종도서 선정
대한민국 미래보고서 (교보문고) 2016년 문체부 세종도서 선정
전략적 미래예측방법론 바이블 (도서출판 두남): 2015년 문화체육관광부 우수학술도서
스마트폰 마이스터 되기- 스마트폰 200% 활용법, 2014년 (진한 M&B)
건강한 UCC 제작과 SNS 사용법, 2013년 (진한 M&B)
미래가 보인다, 글로벌 미래 2030, 2012년 (박영사)
스마트시대 콘텐츠 마케팅론(박영사): 2013년 대한민국 학술원 우수학술도서 선정
스마트시대 양방향방송광고 기획과 제작, 2009년 (학현사)
나비효과 디지털마케팅(2004년)/ 나비효과 블로오션 마케팅 (미래의 창) 2005년

이메일 연락처: daniel@cleancontents.org

챗GPT-4
인공지능
미래세상

초판 1쇄 인쇄 2023년 4월   5일
초판 1쇄 발행 2023년 4월 10일

지은이   안종배
펴낸이   박정태
편집이사   이명수   출판기획   정하경
편집부   김동서, 전상은, 김지희
마케팅   박명준   온라인마케팅   박용대
경영지원   최윤숙, 박두리

펴낸곳   주식회사 광문각출판미디어
출판등록   2022. 9. 2 제2022-000102호
주소   파주시 파주출판문화도시 광인사길 161 광문각 B/D 3층
전화   031-955-8787   팩스   031-955-3730
E-mail   kwangmk7@hanmail.net
홈페이지   www.kwangmoonkag.co.kr
ISBN   979-11-982224-4-2 03320
가격   28,000원